国 土 空 间 规 划 丛 书
战 略 性 新 兴 领 域 "十 四 五" 高 等 教 育 教 材
教育部战略性新兴领域"十四五"高等教育教材体系建设团队编写

丛书主编　吴志强

国土空间规划概论
INTRODUCTION TO SPATIAL PLANNING

彭　翀　主编

同济大学 出版社
TONGJI UNIVERSITY PRESS
·上海·

图书在版编目（CIP）数据

国土空间规划概论 / 彭翀主编 . -- 上海：同济大学出版社，2024.8. --（国土空间规划丛书 / 吴志强主编）（战略性新兴领域"十四五"高等教育教材）.
ISBN 978-7-5765-1307-3

Ⅰ．F129.9

中国国家版本馆 CIP 数据核字第 2024SU3594 号

战略性新兴领域"十四五"高等教育教材
国土空间规划丛书

丛书主编　吴志强

国土空间规划概论

彭　翀　主编

策划编辑：吕　炜　｜　**责任编辑**：吕　炜　｜　**助理编辑**：汪　鹤　｜　**责任校对**：徐春莲　｜　**封面设计**：完　颖

出版发行：	同济大学出版社 www.tongjipress.com.cn
	（地址：上海市四平路 1239 号　邮编：200092　电话：021-65985622）
经　　销：	全国各地新华书店、建筑书店、网络书店
印　　刷：	上海安枫印务有限公司
开　　本：	787mm×1092mm　1/16
印　　张：	12.75
字　　数：	212 000
版　　次：	2024 年 8 月第 1 版
印　　次：	2024 年 8 月第 1 次印刷
书　　号：	ISBN 978-7-5765-1307-3
定　　价：	60.00 元

本品若有印装质量问题，请向本社发行部调换　　版权所有　　侵权必究

《国土空间规划概论》编委会

主　审

黄亚平

主　编

彭　翀

副主编

黄　勇　王　勇

编写协调人

张梦洁

纸质教材参编人员（含配套说课、拓展阅读、PPT、习题，按姓氏拼音排列）

陈　桔　陈　铭　陈　逸　董　慰　龚　健　侯全华　黄　勇　焦　胜
解文龙　林樱子　刘晓曼　罗　曦　彭　翀　彭　恺　荣玥芳　单彦名
单卓然　沈　瑶　谭静斌　汪　樱　王宝强　王佳煜　王莉莎　王璐琦
王　颖　王　勇　吴　松　颜文涛　杨　毅　姚之浩　张昊哲　张建新
张梦洁　张蕾蕾　张颖异　赵守谅　郑伯红　郑瑜晗　周　敏　邹卓君

总　序

"智人"（*Homo sapiens*）之所以在动物界中脱颖而出超越动物本能，是因为其具有谋划共同愿景、在共同目标下创造复杂工具技术、展开语言沟通交流及大规模集体协同行动的能力。其中包含三种关键能力：

（1）具有想象愿景的能力。可通过协商想象，制定出一个共同认同的、尚未现实存在的愿景目标（visioning）。

（2）具有为实现目标设置路径的能力。对大规模个体进行系统分工，分头分段推进计划（approaching）。

（3）具有语言沟通、协同调整的能力。在实施愿景的过程中，对于没有发生的场景进行过程沟通，不断优化目标、优化途径、优化分工，直到实现愿景，甚至实现超出原本愿景的目标（coordinating）。

这三种能力是人类区别于其他动物的本质能力，也是规划的三大核心要素：目标愿景、实施路径、沟通协调。因此，只要理解人类与动物能力的本质区别，就可以理解人类为什么一定会进行规划。

土地是人类生存的根本基础，也是动植物的生存基础。人类在现代文明之前，几乎所有的生存、生活和生产活动都在土地上发生。因此，人类在进入现代文明之前，各种族之间的竞争几乎都可以理解为对生存土地及土地之上的生产、生活资料的竞争。马克思主义诞生以前，西方对于财富的认识一般为：土地是财富之母，劳动是财富之父。马克思主义诞生以后，资本主义产生财富的依托要素被扩展至除土地、劳动之外的资本等其他要素。

空间比土地的含义更多，也更复杂。空间之所以比土地复杂，可以从以下三个方面来认识：

（1）从空间维度上，空间有地下、地面、地上、空中的深度和高度。

（2）从生产维度上，除了包含第一产业之外，更重要的是第二产业和第三产业，以及更高维度的生产组织和生产关系。

（3）从构成要素维度上，除了自然物质空间和人造物质空间外，还有社会空间，以及正在诞生的数字智能空间的多要素空间复合。

因此，我们现在一般称空间是复合的，空间进入了三度空间：物质空间、社会空间和数字空间。而三度空间在某个时段中又是一体化运行推进的，这也说明人类文明正进入更高的维度，空间的规划也变得更加多维、更加系统、更加复合，要求更高的文明来规划和治理。

空间规划是文明的产物，不同的文明阶段也对应了不同的空间规划。进入工业文明后，随着城市空间的立体化和城市财富要素的高速流动，大城市的规划成为一种职业，也是现代空间规划的起源。现代空间规划从大城市区域的空间规划，逐步发展到中小城市的规划，并延续到农业地区的规划，使得空间规划包含了城市和乡村地区人类居住空间的整体规划。

当前，我们这套"国土空间规划丛书"第1期共有22个分册，包括《国土空间规划原理》《数字国土空间》《国土空间规划概论》《国土空间规划理论与方法》《国土空间治理学（上册）》《国土空间治理学（下册）》《国土空间规划实施与治理》《国土空间使用与管理（上册）》《国土空间使用与管理（下册）》《国土空间总体规划编制》《国土空间详细规划编制》《乡镇域国土空间规划》《村域国土空间规划》《国土空间专项规划编制》《国土空间健康规划》《国土空间遗产保护与复兴规划》《国土空间产业规划》《国土空间生态规划》《国土空间规划与空间形态设计》《国土空间规划相关知识：自然卷》《国土空间规划相关知识：人文卷》《国土空间规划相关知识：陆海统筹》，基本涵盖了空间规划的维度和层级。

这套丛书汇聚了清华大学、北京大学、东南大学、天津大学、同济大学、华中科技大学、中国人民大学等众多高水平教学团队的智慧和经验，除完成系统整理和传播国土空间规划领域的知识、厘清学科脉络这一书籍的历史使命之外，我们还期望这套丛书在指导实际规划工作中的决策和操作、推介最新技术和方法、了解和适应国土空间规划行业变化、扩展跨学科和国际视野方面能提供实际的帮助。

"国土空间规划丛书"作为开放体系，随着科技进步和城市规划理论的发展而不断更新和完善，可能会增加更多探讨新兴技术和方法的分册、更新前沿的实际案例研究。我们也希望这套丛书能够成为国土空间规划领域的一个开放平台，吸引更多的学者和实践者参与进来，激发更多关于构建更加智能、可持续和公平的城市的讨论和探索，共同推动国土空间规划学科的发展。

"国土空间规划丛书"总主编
中国工程院院士
教育部建筑类专业教学指导委员会副主任、城乡规划学分指导委员会主任

前　言

　　响应我国空间规划改革重大需求，国土空间规划被确立为教育部的重点领域之一，探索建设国土空间规划领域的知识体系与教学资源，对新质人才培养具有重要意义。《国土空间规划概论》教材是吴志强院士领衔的战略性新兴领域"十四五"高等教育教材体系（国土空间规划系列）的组成部分，其设计目标旨在引导相关专业本科生及初学者对于国土空间规划知识形成总体基本认知，着眼于国土空间规划是什么及其相关基础性问题，具体来说，包括基本概念、演进发展、规划体系、实施管理等核心内容。教材针对重点领域知识体系不断发展成长的特点，探索数字化教材编写方式，体现为四大特色与改革创新。

　　（1）以纸质融合数字的呈现形式。教材编写创新探索"纸质+数字"融合模式，二者相得益彰，体现了数字化、网络化和动态化特征。纸质部分相对精炼，突出基础性和体系性，数字资源包括章节说课、知识点解析、拓展阅读、配套PPT、题库、示范课、实验实践课等七个部分，通过重点领域资源平台和同济大学出版社"同学堂"实现迭代，方便教师备课与学生使用。

　　（2）以知识图谱为基础的编写逻辑。本教材以教育部国土空间规划重点领域教学资源"国土空间规划基础"知识图谱建设为基础，教材编写围绕知识点核心内容拓展。知识图谱包含"6个一级知识单元+20个二级知识单元+88项知识点"的三级结构，主要为国土空间规划概论所需的基础知识内容。在表达上，创新知识图谱呈现，设计了"教师讲解短视频、PPT演示和思考题"三位一体的知识点解读方式。

　　（3）以虚拟教研室为依托的编写团队。"国土空间规划基础课程群"虚拟教研室作为教育部首批重点领域虚拟教研室，于2022年2月成立，教材主编任虚拟教研室主任，组织33校建设大量数字化资源，以"知识图谱—线上资源—新型教材—示范课程—教研改革"为主线，联合跨校专业教师与行业专家合作开展《国土空间规划概论》新兴领域教材编写与教研工作，依托本教材申报获批重点领域教学资源建设项目——《基于知识图谱的〈国土空间规划概论〉新型教材与课程融合建设》。

　　（4）以新型课程为指向的应用场景。教材设计之初就考虑了其应用场景，在华中科技大学建设跨校的同名专业核心课，致力于教材与课程联动，创建一个开放的信息化体系。该课程建设于教育部国土空间规划领域资源共享服务平台，构建涵盖国土空间规划的基本概念、理论、方法和实践案例等类型的系列教学模块，通过知识图谱将各类模块相互关联，形成有机整体。通过线上线下相结合的方式，为学生提供交互式的多元学习途径。学生通过线上平台拓展学习渠道，形成体系化和科学化的课程学习模式。此外，课程计划提供数据更新和分析，帮助学生掌握最新的国土空间规划知识和技能。

教材纸质书编写采用章节式行文，具体包括本章提要教学要求、章节内容、关键术语、思考题、参考文献等；扫码获取章节对应说课、PPT讲义、题库、拓展阅读。纸质教材编写主要分工如下：主审为黄亚平教授；大纲策划为黄亚平、彭翀、黄勇、王勇；形式策划为彭翀、张梦洁、王丽莎、周敏；全书统稿、校对和定稿为彭翀、黄勇、王勇、张梦洁、林樱子、各章负责人；各章编写负责人分别为黄勇（第一章）、董慰（第二章）、沈瑶和龚健（第三章）、王勇（第四章）、彭翀（第五章）、侯全华（第六章）、荣玥芳和赵守谅（附录章）。

数字资源的知识点由教育部《国土空间规划基础课程群》虚拟教研室知识图谱建设团队完成，可通过网址：https://tsp.spacekg.com/#/ 注册浏览学习。策划组织：彭翀、张梦洁、王丽莎、周敏；截止到2024年7月的编写成员包括（按姓氏拼音排序）：陈锦富、戴彦、邓巍、顾媛媛、郭剑锋、黄瓴、黄亚平、黄勇、贾艳飞、蒋文、李旭、林颖、刘合林、罗超、罗吉、牟燕川、彭翀、彭坤焘、孙鸿鹄、孙婷、单卓然、王宝强、王莉莎、王勇、王正、王智勇、邢忠、徐苗、闫水玉、姚之浩、叶林、张梦洁、张振龙、赵守谅、周敏。

数字资源的示范课视频和PPT讲义可通过扫码学习，策划组织：黄亚平、彭翀、赵守谅、张梦洁、单卓然。编写人为学界业界知名专家和部分教材共建单位负责人，截止到2024年7月的专家包括（按姓氏拼音排序，持续动态更新）：董慰、龚健、侯全华、胡海波、黄贤金、黄勇、柯新利、孙施文、王蕾、王勇、吴一洲、吴志强、严金明、杨俊宴、杨毅、于海涛。

数字资源的实验实践课可通过扫码学习，邀请行业主管部门专家和虚拟教研室业界共建单位参与完成，策划组织：张梦洁、翟薇、卢宪玲、肖美瑜。截止到2024年7月的专家包括：易树柏、傅兆（自然资源部人力资源开发中心）；陈涛、位欣（湖北省城市规划设计研究院）；胡海波、曹华娟、郑俊、贾雁飞、袁新国（江苏省规划设计集团有限公司）；王宇翔、王蕾（航天宏图信息技术股份有限公司）。

本书出版得到多位专家和老师们的无私帮助。特别感谢吴志强院士、孙施文教授和黄亚平教授对本书的申报、策划、编写工作所作的指导！感谢虚拟教研室老师们的跨校教研、课程共建为本教材编写奠定坚实的基础和提供应用的场景，感谢华中科技大学城乡规划专业本科生和研究生们对本书编写给予的宝贵建议。感谢同济大学出版社吕炜主任带领的出版团队在出版工作中的无私帮助！

最后，正是由于学生们对知识的渴望、重点领域教学资源建设项目管理办公室对教材编写工作的大力支持、虚拟教研室同仁们近几年在教学工作中所作的改革创新，以及各界人士的关心与帮助，才不断激励我们集思广益、群策群力，努力探索新型教材融合示范课程的模式与方法，最终形成了本书。诚然，由于时间所限及其他诸多原因，本书存在一些不足，甚至错误之处，在此恳请大家不吝赐教，编写团队将在未来的工作中不断改进完善。

彭翀

2024 年 7 月于武汉喻家山

目 录

总　序 　　　　　　　　　　　　　　　　　　　　　　　V
前　言 　　　　　　　　　　　　　　　　　　　　　　　Ⅶ

第 1 章　规划的特性　　　　　　　　　　　　　　　001

1.1　规划的基本特征　　　　　　　　　　　　　　　001
1.2　规划的对象　　　　　　　　　　　　　　　　　006
1.3　规划的作用　　　　　　　　　　　　　　　　　008
1.4　规划的类型　　　　　　　　　　　　　　　　　013
1.5　规划的评价　　　　　　　　　　　　　　　　　019
　　　参考文献　　　　　　　　　　　　　　　　　　024

第 2 章　空间规划的发展　　　　　　　　　　　　　026

2.1　空间规划理论发展　　　　　　　　　　　　　　026
2.2　空间规划实践发展　　　　　　　　　　　　　　047
　　　参考文献　　　　　　　　　　　　　　　　　　061

第 3 章　国土空间的基本概念　　　　　　　　　　　064

3.1　国土空间概念　　　　　　　　　　　　　　　　064
3.2　国土空间构成　　　　　　　　　　　　　　　　066
3.3　国土空间的使用及管理　　　　　　　　　　　　079
　　　参考文献　　　　　　　　　　　　　　　　　　084

第 4 章　国土空间规划的概念及内涵　　　　　　　　085

4.1　多规融合与国土空间规划的形成　　　　　　　　085

4.2	国土空间规划的概念	093
4.3	国土空间规划的基本内涵	096
	参考文献	104

第5章　国土空间规划体系　　106

5.1	国家规划体系架构	106
5.2	国土空间规划类型	110
5.3	国土空间规划的运行体系	119
5.4	国土空间规划的传导机制	132
	参考文献	138

第6章　国土空间规划实施管理与制度环境　　140

6.1	国土空间规划实施管理的制度环境与基础保障	141
6.2	国土空间规划实施管理的内容与方法	150
6.3	国土空间规划实施的监督管理与实施评估	158
	参考文献	170

附录　空间规划体系及相关制度的国际经验　　171

第 1 章

规划的特性

■ **教学要求**

掌握规划的相关特性,熟悉规划的基本特征、对象与作用,了解规划的类型与评价。

1.1 规划的基本特征

规划,简而言之,就是一些组织、机构或者个人,为完成某项任务或达成某种愿景而制定的长远发展计划,也包括这种制定计划的行为。这其中,有些规划是人所共知的,如党和国家的战略部署、国民经济与社会发展规划、城乡规划、土地利用规划或国土空间规划等;也有一些是老百姓难以体察但又跟生活息息相关的,如一些行业部门制定的产业发展规划、交通建设规划、生态环境保护规划、移民迁建规划乃至精准脱贫规划等。此外,一些企业或个人,也会根据自身条件和愿望,制定发展规划或者职业规划,用以指导自身的长远发展。总而言之,规划已经成为一项无处不在的活动,大到一个国家、小到一个家庭乃至个人,越来越倾向于未雨绸缪,提前对自身发展过程中的一些整体性、长期性或基本性问题开展思考和预判,在未来的不确定性中寻找确定性,从而形成一套明确的行动方案,来指导自身的发展,确保任务的实现。

规划的基本特征可以从三个方面来认识。首先,规划存在主客体这对基本范畴。主体是人,它存在的形式可以是一个社会个体,也可以是某些企业、组织或机构等群体,还可以是整体全人类,具有能动性和创造性;客体是事物的状态或过程,它可以是自然属性的,也可以是社会属性的,也可能两者兼而有之,具有客观性和对象性；在这之中，人既是主体，也可能是客体。就此而言，其一，规划行为的客体对象一般表现为一个复杂系统，或者复杂系统中的某一部分，具有明显的系统性特征。其二，在一般意义上，规划是主客体的相互作用。但在现实的社会生活中，规划行为一般是指人们对已经认识的客体对象所采取的干预行动，旨在使事物的发展状态或发展过程更加符合人的需求。其三，无论从主体还是客体的角度来看，规划都是面向未来的，是在预测客体对象发展状态或发展过程的基础上，预先谋划的一些干预行动。

1.1.1 系统对象

以城乡规划的主要对象人居环境为例。吴良镛提出"人居环境科学"，并指出人居环境是复杂巨系统，"不能用一个关键词来概括，不能归纳为一个规律的作用，不能化归为单一的思想"[1]。即研究建筑、城市以及区域的人居环境科学，应当被视为一种关于整体以及整体性的科学（图1-1）。科学是内在的整体，被分解为单独的部门不取决于事物的本质，而是取决于人类认识能力的局限性。"实际上，存在着从物理学到地学，通过生物学和人类科学到社会学的连续链条，这是任何一处都不能打断的链条"[2]。

图1-1 人居环境科学的学科体系
资料来源：根据《人居环境科学导论》改绘

---

1. 吴良镛. 人居环境科学导论[M]. 北京：中国建筑工业出版社，2001：100.
2. 吴良镛. 人居环境科学导论[M]. 北京：中国建筑工业出版社，2001：102.

吴良镛院士对人居环境是一个复杂巨系统的论断，完整地表达了城乡规划指涉的对象内在的系统性特征。事实证明，这一观点也适用于其他各种规划指涉的对象。不管是联合国旨在指导全球可持续发展而提出的联合国可持续发展目标（Sustainable Development Goals，SDGs），或是我国正在着力推进的国土空间规划体系建构，以及一个城市或一个乡村针对某些特定目标而制定的各项规划，它们指涉的对象一般都具有系统性特征，包含不同的要素，牵涉不同的部门或行业，需要多学科的协同支撑。

规划指涉的对象的系统性不光体现在多学科的融贯综合，还体现在空间的多尺度和时间的连续性等方面。

随着人类社会的信息化水平越来越高，信息通信技术（Information and Communication Technology，ICT）的渗透领域越来越广泛，当代社会的发展呈现出"流动性"日渐勃兴的态势。任何一个城市、组织、企业或社会个体的发展，一方面取决于自身的禀赋条件，另一方面，也越来越受到与其自身有相关性的其他城市、组织、机构或个人的影响。这就使得我们在规划编制、实施以及管理等工作中必须认识到，要完整地理解一个规划对象的系统性特征，必须要考虑其空间多尺度的基本事实。

以经济产业规划为例，全球化经济改变了企业间经济要素流动的方式，人们逐步认识到全球商品链、全球产业链和全球价值链的客观事实，在此基础上提出了全球生产网络（Global Production Network，GPN）的理论认知。并进一步提出，有必要将"全球—地区"经济要素流动进行整合，建构"本地蜂鸣—全球通道"（Local Buzz and Global Pipelines）[1]的经济发展模式，才有可能在国际国内的劳动分工中占据一席之地。这些观点表明，某个产业、某件商品或某个企业未来发展的规划，不仅要考虑它们本身的属性特点、它们所在的地理空间区位，还必须考虑其他地理空间里与其紧密关联的产业、商品或者企业。只有将这些要素全部考虑进来，才算得上全面和客观地理解了规划的对象，才有可能制定出相对合理的规划方案，否则，就有可能以偏概全，造成规划失误。

时间的连续性，也应该是在理解规划对象系统性特征时必须要考虑的方面。任何事物的发生、发展和消失，都不是陡然而生的，也不会戛然而止，总是存在着客观的时间连续性。当我们针对这些对象开展规划活动时，必须考虑到它的全生命周期，才有可能对一些整体性、长期性或基本的问题有较为清晰的认识和理解，才能制定相对合理的干预方案。

---

1. 本地蜂鸣：因地缘的毗邻性导致的企业在特定区域的集聚，从而推动技术与知识在企业之间的流动；全球通道：集群内的企业积极地嵌入到全球生产网络中，突出产业集群的跨区域联系对整体绩效的影响。

1.1.2 行动干预

规划之"规",意为法度、规则,是战略层面的筹谋和安排。规划之"划",由"戈"而来,有分开、切割之意,是战术层面的计划和策略。就此而言,规划的首要任务不是认识客体对象,而是对已经有一定认识基础的客体对象采取行动,进行干预。虽然不同的规划会有相应的理论体系,但这些理论的主要任务是回答如何采取更好的行动干预这个问题,而不是如何更清晰地认识客体对象。尽管这两个问题无法完全分开,但规划首先是一种行动干预,这种基本属性仍然是显而易见的。

规划所指的行动干预,往往是综合性的。这类干预通常包含战略和战术两个层面的内容,既有长远、系统和总体性的战略部署,也需要制定详细的工作内容、操作路径以及执行方法,以保障战略部署的具体落实。客体对象牵涉的要素较为复杂、涉及面比较广的一些规划类型,比如国民经济与社会发展规划、国土空间规划各层级各类型规划,其规划行为的综合性特点会体现得较为明显。客体对象相对简单的一些规划类型,也同样具有综合性。比如一个合理的个人职业规划,不光要考虑个人的从业经历、能力背景以及职业前景,还必须将其置入所在社会支撑网络和经济社会发展趋势中去考量,才有可能对其职业发展进行准确的战略定位,并在战术上制定相对明确的发展路径。因此,规划的综合性特点并不因客体对象的繁简而产生根本差异,正如古人所言"治大国若烹小鲜",讲的就是这个道理。

规划所指的行动干预,往往还带着不同程度的强制性要求。规划之所以产生,是为了完成某个任务、达成某种愿景或者实现某些价值,所以总是带有非常强烈的结果导向。在现实生活中,不同类型规划的强制性要求在内涵和呈现方式上也不尽相同。一般而言,国家和地方政府以及行业部门制定的规划,会体现出较强的政策性。不管是制定战略还是执行策略,必须以国家大政方针和法律法规为依据。一些企业或者其他组织机构制定的规划,会有鲜明的规范性特点,尤其在解决具体问题时,规划的编制、内容乃至表述,都必须遵守相应的技术规范或者约定俗成的共识。另外,还有诸如国土空间规划,是由不同层级、不同类型的多个规划共同组成的一个体系,在这个体系内部,还存在明确的传导性。这也可以理解为规划的强制性要求的呈现方式之一。

除此之外,规划作为一种行动干预,也体现出非常明显的阶段性特点。任何规划都是对事物发展过程和状态的行动干预。这意味着既要了解事物当下的状态,也要预计未来一段时间事物的发展趋势。所以，规划既要有现实性，又要有预见性。但事物的发展有必然性，也有偶然性，这是一个量变和质变相互交织和螺旋上升的过程。这就需要我们在准确掌握事物发展态势的基础上，适时对原有的规划进行调整、补充和更新。可以说，规划有非常明显的阶段性特征，是一项动态的工作，需要兼顾现实和长远，是需要考虑长期性和经常性的工作。

1.1.3　未来导向

不管什么类型的规划，出于何种目的，其宗旨都是为了让客体对象的发展过程或最终呈现的状态更加符合人们的意愿和需求。这就要求我们必须对客体对象的发展有预见性，在充分掌握客体对象发展的基本事实和客观规律的基础上，尽量把握好客体对象在未来发展过程中的确定性，最大限度地排除掉不确定性。就此而言，规划本质上是一门未来学科。

规划当然需要了解客体对象的发展现状，把握好它的基本事实。但了解现状的目的，不仅是为了发现现状问题并解决之，更重要的是，为把握趋势和预见未来建立更加客观和真实的事实起点。同理，规划对未来的预见，也肯定不是天马行空的随意想象，而是在事实基础上，按照客体对象的客观规律来建构未来。

规划因其承担的任务和目的不同，对未来图景的建构方式也会有所不同。一般而言，规划若重在实现某个具体任务，战术层面的内容较多，则较为偏重这个具体任务在未来实现时的目标状态。比如，惯常所见的详细规划工作便是如此。规划的任务如若偏宏观，目的重在体现战略性，则更倾向于远景的勾勒和谋划，充分展现前瞻性，强调规划在实施过程中的引领作用。党和国家在这方面有非常多的典范可供学习和体会。比如，党在改革开放以后就提出社会主义现代化建设"三步走"的战略构想，即解决人民温饱问题、人民生活总体达到小康水平和基本实现现代化。事实证明，这一战略构想实事求是地把握了我国当时的国情和所处的国际环境，勾勒出了清晰的远景轮廓，并给出了切实可行的路线，最终使得这一战略构想得以实现。党的十九大提出新时代社会主义现代化建设"两步走"的战略部署，同样具备尊重事实、把握客观规律、高度引领等特点。

1.2 规划的对象

规划的对象大致可以分成实体要素和社会行动两个方面。如前所述，规划的客体对象一般是指事物的状态或过程，它可以是自然属性的，也可以是社会属性的，也可能两者兼而有之。这其中的客体对象，也包括人在内，人不仅是主体，也可能是客体。影响事物发展状态或过程的无外乎内因和外因两方面，内因当然是事物本身的属性特征，而外因便是干预事物发展的社会行动。

1.2.1 实体要素

规划的实体要素一般是指在现实世界中实际存在的、有形的、物质的要素，以及由这些要素构成的复杂系统。比如，在国土空间规划工作中，为了保障某个地块能够顺利地实施建设，往往需要针对这个地块编制详细规划，对地块内的建筑、道路、绿化、市政管网乃至于各种建筑材料和配套设备等实体要素，做出详细安排。从地形的改造、建筑选址布局、体量大小与形状控制，到道路的走向、坡度、宽度及连接方式，再到植物的配置、花卉苗木的品种选择等，事无巨细，均需要给出明确而细致的规划设计。比详细规划更加宏观的战略性总体规划，主要的工作内容也是对土地、人口、产业项目、公共服务和市政基础设施等实体要素做出妥善的部署。

规划对实体要素的作用，不仅是规定或调整实体要素本身的属性，还包括规定和调整实体要素之间的关系。比如，在国民经济与社会发展规划中，对产业项目的布局不仅要突出重点，在产业发展条件较好的地区优先布局，也要考虑均衡性，通过布局相关产业项目来带动那些产业发展条件较为欠缺的地区形成主导产业，推动这些地区的经济社会发展。本质上，这是调整产业项目的空间关系。

当然，调整实体要素之间的关系，也包括时序关系。比如，我国城镇化发展是有梯度差异的，东部沿海地区经济社会较为发达、人口较为稠密、出行需求比较集中、建设条件较为成熟，因此，高铁、机场等大型交通设施，会在规划和建设时序上提前考虑。西部地区经济社会相对欠发达、人口密度相对较小、出行需要也比较分散，高铁、机场等交通设施一般就会等待条件较为成熟以后再开展规划和建设工作。

实体要素的关系除开在时间和空间上的，还有功能上的。以产业发展规划为例，过去一段时间以来，我国的制造业取得了长足的进步，逐步从制造大国向制造强国发展。取得这样的成绩，离不开国家和地方针对产业发展的精心规划和优化。

产业的良性发展离不开土地、资金、人口、资源、市场等产业要素在时间空间上的合理分布，也离不开这些要素在功能上的相互衔接。大型的工业集中地带，往往会形成相对完善的产业链和配套服务。产业链上的核心工厂，需要大量的上游企业为其提供生产原料、配件和其他的配套服务；反过来，这些核心工厂也会为下游企业提供废物资源回用、产品销售展示、金融服务、人力资源服务乃至旅游业服务等相关第三产业发展的机会。产业规划如能统筹和安排好这些产业要素在功能上的衔接关系，就可以助推产业建设，发挥"1+1>2"的效应。

1.2.2 社会行动

规划，本身既是一种社会行动，更是对其他社会行动的统筹、协调和安排。社会行动，简单而言，就是行动者因为某种目的在一定的情景下展开的符合社会规范的行为和活动。它包含四个基本的要素：一是要有明确的行动者；二是有一个或若干个想要达到的目的；三是有目标得以实现的环境要素，一般又分为行动的条件和手段；四是合乎社会规范，主要包括思想、观念、行为取向等方面，一般表现为道德、习俗、风俗以及已经上升为社会集体意识的法律法规等。

规划可以对行动者予以引导和限定，减少各种社会行动产生的冲突，避免经济社会陷入内耗或空转。在各种产业规划中，通常会采用准入清单等方式对产业门类甚至于企业本身进行限定和遴选，达到淘汰落后产能、促进技术进步并最终实现产业链生态化发展的规划目标。在农田水利、生态建设或环境修复等类型的规划中，通常也会采用退补平衡、生态补偿、以奖代补等方式，来引导和实现对行动者或者行动目的的正向鼓励或负向惩罚。在国土空间、城乡建设等类型的规划中，则主要通过土地利用、空间限定等方式，来规范不同的行动者，理顺不同的行动目的。典型如生态保护红线、永久基本农田保护红线以及城镇开发边界等"三区三线"（图1-2）的划定，从空间的角度对不同行动者和行动目的进行引导和限定，避免国土空间开发建设活动陷于混乱和无序状态，推动国土空间治理日趋精细和逐步现代化。

规划也可以推动社会行动合理利用现有规则并突破环境要素的限制，并最终达到优化规

图1-2 国土空间规划体系中的"三区三线"
资料来源：作者自绘

则和环境要素的效果。这一点在国际合作与交流中体现得非常明显。不同国家和地区间往往存在着语言、文化、法律、经济等多方面的差异与壁垒，这些都可以被视为环境要素的限制。而通过精心设计的国际合作规划，各国能够基于共同利益和目标，建立起相互信任与尊重的对话机制，促进规则的互认与对接，从而在国际贸易、科技创新、环境保护、灾害应对等多个领域实现资源的优化配置和高效利用。又例如，我国在扶贫规划的制定与实施过程中，充分考虑了与国际惯例的衔接与差异。一方面，我们积极借鉴国际上的成功经验和先进做法，如设定贫困线和脱贫标准时参考国际通用的评估指标和方法，确保我们的扶贫工作具有国际视野和可比性；另一方面，也能清醒地认识到，由于历史、文化、经济等方面的独特性，我国的扶贫工作必须立足于国情，探索出符合自身实际的发展道路。因此，在贫困认定、脱贫路径、扶贫政策等方面，我国形成了自己的一套特色做法，如精准扶贫、产业扶贫、教育扶贫等，这些做法不仅取得了脱贫攻坚的胜利，让老百姓得到了真正的实惠，也在一定程度上消除了国际社会的误解，获得了国际主流对我国脱贫攻坚工作的认可和尊重，为国际社会提供了有益的经验和启示。

综上，规划不仅是对实体要素的设计、布局和安排，也是一种针对各种社会行动的统筹和协调，目的就是将抱有不同行动目的的行动者汇聚在一起，分工协作形成合力，共同推动社会的发展和进步。

1.3 规划的作用

规划是为完成某项任务或达成某种愿景，通过对未来整体性、长期性、基本性问题进行思考，协调复杂系统中的不同要素、部门与行业，进而制定的长远发展计划。其具体作用体现在资源配置、行动统筹、政策运行三个方面。

1.3.1 资源配置

现代经济发展遵循以经济理性主导的、注重使用效率与效益的市场配置模式，因此各项资源会随着区位条件、政治经济环境等因素呈现出不均衡分布的特征。宏观领域的资源失配主要体现在国民经济结构与社会总供需的不平衡方面。在中观领域，资源配置的不均衡现象主要集中在地区间与产业内部的资源配置差异。在微观领域，主要体现在企业内部资源配置和个人收入分配的差异。

规划可从全局角度出发进行资源配置，协调不同方面、不同层级的资源要素，进而通过更快速高效的行动实现整体目标。针对上述问题，在保证市场对资源配置有基础性作用的前提下，应以政府干预之长弥补市场调节之短，同时又以市场调节之长来克服政府干预之短，实现市场调节和政府干预二元机制的最优组合，进而促进各项资源的高效配置与社会经济的均衡发展。

在市场经济体制下，城市中任何要素的作用都需与市场机制的运行相结合才能得到发挥。市场机制鼓励个体追求自身利益，各类经济活动产生的绝大部分收益往往归投资者所有，而其产生的外部不经济则通常由社会承担，导致社会经济利益与经济行为者之间产生差异（图1-3），在某些情况下可能出现"市场失灵"。例如，若钢铁厂生产时将未经处理的工业废水直接排入河流，则可降低治污成本，增加企业利润。但该行为会损害河流生态，为工厂周边环境和居民生活带来负面影响。这种外部不经济性无法通过市场解决，故而称为"市场失灵"。

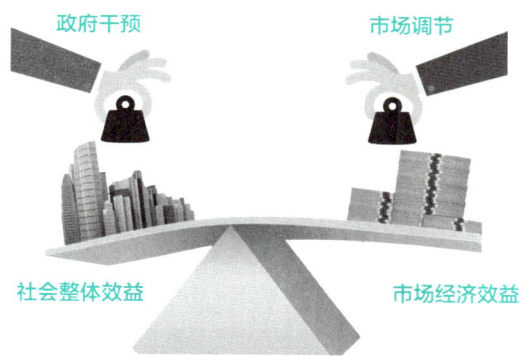

图1-3 政府干预与市场调节
资料来源：作者自绘

为保证市场长期有效运行，维护整体的稳定和发展，避免"市场失灵"，可从以下两个方面进行适当的规划干预，引导和调控组织内部的各项资源要素高效配置：一方面，为市场经济体制提供制度性保障，维护市场体系稳定有序发展，以此保障必要的基础设施和一些基本服务设施的集体供应；另一方面，宏观调控多方面的社会利益，进而减少一些资本运行所产生的会导致其他部门损失的外部不经济性，为社会的稳定发展提供条件。以环境保护规划为例，通过划分自然保护区范围，控制工业发展和城市化进程对生态环境的影响，进而保护生物多样性、自然资源等环境要素，实现人与自然的和谐共生。

同时，为保证资源要素得到充分有效利用，需预知并降低不利要素带来的副作用，并规避那些可能削弱经济效率或阻碍经济效率提升的政府决策，即预防"政府失灵"现象的发生。为最大程度地消除导致"政府失灵"的根源，可从以下六个方面采取切实措施：确定政府经济职能双向重塑的总体思路、从理顺政府利益关系入手保证政府干预的公正和客观、规范政府干预职能和行为、加强对政府调控行为的监督、提高政府决策的科学化程度，以及把竞争机制引入政府调控的某些领域。以区域规划为例，在规划中加大对贫困地区的扶持力度，引导人才、资金、技术等资源向贫困地区流动，可促进区域经济的均衡发展，缩小地区间的发展差距。以农业规划为例，在规划中引导农民种植具有市场潜力的农作物，推动农产品加工业的发展，可实现农产品的增值和农民收入的提高，促进农业与工业的协调发展。

1.3.2 行动统筹

规划涉及的客体对象通常表现为一个复杂系统，包含不同的要素，牵涉不同的部门或行业，它们彼此内部相互作用形成的外部效应，会对计划的完成产生作用与影响。规划是统一思想、凝聚各方共识的重要手段，可以有效地协调复杂系统内部各利益主体间和部门间的关系，通过有意识的约束来限定行动朝向既定目标持续前进，具有行动统筹的作用，可保持目标的一致性，维持目标的连续性。

规划在保持目标的一致性方面发挥着至关重要的作用。从实际运作来看，规划可将不同类型、不同性质、不同层次的决策相互协同起来，并统一到与发展计划整体目标相一致的方向上；将各种要素、各类部门与行业的决策和实际操作相互协同起来，以避免产生因相互对抗带来的各自利益间的抵触以及由此产生的消耗。通过明确共同目标、凝聚共识和持续引导激励，规划能够确保各方朝着同一方向努力，推动发展计划的顺利实施。

以社会建设为例，社会系统中不同群体和个人可能会有不同的利益诉求和愿景。规划通过综合分析各种需求和条件，制定出符合整体利益和社会发展的共同目标，从而确保社会各方面的行动都能够朝着同一方向前进。同时，为实现共同目标，需要社会各方的共同努力和协作。规划可通过与各方进行沟通和协商，平衡不同利益诉求，从而形成广泛的社会共识。这种共识能够增强各方的合作意愿和行动的协同性，减少分歧和冲突，从而确保社会建设的顺利进行。例如，在城市建设中，政府会与居民、企业、社会组织等各方进行沟通协商，共同制定城市发展规划。此外，规划可通过设定阶段性目标和奖励机制，激励社会成员不断努力实现目标，并对行动过程进行监控和评估，及时发现问题并进行调整，确保目标的顺利实现。例如，在扶贫工作中，政府会制定明确的扶贫目标和计划，并建立考核和激励机制，这能够激发各级政府和社会组织的积极性，推动扶贫工作的有效开展。

除此以外，通过规划可减少许多不确定性因素，让目标具有明显的连续性特征。发展是一个长期过程，需要持续的努力和投入。通过制定长期目标和阶段性任务，规划可以确保这一过程不会因为短期的利益或暂时的困难而中断，从而保障规划的连贯性和稳定性，避免因频繁变动而导致的资源浪费和不稳定。具体来说，规划可通过明确目标、协调资源、引导规范等方式，有效地推动长远发展计划的持续进行。

同样以社会建设为例，通过制定长期规划，可对社会建设的整体方向和预期成果有清晰的认知。同时，规划还会根据实际情况将长期目标分解为若干个短期目标，这些短期目标更加具体可行，能够激励民众在短期内取得成效，增强社会建设的信心和动力。社会建设涉及政府、企业、社会组织、个人等多个主体，而不同主体之间的利益诉求和行动逻辑也不尽相同。基于此，规划可通过综合分析各方面的需求和条件，找到共同的利益契合点，协调各方面的资源和力量，形成推动社会建设的合力。例如，在城市建设中，政府可以通过规划统筹城建、交通、环保等多个部门的力量，确保城市的整体规划和建设顺利进行。此外，通过制定相关政策和标准，规划能够引导社会各方面的行为符合整体利益和社会发展的需要，对一些可能出现的风险和问题进行预警和防范，减少社会建设的阻碍和不确定性。例如，在环境保护方面，政府可以通过规划制定严格的环境保护标准和监管措施，引导企业和个人减少污染、保护环境。

1.3.3　政策运行

基于环境的相互联系性与复杂性，规划的作用可体现在对未来不确定性的缓解和抵消，有利于帮助各部门或不同行业在制定未来的发展决策时，从容应对不确定因素带来的风险，提升决策的质量，推动政策的有效运行。

规划作为保障政策顺利运行的重要工具，其可操作性主要基于以下两个基础：①规划通过法定规划的制定和对城市开发建设的管理，对城市土地使用配置即土地资源的配置进行直接控制，在物质实体方面拥有了调控的可能。土地使用是各项社会经济活动开展的基础,这种调控从表面上看是对土地资源的直接调配,是对土地使用的具体安排,但其实质上涉及的是各项社会经济活动未来发展的可能与前景,保障了该开发活动与政府政策导向的契合度。②规划对城市建设进行管理的实质是对开发权的控制,这种管理可以根据市场的发展演变及其需求,对不同类型的开发建设实施管理和控制,以此保障开发建设活动与政府政策之间的契合度。然而,规划的控制并不是对市场作用的否定,而是用于维护市场体制的长期有效运行,弥补市场决策的短期行为可能产生的长期负面效应。

基于希利(Pasty Healey)等学者对英国城市规划体系的研究,规划可从管理、开发、财政等方面保障政策的顺利运行(图1-4)。其中,管理既可以是非常具体、固定、条文清晰的法规和规划,也可以是以项目为基础的管理体制,通过协商确定最终决策。开发,是利用土地管理手段控制具体城市建设。出于公共部门的职能要求,政府可通过直接参与、政府主导、公私合作等开发方式介入具体城市建设。以城市房地产开发为例,以经济利益为开发导向的房地产商较少关注低收入群体的住房需求。为履行开发和提供公租房、福利房的政府基本职责,政府可通过直接参与开发的方式,介入房地产的开发过程,为弱势群体提供住房保障。财政,则是运用经济手段对一般的发展和具体建设进行控制。运用财政手段的好处在于,便于各部门在较早阶段就能将财政交税和政府奖励计入开发成本中,结合开发项目本身,计算自身收益,进而做出自己的判断。就政府而言,可通过降低房产税、企业和个人所得税,以及提供各种补助方式等,对城市房地产开发进行鼓励和管理。

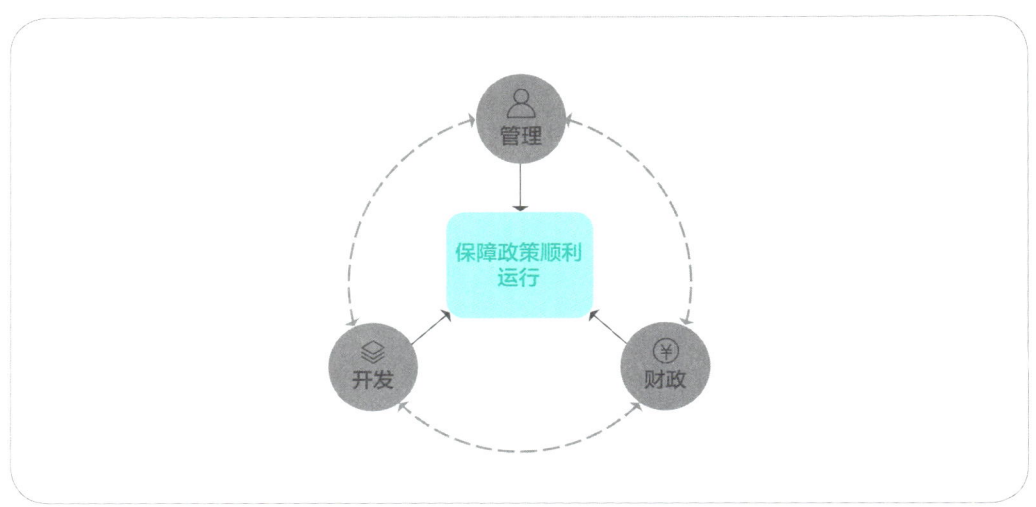

图1-4 规划可从管理、开发、财政等方面保障政策顺利运行
资料来源:作者自绘

1.4 规划的类型

面对多层级的空间结构和复杂的社会经济发展问题，为促进城乡、区域、国家乃至全球的整体发展，规划从实际需求出发，产生了多种规划类型。具体来说，主要可从规划的作用、期限、覆盖范围、编制和实施主体等层面构建分类体系。

1.4.1 根据规划作用分类

规划根据其对社会经济发展的影响以及其在规划体系中的作用，可以分为战略性规划、协调性规划、实施性规划和项目规划（图1-5）。

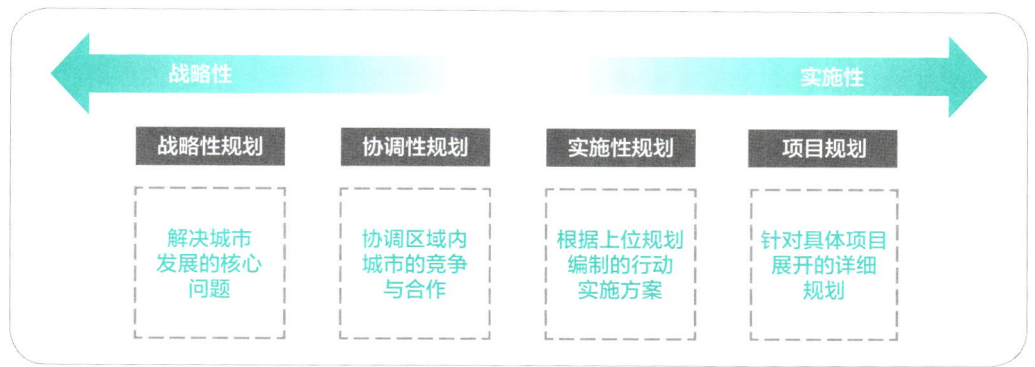

图1-5 国土空间规划根据规划作用的分类
资料来源：作者自绘

1. 战略性规划

战略性规划来源于英文中"strategic urban planning"，吴志强院士将其精准阐述为"城市发展战略规划"[1]。西方国家的类似规划实践，如英国的结构规划、新加坡的概念规划、澳大利亚的战略规划等，均为同一类规划。其主要目的在于针对城市发展的重大问题展开研究。我国的战略性规划最早开始于2000年，以《广州城市发展战略规划》为代表，相继有南京、杭州、厦门、沈阳等10多个城市展开相关的战略研究。这一阶段的规划编制立足于城市和区域的自身发展条件，通过战略性指引来解决城市发展中遇到的问题。在党的十八大、十九大之后，随着我国社会主要

---

1. 吴志强, 于泓, 姜楠. 论城市发展战略规划研究的整体方法 [J]. 城市规划, 2003 (27): 38-43.

矛盾发生变化，战略性规划的编制，主要为应对形势的主动求变，探索更加合理、具有前瞻性的城市空间组织。

城市的战略规划旨在解决城市发展的核心问题，因此不同城市在战略规划的具体研究内容方面也不尽相同，根据不同的发展条件，其研究内容和侧重点有很大的变化，但均包括城市整体和长远发展的战略性问题，涵盖社会经济等各个方面，还包括城市近中期发展密切相关的问题，例如土地开发策略、城市重大基础建设等。战略性规划虽然属于非法定规划，但其通常作为包括总体规划在内的法定规划的重要编制依据和指导。

2. 协调性规划

随着我国经济的高速发展，区域内各城市之间一方面形成了彼此依存的合作发展关系，另一方面也存在区域空间和资源的竞争关系，城市间的协同发展显得尤为重要。协调性规划针对城市间发展的竞争与合作，协调各地政府管理之间的关系和职责。一般来说，通过区域治理的手段加大各城市之间的依存度，通过大城市的带动影响依存的中小城市，以达到均衡统筹的目标。

协调性规划根据城镇化发展具体问题和需求，在内容和形式上也不尽相同，既包含综合性的区域协调规划，如《长三角生态绿色一体化发展示范区总体方案》对长三角地区生态保护、经济发展、交通建设、政府管理等多个方面展开了研究；又包括专项课题，如区域基础设施建设协调规划等。协调性规划重点关注区域内发展需要协调的重点内容，以保障区域整体和各城市的共同有序发展。

3. 实施性规划

一般来说，实施性规划以行动纲领或行动计划为主，具体指根据相关战略规划、总体规划等上位规划编制的行动实施方案。现阶段我国国土空间规划的落地指导性逐渐增强，尤其是在市、县、乡镇三级的总体规划中均开展了近期行动计划编制，因此也可以视为实施性规划。

实施性规划具有承上启下的特点，在编制时既要落实上位规划，保证底线管控的刚性要求，又要指导下一层级的规划，为下一层级的专项规划、详细规划等预留编制弹性。在编制原则和内容上需要注意以下四点：①按需甄选实施项目，应选取符合近期战略目标、关键性的、可实施的项目；②合理安排实施序列，优先安排重点问题、民生问题等项目的实施；③分部门落实权责，将具体实施工作落到实处；④建立健全监督机制，保障规划的顺利实施。

4. 项目规划

项目规划是指针对具体空间、具体发展目标任务而展开的全面、详细的规划。一般来说，项目规划是针对单项或较少几项任务而制定的规划，其规划空间范围较其他几类规划而言较小，事权也相对简单直接。比如老旧小区的水电管网改造、乡村路面整治、具体道路建设等均属项目规划范畴。

项目规划具有很强的实施性，与实施性规划相比，项目规划在空间落实上更加直接和具体，不需要预留编制弹性。项目规划的编制内容根据实际项目内容可包括空间设计（如水电管网铺设线路规划）、预算、建设时序、权责安排等。

1.4.2 根据规划的期限分类

规划期限一般指编制的规划预期完成规划目标的期限。规划按照规划期限，可以分为远景规划、长期规划、中期规划和短期规划四类。其中，远景规划的期限较长，可达 30 年、50 年乃至更久，长期规划期限为 10~20 年，中期规划期限为 5~10 年，短期规划期限为 5 年以下。从四类规划的关系上看，远景规划把握城市未来发展的大结构、大方向；长期规划描绘城市在一定时间内发展的蓝图，同时决定了中期规划的方向、任务和基本内容，是制定中期规划的依据；中期规划为衔接性规划，也是长期规划的年度具化；短期规划是中期、长期规划的分年度实施方案。

1. 远景规划

我国远景规划的探索产生在 2010 年前后。自 2008 年国家进入战略转型期，特别是党的十八大、十九大以后，国家提出"两个一百年"奋斗目标，一些特大城市因时而动，提出了对更长远时间、更广阔地域空间的展望。如 2013 年编制的《武汉 2049 远景发展战略规划》，以 2049 年将武汉打造为拥有全球影响力与竞争力的"世界城市"为愿景，从经济、城市、空间、功能等多个层面开展研究。该规划的框架和内容不仅指导了新一轮城市总体规划修编以及其他重大规划的编制，在快速路系统、轨道交通、海绵城市、城市综合管廊等专项研究和建设中也有重要体现。

2. 中长期规划

随着我国长期规划在空间上、时序上、管理上更加具体，同时在编制过程中普遍展开分时序的规划安排，中期规划的实际应用在不断弱化，因此在部分规划体系分类中，将中期规划与长期规划合称为中长期规划。中长期规划有以下几个方面的作用：第一，研究制定城市中长期发展战略，并提出阶段性的任务和目标；第二，解决影响社会经济发展的基础性问题，促进重大经济矛盾的缓解，主要体现在土地利用、资源保护与开发、基础设施建设、地区发展协调等方面；第三，协调公共政策和政府行为。

3. 近期规划

远景规划、中长期规划制定的城市发展蓝图，必须通过近期规划来具体落实，从而实现规划的战略意图。这也充分体现了我国规划体系在实施管理上的过程性、动态性特点。近期规划的编制必须以相关法定程序批准的上位规划以及国家的有关方针政策为依据，编制重点是将重大发展战略、目标以及项目在空间和时间维度进行合理的安排和布局。如国民经济和社会发展五年规划主要在目标、总量、产业结构以及产业政策等方面，做出时间序列上的指引和安排；国土空间近期规划主要在资源保护与利用、功能布局、基础设施建设等方面提供空间布局上的安排。通过近期规划的具体落实，形成了规划系统内各项行动的综合协调，为规划实施提供了有效的保障机制。

1.4.3 根据规划覆盖空间范围分类

规划是对全域全要素的综合考量。面对不同层次的发展问题，规划需要对不同覆盖范围的空间开展纵横谋划。同时，空间规划需要将经济、社会、文化、生态等政策措施具体体现在一定空间内。按照空间覆盖范围，规划可分为跨国规划、国家规划、区域规划、地方规划等。

1. 跨国规划

在当前的世界格局下，各国之间发展资源和市场联系更加紧密，但同时也面临着各类发展问题。为顺应世界多极化、经济全球化、文化多样化、社会信息化的潮流，促进经济要素的有序自由流动、资源的高效配置和市场的深度融合，各国需要针对共同关心的发展问题展开更大范围的区域合作。在这样的发展背景和目标下，跨国规划应运而生，旨在打造更深层次的区域合作构架，彰显人类社会共同理想和美好追求。

跨国规划因涉及不同主权的国家，在内容上往往以专项规划为主，试图协调各国发展中共同关心的问题。如我国主导倡议"一带一路"范围内推行的《推动共建丝绸之路经济带和21世纪海上丝绸之路的愿景与行动》，从政策、设施、贸易、资金等方面促进"一带一路"的深入发展。

2. 国家规划

国家规划以应对全国性的发展问题和矛盾为出发点，以贯彻国家重大发展战略、落实大政方针为目标，根据不同区域的发展要素现状，统筹谋划构建国土空间开发格局。国家规划的重点内容主要包括明确国土空间开发保护的战略选择和目标任务、明确国土空间管控的约束性指标、协调区域发展、进行地域分区等。

以我国 2011 年正式出台《全国主体功能区规划》为例（图 1-6），其主要内容包括：①划定国家层面主体功能区，将我国国土划分为优化开发区域、重点开发区域、限制开发区域和禁止开发区域；②明确主要能源与资源开发利用原则并划定其开发布局；③统筹区域性的财政、土地、产业、人口、环境等政策；④制定全国性的绩效考核评价体系，并落实各级政府的监督职责。通过以上政策与措施，逐步形成人口、经济、资源环境相协调的国土空间开发格局。

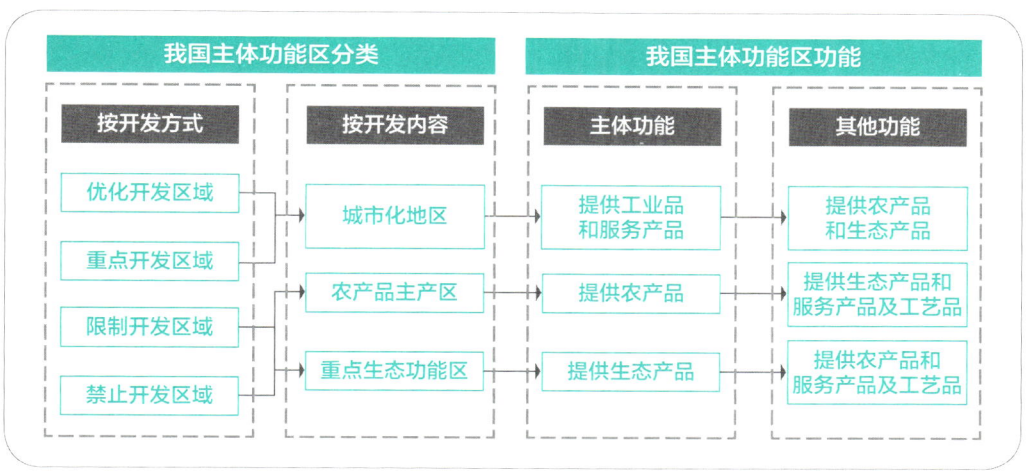

图 1-6　我国主体功能区分类及其功能
资料来源：根据《全国主体功能区规划》改绘

3. 区域规划

区域规划具有承上启下的重要战略作用，是落实国家相关规划与政策方针，对区域内重大问题展开统筹部署，并进一步指导下一层级规划的综合性规划。其主要目标是，以区域均衡发展为考量，协调区域内城市发展的问题，提高区域整体发展水平。区域规划包含城市群规划、大都市区规划、地区区域战略规划等。区域规划的编制重点在于从区域的层面统筹整合各资源要素，引导区域的有序发展。在编制内容上包括城镇结构体系构建、城镇职能培育、资源开发利用，以及区域性重大基础设施的安排等方面。

4. 地方规划

地方规划包括市级规划、县级规划和乡镇级规划，是具有落地性、实施性和管控性的规划，突出土地的利用和管控。在编制内容上，市级、县级和乡镇级规划侧重点有所不同。市级规划突出对上级规划的落实，并明确市域范围内的总体空间结构、城镇体系结构、资源约束性指标、基础设施建设、历史人文等方面的内容。县级规划突出对空间结构布局、生态修复和全域整治、产业对接、乡村发展等方面的落实。乡镇级规划则更为具体，重点在于统筹城乡发展、耕地和永久基本农田保护、基础设施和公共服务设施布局和建设、村庄房屋布局等。作为实施性规划，地方规划必须同时制定清晰的分阶段规划实施目标和重点任务，并建立健全实施检测、评估、预警和考核机制，以保障规划的顺利落地。

1.4.4 根据规划编制和实施主体分类

规划的编制主体和实施主体指组织编制规划和实施规划的单位（或个人）。规划根据其编制和实施主体的不同，可分为公共部门规划和私人部门规划。公共部门规划一般是以政府为编制和实施主体，以维护和发展公共利益为价值取向的规划。私人部门规划是以私人部门为编制和实施主体，一般以营利为目的而编制实施的规划。

在我国，绝大多数的规划以政府为编制和实施主体，包括各类国家级规划、区域协调发展规划、城市国土空间规划、县域国土空间规划以及乡镇规划等。但也存在部分以项目性规划为主的私人部门规划，如由开发商主导的某旅游项目开发规划。需要指出的是，我国的私人部门规划在编制和实施的同时也需要依照上位相关公共部门规划的内容，同时接受政府部门的管理和监督。

相比之下，国外私人部门规划的实践更为常见，公私部门不同的规划性质和特点也引起了广泛的关注。美国学者斯坦纳（George Steiner）[1]和利维（John Levy）[2]认为以上两类规划存在以下差别：①公共部门规划考虑政治因素较多，而私人部门规划受经济因素影响较多；②公共部门规划的制定过程相比私人部门规划的制定更为公开；③公共部门规划目标更为综合和复杂，私人部门规划目标数量较少也更为具体；④私人部门规划因其目标更为具体，评价标准也更为明确；⑤私人部门规划的可实施性较强。总体而言，公共部门规划的制定、实施和管理因其更具有公共性和

---

1. 乔治·斯坦纳. 战略规划［M］. 李先柏，译. 北京：华夏出版社，2001：331—349.
2. 约翰·利维. 现代城市规划［M］. 张景秋，译. 北京：中国人民大学出版社，2003：372—373.

政治意义，需要多方协调以推动社会的整体发展，相比私人部门规划来说更具有政治权威性，在内容上也更为复杂。

1.5 规划的评价

规划评价是规划编制、实施和管理过程中的重要环节，贯穿于规划的整个过程。规划评价的目的是检验规划的合理性和科学性，以便及时调整规划方案并保障规划的有效实施。

1.5.1 规划评价的类型

关于规划评价的类型，不同的学者有不同的观点。塔伦（Talen）[1]在对众多研究文献进行综述的基础上作了全面阐述，他主要依据评价活动进行的不同阶段、内容和方法等因素，将规划评价分为三个类型：规划实施之前的评价、规划实践的评价和规划实施结果的评价，为全面认识不同类型的规划评价及各类规划评价可用的方法提供了一个基本的框架。

1. 规划实施之前的评价

规划实施之前的评价是一种预测性评价，主要是对规划方案实施可能产生的各方面的影响进行预测分析，并将相关信息反馈给规划者或者审批者，从而为规划方案选取提供依据。包括规划方案的评价和规划文件的分析两个方面。对规划方案的评价主要是通过建构一些数学模型，模拟规划以及相关政策的实施以解释和预测未来发展情景，或探讨规划方案的多种效用，从而在规划实施前评价它们未来的可能影响。规划文件的分析，是在细致评价规划模型的基础上，对规划文件的"话语"进行分析和解构，同时也是对规划文件的规范性和科学性做出判断。

---

1. TALEN E. After the plans: methods to evaluate the implementation success of plans [J]. Journal of Planning Education and Research, 1996, 16: 79-91.

2. 规划实践的评价

这是针对规划实践过程中规划师的行为与组织机制，以及将整个规划实践看成是一个系统与外界的互动关系，包括以下三个方面：①对规划行为的研究，主要调查的就是"规划师做了些什么"以及规划师"是如何做的"，它一般通过对规划行为机制的研究以评价规划的实践，不仅关心行为的过程，也关心实施的现实情况；②描述规划制定过程和规划方案的影响，主要描述规划过程和规划方案制定过程中所受到的影响，一般通过案例研究和建立模型，对规划中物质空间内容和实施机制进行广泛分析和评价；③政策实施分析，主要探究政策颁布之后所产生的影响，通常关注政策内在的行政管理过程及其过程是否发生偏差，以及偏差发生的原因。

3. 规划实施结果的评价

主要是对规划实施一段时间后的回顾性评价，从而为规划实施和规划修改调整提供依据。其核心是在于考察规划实施的结果与规划设想（或方案）之间的相互关系，从而确认规划实施效果，包括两个方法：①定性的分析方法，这是整个分析过程中的基础部分，它通过对规划问题本质属性的分析，在掌握规划实施、运作规律的基础上，作出对规划实施正确而全面的分析判断；②定量的分析方法，即通过选取具体的量化指标，并引入相关的计量模型的实证分析，从而获得对于规划实施效果的定量化评价，增强规划实施效果评价的说服力，在定性分析的基础上获取更为准确和深刻的认知。

1.5.2 规划评价的判断标准

1. 一致性评价

一致性评价，是指通过分析现实发展与规划目标值是否一致，及规划目标的实施程度来判定规划实施效果，规划实施的实际状况与规划目标值的一致性越高就表明规划实施的效果越好。在此类型的评价方法中，一般将规划看作是区域发展的蓝图。作为一致性评价的主要支持者和先驱者，阿特曼（Alterman）与希尔（Hill）[1] 早在1978年就开始运用土地利用变换矩阵与空间叠加分析方法，分析土地利用现状与土地利用规划在空间上的分布差异，进而得到规划实施的情况，开启了规划实施一致性评价研究的探索。

---

1. ALTERMAN R, HILL M. Implementation of urban land-use plans [J]. Journal of the American Institute of Planners, 1978, 44（3）：274-285.

一致性评价判断规划实施情况的标准是规划实施结果与规划目标的契合度，落实规划的决策、实施的具体结果与规划确定的目标的契合度越高，则规划越成功；如若是按照规划丝毫不差地实施，则为最成功。该方法体系侧重对规划最终结果的评价，目标性很强，评价结果清晰。但国土空间规划的目的是引导区域国土开发利用优化配置，促进经济发展，具有很强的不确定性，规划实施成果与规划目标完全一致有时候并不意味着规划的成功。

2. 绩效性评价

与一致性评价不同的是，绩效性评价认为规划是未来发展决策的框架，更关注规划对未来发展决策的导向作用和实际影响情况，如果发展决策者在制定决策的时候受到规划的影响，则认为规划得到了执行。

对基于"绩效"理念的规划实施的评价是以探讨"过程"为主的评价，强调规划在决策过程中是否发挥了推动性的"绩效"。法鲁迪（Faludi）[1]在区分项目规划与战略规划的基础上认为，一致性规划标准只适用于项目规划评价，而对战略规划需要进行绩效性评价，并提出了绩效性评价的标准。他认为，战略规划只是为决策提供一个参照性的框架，在这个框架中，决策最终将展开并配置到规划和实施的过程当中，而且规划决策与具体的行动间也不存在直接的责任关联。因此，受不确定性因素的影响，规划实施的结果与规划方案之间的偏差并不表示规划是失败的。

具体来看，一致性评价针对"目标型规划"中各项规划目标实施的数量和空间评价具有较好效果；绩效性评价针对的是"战略规划"，是更注重规划实施效果的综合评价，并不拘泥于规划目标的实现。我国规划实施监测评价可以借鉴"一致性评价"的思路对约束性指标的实施情况进行定量评价，而参考"绩效性评价"对规划实施效果进行综合评价：在规划目标不能完全实现时，规划实施是否能够对经济社会发展产生积极效应？——这是规划评价的重点。

1.5.3 规划评价的实践

规划面临的未来的不确定性，决定了规划本身需要在实践中不断被检验而得以发展完善。我国传统的空间规划体系实践管理中，均规定开展针对各自规划战略、目标、指标等监测评价，大多数关注规划实施后的评价工作。如《城乡规划法》第

---

1. FALUDI A. The Performance of Spatial Planning[J]. Planning Practice &Research，2000（4）：299-318.

四十六条明确指出要"定期对规划实施情况进行评估";《土地利用总体规划管理办法》也明确了"土地利用总体规划经批准实施后,县级以上国土资源主管部门应当定期组织对规划实施情况进行全面评估",并且还规定了规划实施评估的主要内容。虽然不同规划涉及评估的内涵、理念、机制、对象和技术方法差异较大,但是均存在着如下三个问题。

① "终极蓝图"式监测评价,导致规划适应性和动态性不强。现阶段(截至2024年)规划评价尚未形成连续、动态的监测评估反馈过程,主要是"终极蓝图"的空间绩效静态评价。规划评价在内容上主要关注规划末期实施与规划目标的一致性情况,且大多数集中在宏观结果评价,缺少对实施过程中指标变化规律和趋势变化的评价,难以适应规划期内出现的复杂的社会经济外部因素。

② 过多注重物质空间评价的指标设计,价值判断标准过于简单。传统的城乡规划和土地利用规划主要以耕地、基本农田、建设用地规模、各类用地结构等宏观指标为核心,评价内容主要是各类管控分区和控制线等物质空间的实施情况,并且仅以是否符合规划来判断实施的好坏。事实上,对于不符合规划的建设成果,需要分析其背后的理性基础。

③ 偏重于实施过程和结果实施的描述,缺少对规划实施过程其他因素的关注。现有规划评价侧重对土地规模和结构的变化研究,但对各类功能用途土地的经济属性认识不足,缺少对自然资源利用质量和国土空间资产增值效益的评价,"资源、资产、资本"三位一体空间配置意识不够,容易引起土地资源的闲置浪费、低效粗放利用和结构性失衡等问题,导致规划在资源优化配置中的基础性作用失灵。

随着我国国土空间规划体系的建立和逐步完善,建立常态化的规划实施监测评价制度势在必行。2019年5月,《中共中央 国务院关于建立国土空间规划体系并监督实施的若干意见》正式发布,强调"建立国土空间规划定期评估制度,结合国民经济发展实际和规划定期评估结果,对国土空间规划进行动态调整完善"。2021年6月,自然资源部发布《国土空间规划城市体检评估规程》(TD/T 1063—2021),明确了体检评估工作流程及体检评估指标体系。按照"一年一体检、五年一评估"的方式,对城市发展阶段特征及国土空间总体规划实施效果定期进行分析和评价,是促进城市高质量发展、提高国土空间规划实施有效性的重要工具。目前,一个地区的实际运行主要依靠政府每年制定的年度项目实施计划和每五年制定的国民经济与社会发展规划。相应的规划实施监测评估制度也需要与这一体制对应,形成年度实施计划+近期规划的滚动实施框架。

1. 规划实施年度监测内容和重点

年度监测主要依据土地利用年度计划，跟踪城市运行状态和质量，与政府年度工作总结结合，动态评估年度计划实施效果，及时把握规划实施情况，为规划实施监督、指导下一年度项目实施计划和土地利用年度计划提供支撑，同时建立和及时更新规划实施动态信息数据库平台。

2. 规划实施五年评估内容和重点

五年评估对应近期规划，与国民经济与社会发展五年规划执行情况的总结同步开展，以国土空间规划阶段性目标完成情况、规划实施情况和规划实施环境为重点，把握地区阶段性发展特征和规划适应性，作为指导近期行动和近期规划编制的依据。同时，五年评估应对规划方案进行反思，及时发现规划中存在的问题，必要时可以提出修改规划和调整规划目标等。

关键术语

市场失灵、政府失灵、规划期限、规划空间范围、规划编制主体和实施主体、规划评价、一致性评价、绩效性评价

思考题

1. 规划的主体与客体分别是什么？
2. 规划行为的客体对象一般都具有什么特征？
3. 规划的首要任务是什么？
4. 规划的对象大致可以分为哪两个方面？
5. 请简述规划对实体要素的作用。
6. 作为一种社会行动，规划包含的基本要素有哪些？
7. 规划的作用主要体现在哪几个方面？
8. 请举例说明规划对社会建设和发展的行动统筹作用。
9. 规划作为政府保障政策顺利运行的重要工具，其操作的可能性主要基于哪两个基础？
10. 根据不同的分类方式，同一个规划可以被划分为不同的类别，请根据你

的理解举例说明。

11. 规划评价包括哪些类型？
12. 规划评价的判断标准包括哪些？
13. 举例说明一致性评价和绩效性评价在国土空间规划中的应用。

参考文献

[1] 吴良镛.人居环境科学导论[M].北京：中国建筑工业出版社，2001.
[2] UN-HABITAT. New Urban Agenda [EB/OL].[2024-06-04]. https://unhabitat.org/sites/default/files/2019/05/nua-english.pdf.
[3] 吴良镛.中国人居史[M].北京：中国建筑工业出版社，2014.
[4] 许露元，邹忠全.产业集群跨国网络结构与绩效研究——以广西与越南制造业集群为例[J].外国经济与管理，2019，41（1）：102-113.
[5] MICHAEL BATTY. The New Science of Cities [M]. Cambridge, MA: The MIT Press. 2013.
[6] CAMAGNI R P. From City Hierarchy to City Network: Reflections about an Emerging Paradigm [M]. Heidelberg: Springer, 1993.
[7] 安东尼·吉登斯.社会的构成[M].李康，译.北京：三联书店，1998.
[8] M·韦伯.社会学的基本概念[M].顾忠华，译.桂林：广西师范大学出版社，2005.
[9] FULONG WU. Planning for Growth: Urban and Regional Planning in China [M]. London and New York: Routledge, 2015.
[10] M DEAR, A SCOTT. Urbanization and Urban Planning in Capitalist Society [M]. Heidelberg: Methuen, 1981.
[11] P HEALEY. Local Plans in British Land Use Planning: Urban and Regional Planning Series [M]. Heidelberg: Elsevier, 2013.
[12] S S FAINSTEIN. The City Builders: Property Development in New York and London, 1980—2000 [M]. Heidelberg: Studies in Government & Public, 2001.
[13] J M LEVY. Contemporary Urban Planning [M]. Heidelberg: Taylor & Francis, 2016.
[14] P HEALEY. The Role of Development Plans in The British Planning Systems: An Empirical Assessment [J]. Urban law and Policy, 1986, 8（1）: 1-32.
[15] 孙施文.现代城市规划理论[M].北京：中国建筑工业出版社，2007.
[16] 孙施文.重视城乡规划作用，提升城乡治理能力建设[J].城市规划，2015（1）：86-88.
[17] 赖世刚.复杂城市系统规划理论架构[J].城市发展研究，2019，26（5）：8-11.
[18] 王哲.城市规划中的资源均衡配置[M].北京：北京工业大学出版社，2021.
[19] 全国市长研修学院系列培训教材编委会.统筹规划与规划统筹[M].北京：中国建筑工业出版社，2020.
[20] 钱颖一.激励与约束[J].经济社会体制比较，1999（5）：7-12+6.
[21] 吴良镛.城市世纪、城市问题、城市规划与市长的作用[J].城市规划，2000（4）：5.
[22] 金太军.市场失灵、政府失灵与政府干预[J].中共福建省委党校学报，2002（5）：54-57.
[23] E R ALEXANDER, A FALUDI. Planning and Plan Implementation: Notes on Evaluation Criteria [J]. Environment and Planning B: Planning and Design. 1989（6）: 127-140.
[24] FALUDI A. The Performance of Spatial Planning [J]. Planning Practice &Research, 2000（4）: 299-318.
[25] TALEN E. After the plans: methods to evaluate the implementation Success of Plans [J]. Journal of Planning Education and Research, 1996, 16: 79-91.
[26] 耿慧志.城乡规划管理与法规[M].北京：中国建筑工业出版社，2015.
[27] 耿毓修.城市规划管理[M].北京：中国建筑工业出版社，2006.
[28] 何冬华，邱杰华，袁媛，等.国土空间规划[M].北京：中国建筑工业出版社，2020.
[29] 邰艳丽.城市规划管理制度研究[M].北京：中国建筑工业出版社，2017.
[30] 刘晟，张皓，熊健，等.目标管理视角下的近期建设规划定位及规划思路探讨[J].城市规划学刊，2019（2）：83-89.
[31] 马璇，郑德高，孙娟，张一凡.真评估与假评估：总规改革背景下的总规评估探索与思考[J].城市规划学刊，2017（8）：149-154.
[32] 彭补拙，周生路，陈逸，谈俊忠，等.土地利用规划学[M].修订版.南京：东南大学出版社，2012.
[33] 吴志强，于泓，姜楠.论城市发展战略规划研究的整体方法.城市规划，2003（27）：38-43.

［34］乔治·斯坦纳.战略规划［M］.李先柏,译.北京:华夏出版社,2001.
［35］孙施文,周宇.城市规划实施评价的理论与方法［J］.城市规划汇刊,2003（2）:15-27.
［36］文超祥.规划之"衡"——我国城乡规划实施的制度探索［M］.北京:中国建筑工业出版社,2016.
［37］约翰·布赖森.公共与非营利组织战略规划［M］.孙春霞,译.北京:北京大学出版社,2010.
［38］约翰·利维.现代城市规划［M］.张景秋,译.北京:中国人民大学出版社,2003.
［39］张吉康,杨枫,罗罡辉.浅谈国土空间规划监测评估的路径［J］.中国土地,2019（3）:12-15.
［40］张京祥,黄贤金.国土空间规划原理［M］.南京:东南大学出版社,2021.
［41］赵小敏,郭熙.土地利用总体规划实施评估［J］.中国土地科学,2003,17（5）:35-40.
［42］郑新奇,李宁,孙凯.土地利用总体规划实施评估类型及方法［J］.中国土地科学,2006,20（1）:21-26.
［43］祝立雄,董文丽,李王鸣.我国城市规划实施评估发展历程、技术特征与演变趋势［J］.西部人居环境学刊,2019,34（2）:67-73.
［44］ALTERMAN R,HILL M. Implementation of Urban Land-use Plans［J］. Journal of the American Institute of Planners,1978,44（3）:274-285.

第 2 章

空间规划的发展

■ **教学要求**

学习了解空间规划理论与实践的发展历程，主要包括城市规划、区域规划、社区规划、乡村规划的理论与实践发展历程，并了解当前国土空间规划理论与实践的最新发展趋势。

2.1 空间规划理论发展

2.1.1 城市规划理论

城市规划是对一定时期内城市的经济和社会发展、土地使用、空间布局以及各项建设的综合部署、具体安排和实施管理。我国和西方国家的城市规划理论源远流长、各具特色。

1. 中国早期城市营造思想

中国是世界上独立发展的六大文明发源地之一，中国的古城的发展已有 6 000 年历史。在 6 000 年中，中国的城市科学在城市规划、建设、管理方面，都积累了丰富的经验，在世界上可谓独树一帜。

早在春秋时期，中国古代就有关于城市选址与营造方面的学说，其中当以《管子》和《周礼·考工记》为代表。《管子》云："凡立国都，非于大山之下，必于广川之上。高毋近旱，而水用足；下毋近水，而沟防省。因天材，就地利，故城郭不必中规矩，道路不必中准绳。"《周礼·考工记》云："匠人营国，方九里，旁三门。国中九经九纬，经涂九轨，左祖右社，前朝后市，市朝一夫……""王宫门阿之制五雉，宫隅之制七雉，城隅之制九雉，经涂九轨，环涂七轨，野涂五轨。门阿之制，以为都城之制。宫隅之制，以为诸侯之城制。环涂以为诸侯经涂，野涂以为都经涂。"这些反映出我国早期的封建王权思想和礼仪制度在都城规划布局和都城设计制度中的运用，反映的是封建社会国家"王者居中"的价值取向，是礼制文化"以中为尊"在城市建设布局中的体现[1]。

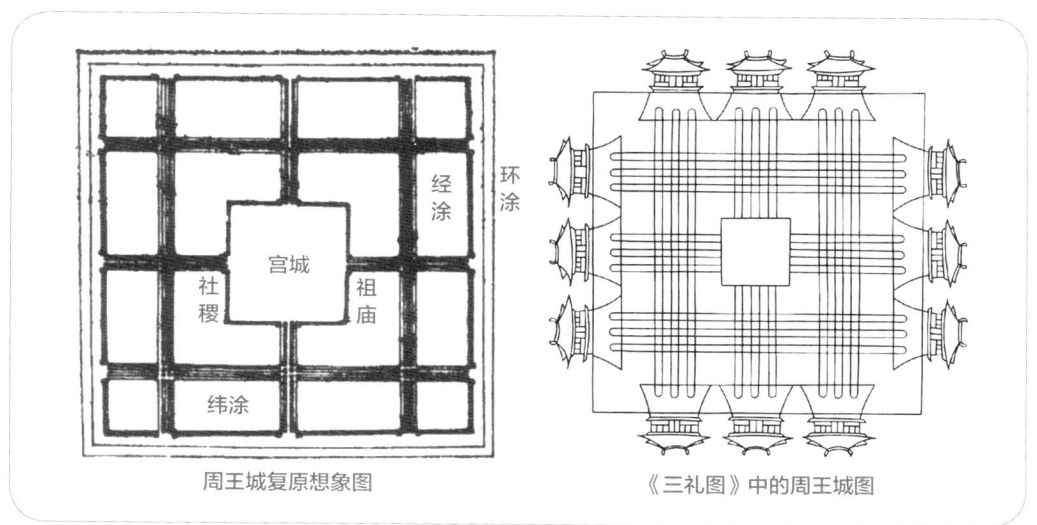

图2-1 中国早期城市营造
资料来源：董鉴泓. 中国城市建设史[M]. 北京：中国建筑工业出版社，2008.

同时，这些营城思想也一直影响着后期中国历代大都城的建设，特别是政治性城市，都是按照这种营城思想建设的。其中，最典型的案例是唐朝的长安城以及元明清时期的北京城，清晰的街坊结构和笔直的街道，以及城墙和城门无不反映了《周礼·考工记》中"礼"的思想。

2. 西方早期城市营造思想

在古希腊的城市规划中，随着古希腊美学观念的逐步确立和自然科学、理性思维发展的影响，也产生了另一种带有强烈人工痕迹的城市规划模式——希波丹姆模式。希波丹姆模式是公元前5世纪希腊建筑师希波丹姆规划的一种以棋盘式道路网为骨架的城市布局形式，它遵循古希腊哲理，探求几何与数的和谐，强调以棋盘式的路

---

1. 吴庆洲. 中国古代哲学与古城规划[J]. 建筑学报，1995（8）：45-47.

网为城市骨架,并构筑明确、规整的城市公共中心,以求得城市整体的秩序和美。此种模式在历史上被大规模应用于希波战争后城市的重建,古希腊的海港城市米利都城(Miletus)就是这一模式的典型代表。之后,在公元前 27 年,古罗马最杰出的规划师、建筑师维特鲁威(Marcus Vitruvius Pollio)编著了《建筑十书》,这是现存最古老且最有影响力的建筑学专著。书中对城市规划、建筑设计基本原理和建筑构图原理进行了论述,系统总结了古希腊建筑经验和早期罗马建筑的经验。该书绘制的理想城市平面为八角形,城墙塔楼间距不大于箭射的距离,使防守者易于在各个方面阻击敌人。

文艺复兴时期,人本主义思想盛行,人的主观能动性被强调。在这一时期,人们认为数与宇宙关于美的规律决定了城市必然存在"理想形态"。较著名的理论有阿尔伯蒂(Leon Battista Alberti)的《论建筑》,该书从城镇环境、地形地貌、水源、气候和土壤着手,对合理选择城址和城市及其街道在军事上的最佳形式进行了探讨,提出城市的典型模式是街道从城市中心向外辐射,形成有利于防御的多边形星形平面。安东尼奥·费拉锐特(Antonio Filarete)在《理想的城市》中也描绘了一个理想城市的设计方案:城市由中心建筑、广场和八角形外缘组成,从中心向外辐射出十六条街道,城市内还有一条散布着市场、教堂和其他职能机构的环形道路。正是在费拉锐特的理想城市设计影响下,欧洲出现了星状外形、设置外凸棱堡防御城墙的城市。16 世纪,建筑师斯卡莫齐(Vincenzo Scamozzi)提出了另一种理想城市方案,即棋盘型街道格局的"理想城市"。按"理想城市"设想建造的城市是帕尔曼诺伐城,该城是为防御而设的边境城市,中心为六角星广场,辐射道路用三组环路连接,城市中心设棱堡状的防御性构筑物(图 2-2)。

斯卡莫齐理想城市平面图

帕尔曼诺伐城平面图

图 2-2 西方早期城市营造
资料来源:张冠增.西方城市建设史纲[M].北京:中国建筑工业出版社,2010.

随着知识水平和生产力技术的提升，受商业资本主义影响，西方城市规划开始重视功利主义和实用主义，其中的代表便是"网格城市"。尤其是在美洲，作为欧洲殖民者所发现的新大陆，网格城市因利于管理新增国土和城市的有序扩张而成为了必然选择。网格城市的形态便于城市扩张的高效复制和延伸，因此迅速在美洲铺展开。美国的方格网规划（图2-3）是为城市用地的出让和开发服务的，城市管理者不用负责具体的开发和建设，规划方案使用统一的标准，只需要测绘人员的尺规作业。方格网规划通过主次干道分布、压缩单元宽度、增强单元密度，满足人口增长和商业活动的需求，迅速提升城市土地价值。德国的扩展规划（Extension Planning）同美国的方格网规划一样，用道路骨架来引导城市的用地发展。典型的功利主义和实用主义城市模式包括旧金山城市方格网规划、芝加哥城市方格网规划、华盛顿城市方格网规划等。

扫码读图

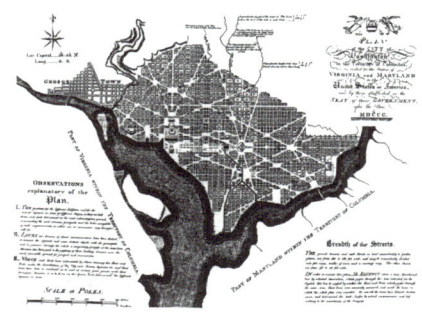
华盛顿规划

休斯顿规划

图 2-3 美国方格网城市规划
资料来源：Marten Kuilman.Quadralectic Architecture：A Survey of Tetradic Testimonials in Architecture［M］.Oxfordshire，UK：Falcon Press，2011.

3. 现代功能主义城市理论

功能主义城市的设计理念源自20世纪初的现代主义建筑运动，旨在通过科学和技术手段改善城市环境，提高居民的生活质量。功能主义城市是指根据功能分区和规划的原则来设计和建造城市的理论和实践成果。这种城市规划方法强调将城市划分为不同的功能区域，如住宅区、商业区、工业区和娱乐区，以实现高效的城市运作和生活。其中，最具代表性的是弗兰克·劳埃德·赖特（Frank Lloyd Wright）的广亩城市（Broadacre City）理论、勒·柯布西耶（Le Corbusier）的光辉城市（Radiant City）理论、埃比尼泽·霍华德（Ebenezer Howard）的田园城市（Garden City）理论、索里亚·玛塔（Arturo Soria Y Mata）的带形城市（Linear City）理论、伊利尔·沙里宁（Eliel Saarinen）的有机疏散（Organic Decentralization）理论等。

弗兰克·劳埃德·赖特的"广亩城市"（图2-4）认为，现代城市不能代表和象征人类的愿望，也不能适应现代生活需要，是一种反民主机制，需要将其取消（尤其是取消大城市）。赖特建议发展一种完全分散的、低密度的城市，每户周围都有一英亩土地、足够生产粮食蔬菜，居住区之间以超级公路相连，提供便捷的汽车交通。沿着这些公路，他建议规划路旁的公共设施、加油站，并将其自然地分布在为整个地区服务的商业中心之内。

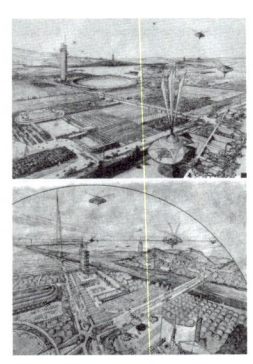

图2-4 弗兰克·劳埃德·赖特的"广亩城市"
资料来源：弗兰克·劳埃德·赖特基金会网站（https://franklloydwright.org/）

勒·柯布西耶的"光辉城市"（图2-5）的理想是在机械化的时代里，所有的城市应当是"垂直的花园城市"，而不是水平向的每家每户拥有花园的田园城市。他认为现代城市的居住问题主要是人口密度过大、缺乏空地及绿化，因而需要采用大量的高层建筑来提高密度，从而让城市集中发展，只有集中的城市才有生命力。1993年发布的现代城市规划的纲领性文件《雅典宪章》集中体现了柯布西耶的这些规划思想。然而，虽然柯布西耶的这些城市规划思想深刻影响了第二次世界大战后

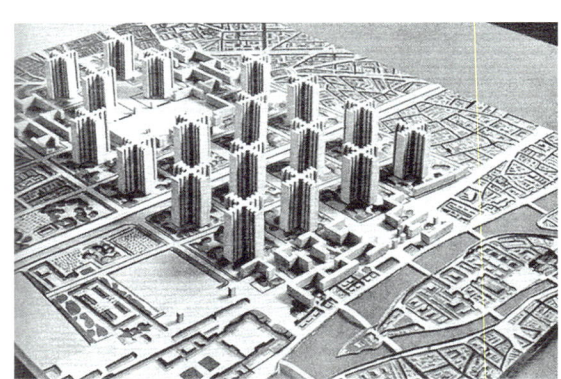

图2-5 勒·柯布西耶的"光辉城市"
资料来源：张冠增.西方城市建设史纲[M].北京：中国建筑工业出版社，2010.

全球范围的城市规划和城市建设，但是他本人的这一理念直到20世纪50年代初应印度总理之邀主持昌迪加尔（Chandigarh）的规划时才得以充分展示。该项规划在20世纪50年代初由于严格遵守《雅典宪章》而且布局规整有序而得到普遍的赞誉。

埃比尼泽·霍华德的"田园城市"和沙里宁的"有机疏散"是分散主义地域空间结构理论的最早代表。前者强调以乡村般的田园生活为目的来重新组织城市（图2-6），并以建立田园牧歌般的理想空间作为破解高密度集中空间的钥匙；后者采用松散式的组团布局来使城市空间重获"有机秩序"。虽然这两种理论模式偏于静态和理想化，但也开启了其后的"卫星城"理论及新城建设实践。

扫码读图

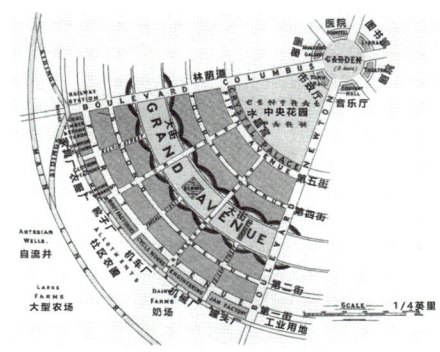 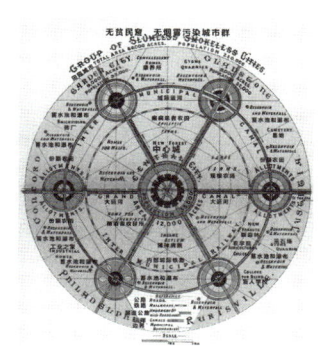

图2-6　埃比尼泽·霍华德的"田园城市"
资料来源：EBENEZER HOWARD.To-morrow: A Peaceful Path to Real Reform [M]. London: Swan Sonnenschein Cooperation, 1898.

"带形城市"理论由西班牙工程师索里亚·玛塔首先提出，指的是沿交通运输线布置的长条形建筑地带。在他之后，一些学者也相继提出了类似的城市规划理论，多将带形城市定义为平面布局呈"狭长带状"发展的城市。"带形城市"理论认为，有轨运输系统最为经济、便利和迅速，因此城市应沿着交通线建设。这样的带形城市可将原有的城镇联系起来，组成城市的网络，不仅使城市居民便于接触自然，也能把文明设施带到乡村。

总的来说，城市规划理论包括三大类型：①城市结构组织理论，如城市社会空间结构模式、树形结构和半网格结构理论、邻里单位理论、分区管控理论、生活圈域理论等；②城市形态组织理论，如城市集中式组织理论（光辉城市、格网城市、环形放射城市、指状城市、线形城市），城市分散式组织理论（田园城市理论、有机疏散理论、广亩城市、组团式），城市混合式组织理论（主城+卫星城、主城+新城、绿心城市）；③城市景观与城市设计理论，如城市意象理论、景观安全格局理论、文脉主义与场所理论、空间基因理论等。城市规划的基本模式也包括多种类型：盖迪斯（Patrick Geddes）与霍华德的综合理性规划模式，林德布洛姆（Charles Lindblom）的渐进规划模式，爱采尼（Amitaj Etzioni）的混合审视规划模式、公平规划模式，达维多夫（P. Davidoff）的倡导性规划模式、社会学习和沟通行动规划模式，弗里德曼（John Friedmann）的激进规划模式，帕奇·希利的协作式规划模式等。

2.1.2 区域规划理论

区域规划是对一定时期内特定区域社会、经济、环境发展、空间布局所作的整体战略部署与政策指引。区域规划理论可分为区域空间结构理论、区域开发理论和区域规划理论三种不同类型。

1. 区域空间结构理论

区域空间结构理论具体包括古典与近现代区位理论（Location Theory）、增长极理论（Growth Pole Theory）、"核心—边缘"理论（Core-Periphery Theory）、"点—轴"发展理论（Pole-Axis Theory）、圈层结构理论（Concentric Zone Theory）、大都市带理论（Megalopolis Theory）、多核心城市区理论（Multiple Nuclei Model Theory）等。

古典区位理论是在19世纪20年代由杜能（Johann Heinrich von Thunnen）和韦伯（Alfred Weber）提出的。由德国农业经济学家杜能提出的一种关于农业生产活动空间位置选择的"农业区位"，阐述了农产品种类围绕市场呈环带状分布的空间模式。而由德国经济学家韦伯提出的一种关于工业企业空间位置选择的工业区位论，认为运费、劳动力成本和聚集经济三个区位因子的相互作用决定了企业选址的空间位置。古典区位理论是一种微观的静态平衡理论。近现代区位理论以中心地理论为核心，又派生出运输费用学派、市场学派、"成本—市场"学派、行为学派、计量学派、社会学派、历史学派、新经济地理学中的区位理论等主要学派。其中作为核心的中心地理论（图2-7）由德国地理学家瓦尔特·克里斯塔勒（Walter Christaller）提出，该理论认为一个区域中心点的基本功能是向区域腹地提供商品和服务，不同等级的中心地按商品和服务之间的不同功能控制关系构成不同的等级数量体系[1]。

增长极理论，又称"发展极理论"，是由法国经济学家弗朗索瓦·佩鲁（Fransois Perroux）提出的一种关于区域经济发展模式的理论。该理论认为社会经济客体在特定城市的集聚使经济高效发展，通过这种集聚基础进一步向外围地区扩散并带动这些地区的发展。

---
1. 王成，王茂军. 山东省城市关联网络演化特征——基于"中心地"和"流空间"理论的对比[J]. 地理研究，2017，36（11）：2197-2212.

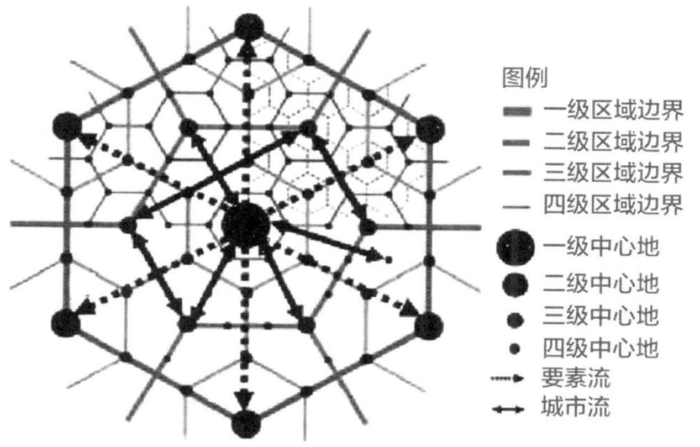

图2-7 中心地理论
资料来源：王成，王茂军.山东省城市关联网络演化特征——基于"中心地"和"流空间"理论的对比[J].地理研究，2017，36(11)：2197-2212.

"核心—边缘"理论，是由美国社会学家约翰·弗里德曼提出的一种关于城市空间相互作用和扩散的理论。"核心—边缘"理论以核心区和边缘区作为基本的结构要素，核心区是社会地域组织的一个次系统，能产生和吸引大量的革新；边缘区是另一个次系统，与核心区相互依存，其发展方向主要取决于核心区。核心区与边缘区共同组成一个完整的空间系统（图2-8）。

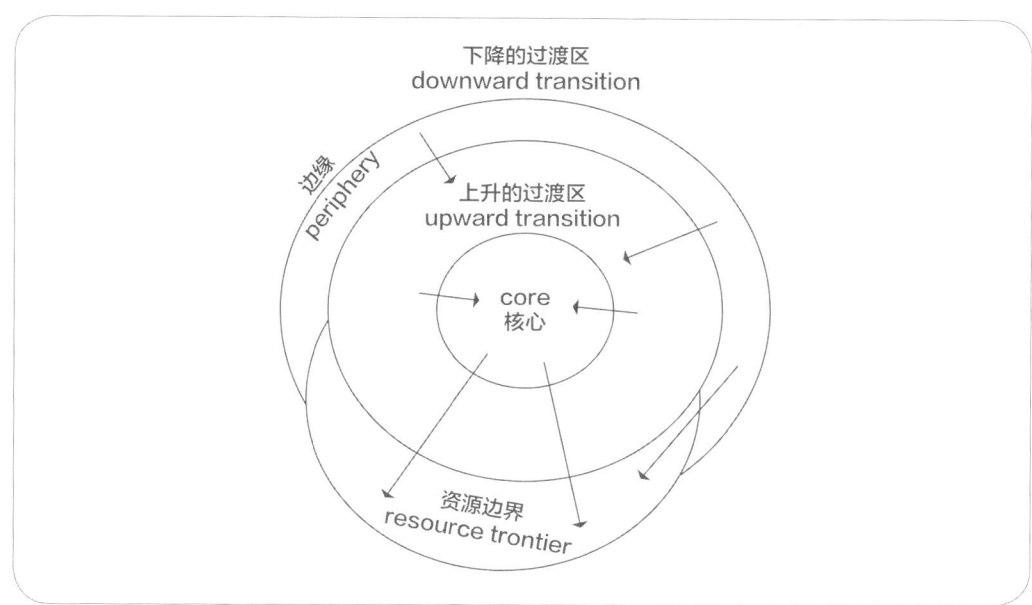

图2-8 "核心—边缘"模型
资料来源：FRIEDMANN J.Regional development policy：A case study of Venezuela [M].Cambridge，MA：The MIT Press，1966.

"点—轴"发展理论,最初由波兰的萨伦巴(Zaremba)和马利士(Marlis)提出,我国研究员陆大道进一步深化提出了"点—轴"渐进式扩散模式[1]。"点—轴"渐进式扩散模式是一种针对中国区域宏观开发的空间经济结构演化理论,该理论强调以某一城市为发展核心,然后沿着区域发展的主要轴线带动整个区域的梯度发展(图2-9)。

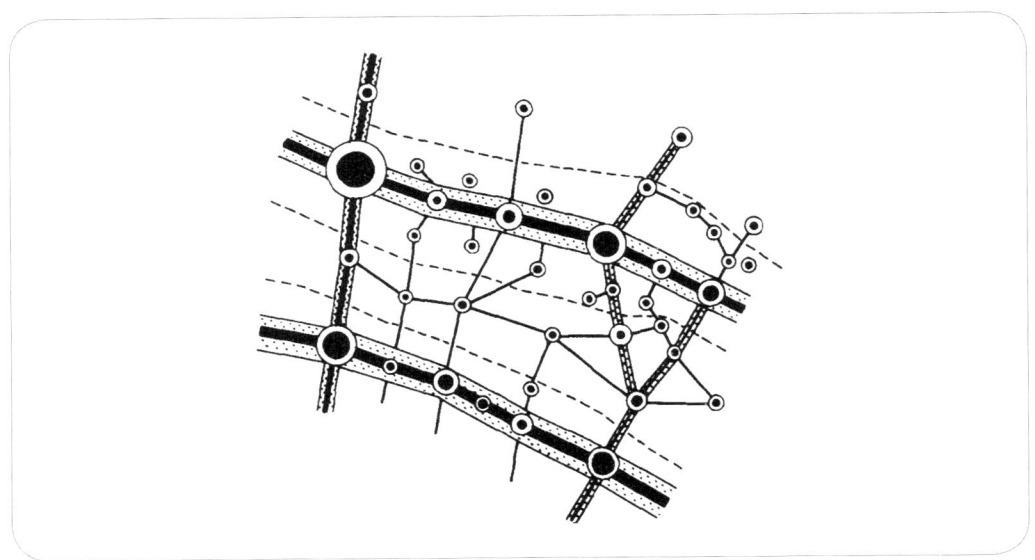

图2-9　点-轴空间结构模式
资料来源:陆大道.区域发展及其空间结构[M].上海:科学出版社,1998.

圈层结构理论,最早由德国的农业经济学家杜能提出,是指郊区的农业经济活动会以城市为中心,围绕城市呈向心环状圈层式分布。1925年,美国芝加哥大学社会学教授伯吉斯(Ernest Watson Burgess)对城市用地功能区的布局研究之后提出"同心圆圈层模式",即城市五大功能区(中心商业区、过渡性地区、工人阶级住宅区、中产阶层住宅区、高级或通勤人士住宅区)是按同心圆法则呈现出有序的圈层状态(图2-10)。

大都市带理论,是由法国地理学家戈特曼(Jean Gottmann)于对美国城市化地区的研究提出。通常来说,大都市带是在一个较大的区域范围内,由若干个彼此分离的大都市区在人口和经济活动等方面逐渐紧密连成一体所形成的一种空间结构形态。与大都市带相对应,我国学者周一星提出了都市连绵区,指以若干大城市为核心,并与周围地区保持强烈交互作用和密切社会经济联系,沿一条或多条交通走廊分布的巨型城乡一体化地区。

1.陆大道.关于"点-轴"空间结构系统的形成机理分析[J].地理科学,2002(1):1-6.

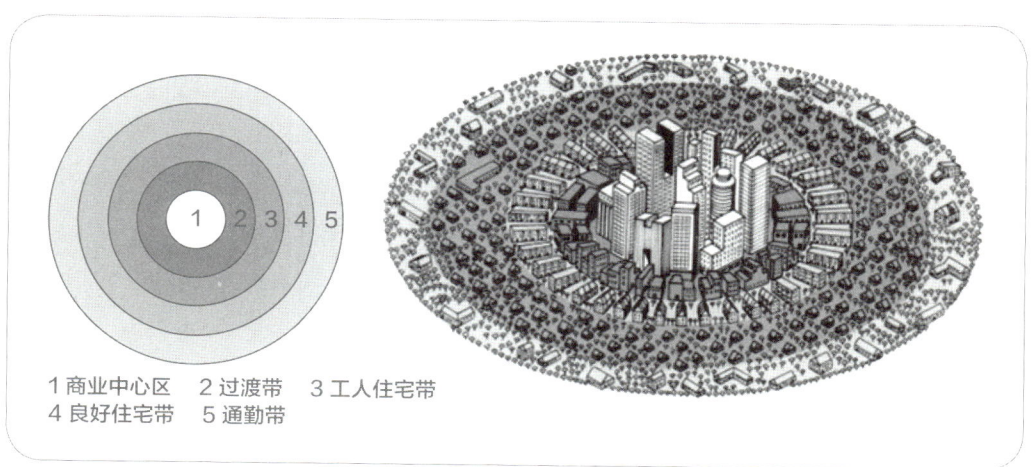

1 商业中心区　2 过渡带　3 工人住宅带
4 良好住宅带　5 通勤带

图 2-10　伯吉斯的同心圆理论
资料来源：JAMES M，RUBENSTEIN. The Cultural Landscape：An Introduction to Human Geography［M］. New York：Pearson Education，2007.（引用）

多核心理论，是由美国学者哈里斯（Chauncy Harris）和乌尔曼（Edward Louis Ullman）提出的关于城市内部结构的一种理论，揭示了城市中存在若干个中心并围绕这些中心发展所组成的空间格局。多核心城市区的具体空间形态包括走廊城市、网络城市等。走廊城市（Corridor City）指在双中心的城市体系中，由于快速交通走廊的建设，核心城市之间通过水平联系而增强其功能互补性。网络城市（Network City）是由全球化和知识化经济培育而成的一种多核心城市结构，指两个或更多原先彼此独立但存在潜在的功能互补的城市，借助快速高效的交通走廊和通信设施连接起来，合作形成的富有创造力的城市集合体。

2. 区域开发理论

区域开发理论具体包括区域分工理论（Regional Division Theory）、区域均衡理论（Regional Even Development Theory）、区域非均衡发展理论（Regional Uneven Development Theory）、产业集群理论（Industrial Cluster Theory）、依附论（Dependency Theory）等。

区域分工理论又称劳动地域分工理论，是指相互关联的社会生产体系在地理空间上的分异。其经典模式包括绝对优势理论、比较优势理论、要素禀赋理论以及产业内贸易理论等。

区域均衡理论，是指区域内部资本积累过程和区域间生产要素流动，会使区域经济发展趋向均衡，其思想来源于对政治上的公平、平等的要求。该理论认为，尽管各区域之间存在着要素禀赋和发展程度的差异，但生产要素的自由流动将导致各要素收益平均化，从而达到各地区经济平衡增长的结果[1]。

区域非均衡发展理论是描述某一区域由于不具备经济全面增长的资本或其他资源，经济难以实现平衡增长的理论。非均衡发展理论的前提是承认平衡是有条件的、相对的和暂时的状态，尤其是在经济增长的早期阶段，"极化效应"（指一旦地区间发展水平与发展条件出现差距，条件好、发展快的地区就会在发展过程中不断地为自身积累有利因素，从而进一步遏制落后地区的发展）远强于"涓滴效应"[2]，并由此导致了区域之间的不平衡发展加剧。

产业集群理论认为，相互关联的企业存在地理空间上的"扎堆"现象，产业集群内部相互强化的作用可以导致经济的创新和国际竞争能力的增强[3]。

3. 区域规划理论

区域规划理论涉及区域规划程序理论、国土空间规划中的区域规划、区域专项规划、区域空间管制规划、城市群规划、都市圈规划、流域规划等。

区域规划程序理论，目的是揭示规划运作方式，以规划的机制与程序为研究对象，包括调控理论、政策周期理论和策略选择理论等。

国土空间规划中的区域规划，是国土空间规划体系中的重要组成部分，从宏观上对各地区的发展方向、开发建设重点、产业和城市建设布局及其与环境保护和社会发展的相互关系进行规划指导。

区域专项规划，是对总体规划的若干主要方面、重点领域的展开、深化和具体化，其内容必须符合总体规划的总体要求，并与总体规划相衔接。具体包括产业规划、空间发展规划、生态环境保护规划、基础设施规划。

区域空间管制规划，是以政府作为实施主体，通过一定途径划定空间管制区，并对各类管制区制定差异化管理措施的过程的规划。

城市群规划，是根据城市群概念内涵所确定的独立规划内容体系，是针对城市群实际特点，以城市群层面需要解决的重大问题为对象，具有可操作性和现实指导作用的综合性规划。

都市圈规划，是在对都市圈概念和演进机制深刻认知的基础上所发展的战略性空间规划，具有宏观性、综合性、协调性的特点。规划内容以都市圈经济社会的整体发展策略、区域空间发展模式以及交通等基础设施布局方案为重点。

---

1. 陈秀山，石碧华.区域经济均衡与非均衡发展理论［J］.教学与研究，2000（10）：12–18.
2. 涓滴效应指在经济发展过程中优先发展起来的群体或地区通过消费、就业等方面惠及贫困阶层或地区，带动其发展和富裕。
3. 陈旭.基于产业集群的技术创新扩散研究［J］.管理学报，2005（3）：333–336.

流域规划，是以江河流域为范围，研究水资源的合理开发和综合利用为中心的长远规划，是区域规划的一种特殊类型。

2.1.3 社区规划理论

社区规划是城镇化进程发展到一定时期特定的产物。它是一项实践性和行动性极强的工作，需要社区规划师的全过程介入与陪伴式服务。社区规划理论是指导社区规划实践的行动指引。社区规划的核心理论主要来自空间设计、公共管理、社会学、生态学、文化学、心理学等关联学科领域，如生活圈理论、治理理论、资产为本的社区发展理论、场景理论等。

1. 生活圈理论

生活圈域概念源于日本。1965年日本通过的"新全国综合开发计划"设定了"广域生活圈"，其目的是创造更丰富的生活场景。国内学者将生活圈定义为居民为满足生存、发展与交往需要，开展各类生产和生活活动所涉及的空间范围，其构成基础是个体居民与空间设施在时间、空间上互动形成的活动模式[1-2]。

生活圈（即日常生活圈），是城乡居民各种日常活动的空间范围。由于居民有多样化的日常需求，因此活动需求、活动发生的周期以及持续时间、活动发生地离家距离这三个要素构成了日常生活体系。与此对应，生活圈体系也可以从职能、时间和空间三个维度来划分。社区生活圈是生活圈一个鲜明的空间层级，是居住生活活动在地理空间上的投影，是相互关联的生活功能空间的集合（图2-11）。当前，生活圈规划仍面临诸多挑战，包括生活圈规划的概念界定、范围划定、内涵确定和职能体系划分仍然模糊；数据收集和管理的内容和方法不明确；规划方法和技术路径仍未建立；实施模式和制度保障需要多方面协作实现[3]。

---

1. 柴彦威，李春江. 城市生活圈规划：从研究到实践[J]. 城市规划，2019，43（5）：9-16+60.
2. 于一凡. 从传统居住区规划到社区生活圈规划[J]. 城市规划，2019，43（5）：17-22.
3. 柴彦威，李春江，张艳. 社区生活圈的新时间地理学研究框架[J]. 地理科学进展，2020，39（12）：1961-1971.

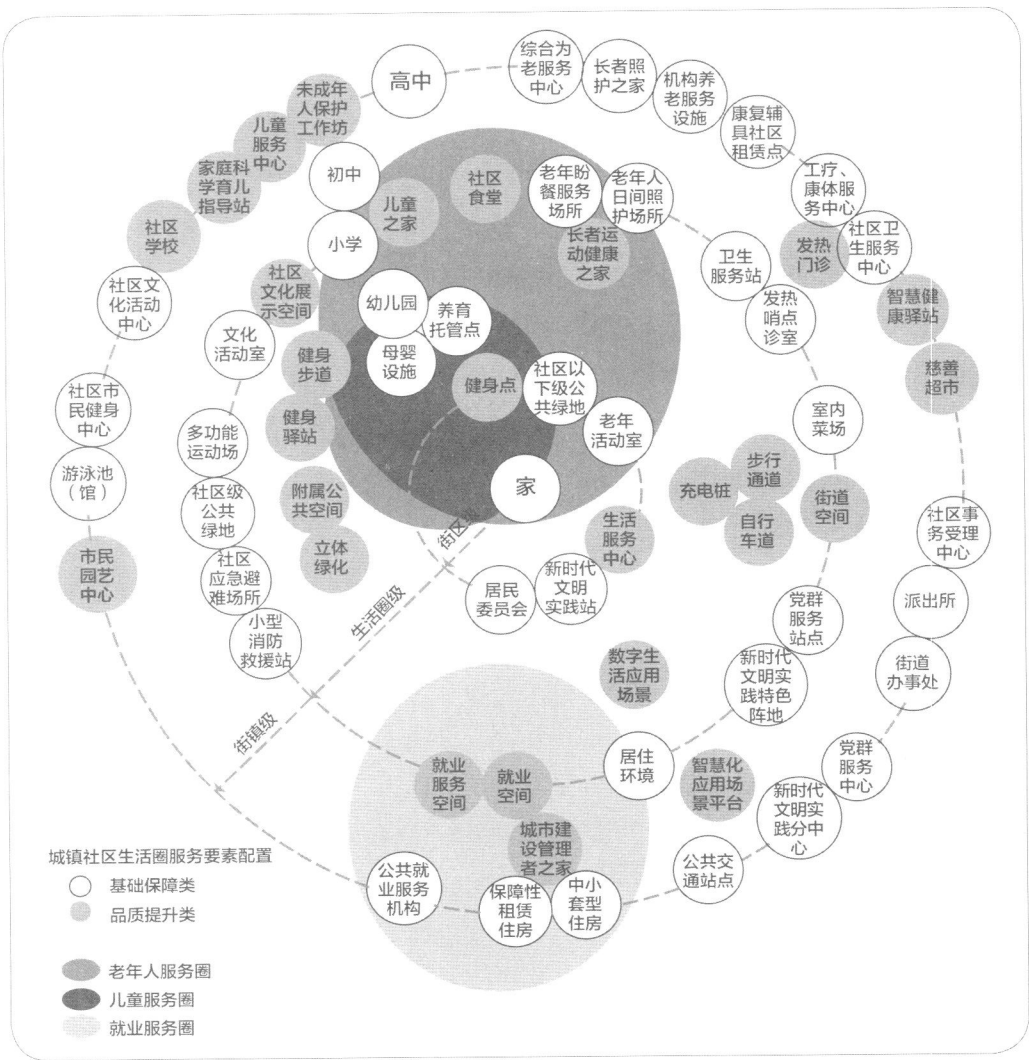

图 2-11　社区设施圈层布局示意图
资料来源：吴秋晴. 面向实施的系统治理行动：上海 15 分钟社区生活圈实践探索［J］. 北京规划建设，2023（4）：30-38.

2. 治理理论

治理理论兴起于 20 世纪 20 年代前后。城市治理包含协调、整合社会组织和团体的能力及代表它们与市场、政府合作的能力。社区治理隶属于城市治理，是治理理念在社区单元上的应用与实践[1]。

社区治理是依托于政府组织、民营组织、社会组织和居民自治组织以及个人等各种网络体系，通过相关利益者在"同一张谈判桌"上沟通协商，来应对社区内的

---

1. 洪亮平，赵茜. 从物质更新走向社区发展——旧城社区更新中城市规划方法创新［M］. 北京：中国建筑工业出版社，2016.

公共问题，共同完成和实现社区社会事务管理和公共服务的过程[1]。

在社区中，相关利益者的矛盾冲突更加具体化、细微化。社区治理通过协调社区相关利益主体的权利，运用规章制度和合作协商技能，形成政府、市场和公民社会的伙伴关系，最大限度地保障社区公共利益，实现社区和谐的目标。

3. 资产为本的社区发展理论

从资源、资产和资本的概念定义来看，资源（resource）[2]是人类赖以生存和发展的基础，是由人发现或创造的有用途、有价值的物质或载体；资产（asset）被传统经济学定义为具有一定权属且稀缺、有用、可带来预期经济收益的资源；资本（capital）则是用来生产其他产品和服务的财富存量[3]（图2-12）。

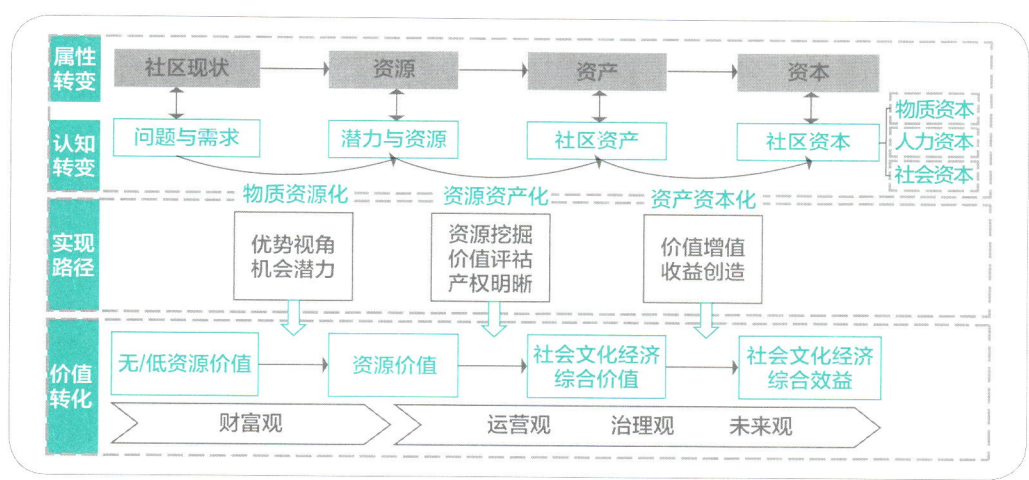

图2-12　资产为本的社区价值实现路径
资料来源：黄瓴，骆骏杭，沈默予."资产为基"的城市社区更新规划——以重庆市渝中区为实证[J].城市规划学刊，2022（3）：87-95.

资产为本的视角搭建了从资源到资本的桥梁，为资产在生产过程中的价值增值提供了可能。例如，具体到社区更新中，资产为本的社区发展理论旨在从社区内部提升社区能力——建设和加强社区资产，即提升社会价值。资产为本的社区发展是一个社区系统自我强化、自我建设的过程，通过转变价值立场、绘制资产地图，将社区一切物质和非物质的存量资源条件视为社区更新的资产基础，这有助于社区从发现问题走向寻找优势与潜力，激活资产潜力并建立社区抗逆力。这是认识社区资源价值的一种更加积极而务实的财富观，也是社区更新规划的价值基础。

---

1. 夏建中.中国城市社区治理结构研究[M].北京：中国人民大学出版社，2012.
2. 刘成武，杨志荣，方中权.自然资源概论[M].北京：科学出版社，2002.
3. 黄瓴，骆骏杭，沈默予."资产为基"的城市社区更新规划——以重庆市渝中区为实证[J].城市规划学刊，2022（3）：87-95.

4. 场景理论

用场景来分析关于一个场所（place）的美学意义，涉及消费、体验、符号、价值观与生活方式等文化意涵。场景是一种新的城市理论。"场景"一词，源于电影专业术语"scenes"，指包括对白、场地、道具、音乐、服装和演员等在内的元素构造的，影片希望传递给观众的信息和感觉。在场景中，各个元素是相互有机关联的[1]。

芝加哥大学社会学教授特里·克拉克（Terry Clark）将该"场景"现象引入城市社会的研究，进而形成了"场景理论"。在城市中，不同场景是不同舒适物（amenities）设施活动的组合构成，形成舒适物系统。这些组合不仅蕴含了功能（生活方式），也传递着文化价值观。生活方式与文化价值观借助由舒适物系统组成的不同场景催生的不同地方空间体验，影响着居民和游客的生活消费，并通过增加社会互动交往来激发社区创新与创意发展。

2.1.4 乡村规划理论

乡村规划理论是规划学科建设的核心内容之一，其理论结构既包括建筑规划领域的相关基本理论，也包括关联学科领域的相关基本理论，如地理学乡村结构理论、生态学乡村生产理论、经济学城乡统筹理论等。当前，也涌现了许多现代乡村发展理念，包括城乡融合发展理念、乡村地域多功能理论、乡愁观与共同富裕观、绿色循环发展理念、小城镇与乡村聚落形态组织理论等。

1. 城乡有机体理论

城乡有机体理论认为，城市与乡村是一个有机体、命运共同体，城乡融合发展是城乡空间有机重构、乡村要素的有效配置、乡村振兴有序推进的核心。乡村是一个相对于城市而言的地域概念，指城市建成区以外的广大乡土地域。依据系统论原理，区域系统是由乡村系统和城镇系统两大子系统构成，它们相互融合、交互叠加，形成一个独特的城乡融合体系。从系统内部的要素构成来看，乡村系统包括自然地理环境、资源禀赋等自然要素和人口、经济、社会、文化等人文要素；从系统结构及发展动力来看，乡村系统包括乡村地域内核系统和乡村地域外缘系统。

随着全球化、工业化、城镇化的推进，乡村系统在其内核系统与外缘系统之

---

1. 吴军. 城市社会学研究前沿：场景理论述评［J］. 社会学评论，2014，2（2）：90-95.

间不断进行着物质、能量、信息的交换。乡村孕育了城市，城镇化影响和驱动着乡村转型发展，成为乡村地域系统演化和分异的主导因素，进而决定着不同类型乡村地域的要素组成、功能结构与发展模式。因此，着眼于重塑新型城乡关系与城乡融合体系，深度探究城乡一体化机制，通过识别影响乡村地域系统可持续性的主导要素，刻画乡村地域系统类型及分异规律，对科学认知城乡发展基本规律和分类推进乡村振兴战略具有重要理论意义与实践价值。

2. 乡村地域多体系统

人类活动在强烈地营造着空间景观、城市风貌的同时，也在深刻地改变着乡村区域的生态属性和自然风貌，推进形成乡村人地关系耦合系统或乡村地域系统。乡村地域系统，是在特定乡村范围内，由自然环境、资源禀赋、区位条件、经济基础、人力资源、文化习俗等要素相互作用构成的具有一定功能和结构的开放系统，是人地关系地域系统在乡村地理学研究实践中的理论拓展。其本质上是由人文、经济、资源与环境相互联系、相互作用下构成的，具有一定结构、功能和区际联系的乡村空间体系，是一个由城乡融合体、乡村综合体、村镇有机体、居业协同体等组成的地域多体系统[1]（图2-13）。

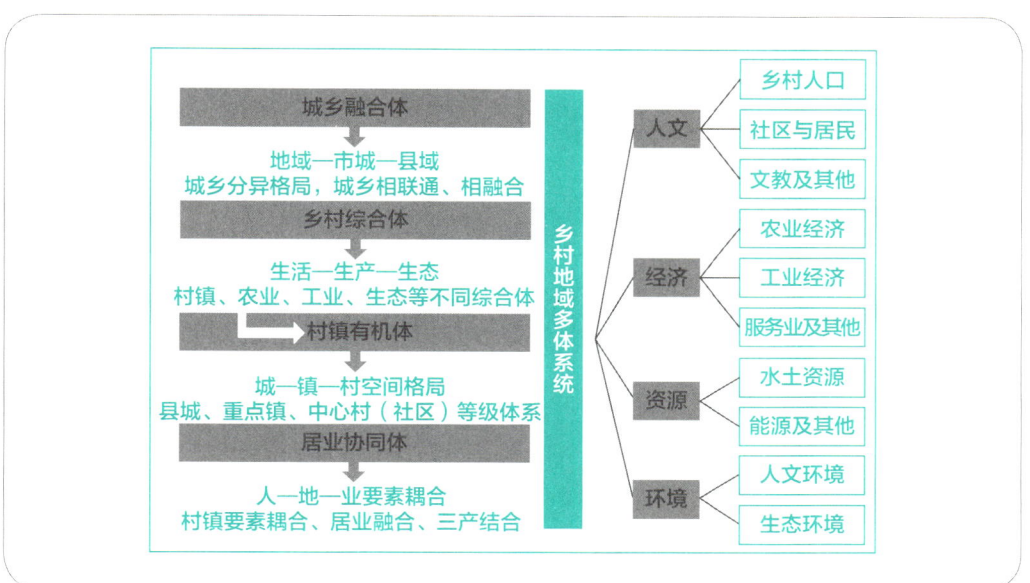

图2-13　乡村地域多体系统
资料来源：刘彦随.中国乡村振兴规划的基础理论与方法论［J］.地理学报，2020，75（6）：1120-1133.

1.李琳娜，璩路路，刘彦随.乡村地域多体系统识别方法及应用研究［J］.地理研究，2019，38（3）：563-577.

以乡村地域系统为对象，服务支撑国家乡村振兴战略，是新时期乡村规划创新研究的新机遇和新挑战。城乡融合体是实施乡村振兴的重要前提，乡村综合体是乡村振兴的根本基础，村镇有机体是乡村振兴的重要载体和支撑，居业协同体是村镇人居业融合的高级形态，是乡村振兴的战略支点与重要增长极。

3. 农村市场理论

德国地理学家克里斯塔勒（Walter Christaller）的中心地理论认为，城市在一定区域范围内按照一定的规律相互结合，构成城市等级结构体系，市场区域最终从上到下组成一个依据规模递减的多级六边形空间模型，此时所有中心地达到空间均衡。

美国的中国研究学者施坚雅（William Skinner）运用中心地理论，对四川成都郊区的农村集市做了实地研究，分析了自20世纪初至20世纪60年代的中国农村基层市场、中间市场和中心市场这种乡村市场等级体系和社区结构的发展、变迁和现代化的过程[1]。

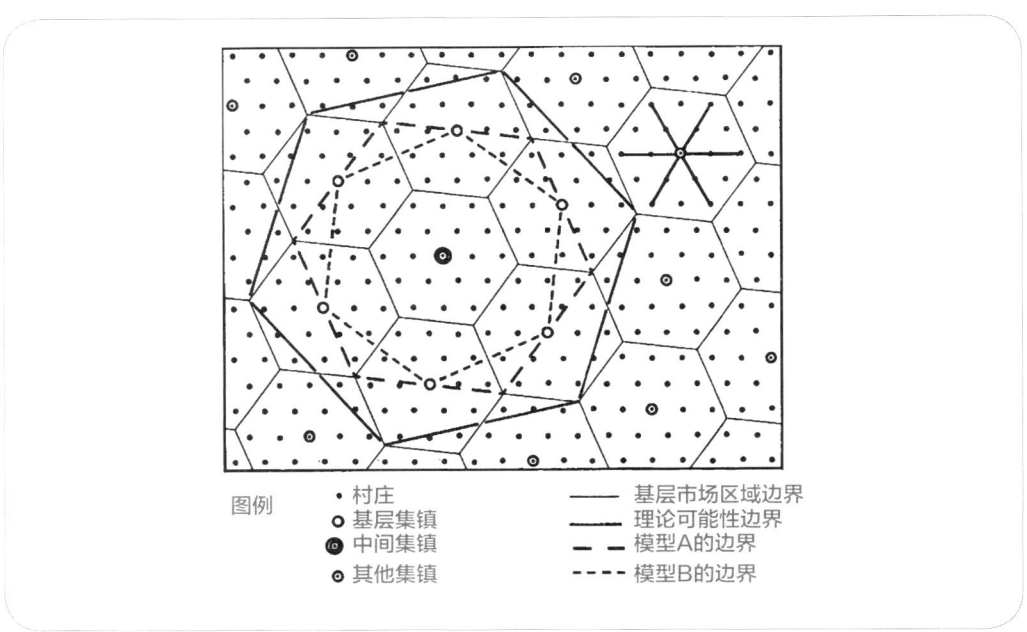

图 2-14　农村市场理论
资料来源：施坚雅. 中国农村的市场和社会结构［M］. 史建云，徐秀丽，译. 北京：中国社会科学出版社，1998.

---

1. 宋靖野. 集镇、集期与集市经济：施坚雅农村市场理论的经济人类学阐释［J］. 中国农业大学学报（社会科学版），2021，38（1）：60-68.

施坚雅认为，在理想状态下，基层集市的空间分布意味着平均18个自然村以六角形的形态围绕着一个集市，比集市高一级的市镇则是基层集市呈六角形所围绕的经济中心（图2-14）。农民的实际社会区域的边界不是由他所在村庄的狭窄的范围决定，而是所在基层市场区域的边界决定的。

4."关系"与社会资本理论

"关系"代表了中国几千年传统农耕文明下农民社会交往的一种价值面向，体现了我国乡村治理的本源逻辑。从"关系"到"社会资本"，描述了新时期我国乡村社会资源配置的逻辑之变，也是当前我国乡村规划及乡村规划理论构建需要重点关注的问题。社会资本的价值逻辑具有公益性，寻求更大范围的网络、信任、规范，进而对公平正义有诉求。

对于乡村社会而言，社会资本是指嵌入乡村社会关系之中，可以动用的社会资源的总和，是处于乡村共同体之内的个人、组织通过与内部、外部的对象的长期交往形成的合作互利的认同关系，以及关系背后积淀的历史传统、机制理念、信仰和行为范式（图2-15）。社会资本有利于乡村社会群体的动员，降低乡村治理成本。

引入社会资本理论意在拓展乡村"关系"理论的内涵与外延，强调由"关系"到"社会资本"是一种理论的扬弃，而非对优质传统的遗弃。社会资本理论呼吁现代乡村社会需要在个体价值得到保障的基础上，寻求以公共利益为核心的乡村社会关系网络、信任、规范的构建。通过挖掘村民个体行为逻辑之外的价值，可以克服我国乡村社会治理的历史困境，提升村庄的集体行动水平。

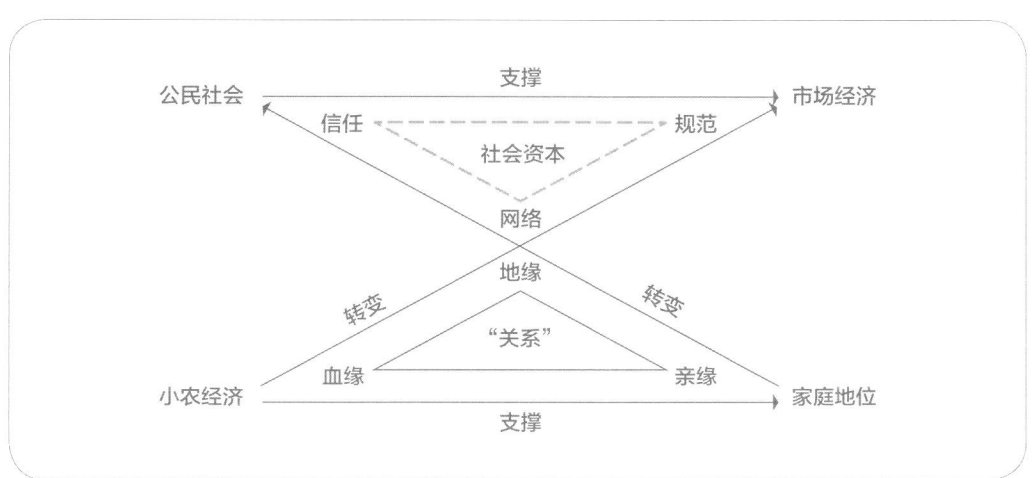

图2-15 从"关系"到"社会资本"的乡村空间资源配置逻辑转变
资料来源：乔杰，洪亮平.从"关系"到"社会资本"：论我国乡村规划的理论困境与出路[J].城市规划学刊，2017（4）：81-89.

2.1.5 国土空间规划理论发展趋势

改革开放 40 多年来，我国的社会经济发展发生了历史性巨变，取得了令人瞩目的成就。2010 年以来，我国的社会经济发展环境发生了根本变化，原有的体制和政策难以解决新问题。在此背景下，中央开始了经济转型和体制创新的探索，提出新理念新思想新战略，出台一系列重大方针政策，推出一系列重大举措，推进一系列重大工作，以解决许多长期想解决而没有解决的难题，推动社会经济再发展。经济转型方面，在经济新常态和新经济崛起的背景下，我国积极探索新路径和转变发展模式，追求高质量发展；体制创新方面则进行了影响深远的机构改革，建立起新机制和出台新政策，破解发展的制度瓶颈。新时期，经济基础和上层建筑均进行着深刻变革，两者相互作用和相互促进，释放出前所未有的发展动力，使得"十四五"时期成为改革和发展最为关键的阶段[1]。

2018 年，随着中华人民共和国自然资源部的组建，我国确立了新的国家空间规划体系。国家空间规划作为指导各项开发保护行为的政策工具，是国家和地方战略实施的重要支撑。因此，把握新时期社会经济发展新形势以及今后国家发展的重点对国土空间规划编制和实施尤为重要。具体来看，新时代国土空间规划理论探索进入到了新的阶段，主要体现在以下方面。

1. 生态文明理念

生态文明建设是从生态文明的高度来提升资源的节约程度，同时提高对生态环境的保护力度，从而促进产业结构增长方式与消费模式之间的协调增长。因此，国土空间规划建设必然会要求国土空间规划体系能够随时代的发展变化而不断变化；同时，也要克服传统的国土空间规划过分关注经济发展，而忽略了与社会环境和生态等因素的协调发展的局限性，从而能够形成新型的空间规划模式。国土空间规划是实现生态文明建设的重要途径，生态文明建设的核心问题体现在国土空间开发与社会生态资源环境对于开发的承受力度不匹配之间的矛盾上。因此，作为推进生态文明建设的重要促进力量，优化国土空间规划的创新和发展也是国土空间规划的重要内容和最终目标。

在生态文明背景下建构的国土空间规划体系具有两个显著特征：一是关注重点从"点"到"域"。空间规划的对象是"空间"，"空间"既是国土空间，同时也

---

1. 罗小龙，陆建城."十四五"时期发展新趋势与国土空间规划应对［J］.城市规划，2019，43（10）：9-12+28.

是人居空间。国土空间规划涉及的是广域国土空间，包括城镇空间、农业空间、生态空间，国土空间规划更注重全域空间格局规划与管控。二是关注维度是"保护"与"开发"并重。原有的国土部门的土地利用规划对土地资源管理很有效，原有的住建部门的城乡规划对地方经济发展及城乡建设也有很大作用。新的国土空间规划强调"多规合一"，一方面要注重"山水林田湖草"的自然生态系统的保护与修复，另一方面也要解决好"城镇村"的开发建设与管控。即国土空间规划是对"山水林田湖草城镇村"的统筹保护与利用，既要保护"山水林田湖草"自然生态及文化资源，进行全域管控，又要保障城镇村开发建设需要，为开发管制提供依据[1]。

国土空间规划必须以生态文明为视角，提倡国土空间规划与生态环境相适应，只有这样，才能够促进国土空间规划的创新和发展。

2. 人民城市理念

新时代背景下，国土空间规划不应仅仅关注物质空间环境的问题，还需注重"以人为本"的价值导向。2019年11月，习近平总书记在考察上海时提出"人民城市人民建，人民城市为人民"的重要理念，强调人民群众在城市规划、建设和治理等方面的重要性，为新时期城市建设工作推进提供了基本原则。建设人民城市的出发点和落脚点是为了满足人民群众对美好生活的向往，如果规划工作没有体现出群众的迫切意愿、解决好群众的实际需求，那么国土空间规划的整体目标也将难以实现。

因此，要顺应时代变化，作为国土空间规划工作的出发点和落脚点，要以人的需要、人的感受、人的全面发展来安排好生产、生活、生态空间，最大限度地实现空间布局安全便利、舒适宜居、美丽有序。要将落实国家战略与满足人民群众对美好生活的向往融为一体，实现国家利益和人民利益的高度统一。

同时，纵观国内外实践可以发现，国土空间规划对于社会公众来说过于专业，公众只能得出一些大方向上的结果，难以起到实质的作用。因此，未来应充分利用新媒体宣传优势，采用漫画、小视频和制作三维模型等形式，向社会公众普及规划基本知识，展示规划实施对人民群众日常生活的改善，以多样、灵活、生动的方式加深公众对规划的了解，从而加强规划者和公众之间的沟通和协作，提高公众参与的积极性和真实性，这样才能为城市的可持续发展注入新的动力。

---

1. 李海锋. 生态文明理念视角下的国土空间规划的创新与发展［J］. 科技创新导报，2020，17（3）：243+245.

3. 健康城市理念

2020年6月，习近平总书记在主持召开专家学者座谈会并发表重要讲话时强调，要推动将健康融入所有政策，把全生命周期健康管理理念贯穿城市规划、建设、管理全过程各环节。从背景来看，建设健康城市是在20世纪80年代面对城市化问题给人类健康带来挑战时倡导的一项全球性行动战略。不健康的环境是全球疾病负担的重要来源，其中，慢性非传染性疾病负担在很大程度上就与规划、管理和维护不当的城市环境有关。同时，伴随新型冠状病毒全球大流行，城市密度、住房条件和交通网络等空间要素对传染性疾病传播的重要影响也被广泛认知，针对传染性疾病防治的空间干预重新进入规划师视野。为发挥空间要素的健康促进作用，世界卫生组织（World Health Organization，WHO）将城市规划确定为公共健康政策的关键领域。中国在2015年首次提出"健康中国"战略，并强调"将健康融入所有政策（Health in All Policies，HiAP）"。2016年10月，中共中央、国务院印发《"健康中国2030"规划纲要》，提出要把健康城市建设作为推进健康中国建设的重要抓手，保障与健康相关的公共设施用地需求，完善相关公共设施体系、布局和标准，把健康融入城乡规划、建设、治理的全过程，促进城市与人民健康协调发展。

国土空间规划是对全域全要素国土空间开发和保护做出的统筹安排。在"健康中国"国家战略实施和居民个体健康意识提升的背景下，将健康融入国土空间总体规划，在国土空间总体规划中深入考虑健康诉求，基于现状诊断、方案编制和方案评估融入健康要点，有助于减少传染性疾病和慢性非传染性疾病的发生，提升公共健康水平。因此，在国土空间规划中应当充分考虑空间要素对健康的影响[1]。

此外，越来越受到重视的同一健康（One Health），也应该融入到国土空间规划过程之中。同一健康，又名唯一健康、一体化健康，是涉及人类、动物、环境卫生保健各个方面的一种跨学科、跨部门、跨地区协作和交流的新策略，其使命在于：充分认识人类健康（包括通过人的躯体健康、心理健康等）、动物健康与生态系统健康密不可分。"同一健康"通过加强合作来促进、改善和捍卫所有物种的健康与福祉。

4. 气候适应性理念

近年来，全球气候变化持续引发了高温热浪、干旱、强降水和风暴潮等极

---

1. 王兰，贾颖慧，朱晓玲，等.健康融入国土空间总体规划方法建构及实践探索［J］.城市规划学刊，2021，（4）：81-87.

端天气气候事件，深刻影响着全球人居环境。气候变化已成为当今及今后相当长时期内人类共同面临的巨大挑战。为有效防范气候变化带来的不利影响和风险，2022年6月，生态环境部、国家发展和改革委员会、科学技术部等17个部门联合印发了《国家适应气候变化战略2035》，对当前至2035年我国的适应气候变化工作作出统筹部署，明确提出构建适应气候变化的国土空间，保障国土空间安全[1]。

国土空间规划作为适应气候变化的重要政策工具之一，将适应气候变化融入新时期国土空间规划体系被认为是提升国土空间气候适应能力的重要路径，这对于科学有序地统筹布局农业、生态、城镇等功能空间，保障国土空间安全也有着重要意义。因此，未来国土空间规划应助力减缓气候变化目标的实现，对规划方案进行应对气候变化的压力测试和影响评估，促进气候适应性理念下的国土空间规划理论研究与实践探索创新。

2.2 空间规划实践发展

2.2.1 城市规划实践

1. 西方国家城市规划实践的发展历程

一般认为现代城市规划诞生于19世纪末、20世纪初，是对近现代以来由于工业革命、城市化等招致的种种问题的一种回应[2]。例如，针对当时出现的肺结核及霍乱等疾病的大面积流行，1909年英国通过了《住房、城镇规划等法》(*Housing, Town Planning, Etc. Act*)，这标志着现代城市规划的确定。这一时期，欧洲的大城市，主要是各国的首都，在政府的领导下进行了大规模的城市规划和建设活动。这一时期的规划在城市形态上以古典建筑学的规划手法为主，重视城市设计。但在规划和建设中，欧洲各国政府开始了对城市的现代化改造，包括修建排水、车行道等市政实施。此外，奥斯曼的巴黎改建计划、美国的格网规划和德国的扩展规划都是城市管理者层面发起的城市规划和建设活动。

在经历了第二次工业革命之后，电力的广泛使用、新的交通工具和通信工具又

---

1. 王凯，蒋国翔，罗彦，等.适应气候变化的国土空间规划应对总体思路研究[J].规划师，2023，39（2）：5-10.
2. 姚琼.现代西方城市规划理论与实践的主体演变研究[D].杭州：浙江大学，2014.

一次彻底改变了人类的物质环境和生活方式，这个时期，城市规划理论和规划建设活动都得以蓬勃发展。欧洲的许多城市开展了多轮的城市规划与建设活动，这一时期的城市规划方案较为综合，包括道路交通系统、公园绿地系统、轨道交通系统和规划建设用地。同时，"二战"后的西方国家进入了一个相对安定的时期，经济得以恢复，并进入一个繁荣发展的时代。这一时期，西方城市面临的普遍问题主要是战后重建、住房短缺和城市更新。解决这些问题都需要大规模的城市建设活动。因此，物质空间规划主导了战后的城市规划理论与实践活动[1]。

由于20世纪70年代的石油危机和经济衰退，80年代之后，西方社会普遍转向了新自由主义的发展道路，对社会、经济的干预变得宽松。由于计算机和通信等新技术的发展和世界政治格局的改变，全球化的趋势得以发展，环境和可持续发展问题日益得到重视。20世纪80年代后的城市问题主要是环境污染问题、城市更新和发展问题以及郊区化的无序蔓延。为此，在城市规划领域出现了生态城市、精明增长、可持续发展等类型的实践。同时，规划学者们在批判传统理性的综合城市规划模式的同时试图去建立新的规划模式，形成了诸如渐进主义规划模式、倡导规划模式、战略规划模式、激进—结构规划模式、营销规划模式、生态规划模式等新兴城市规划模式，使得现代城市规划模式呈现出多元化的格局。新兴的规划模式大多抛弃了传统规划模式中的"理性"以及规划师"价值中立"的假设，更加关注规划过程中所涉及的多元化利益主体之间的冲突和协调，以及利益主体与规划有效实施之间的关系。

2. 我国城市规划实践的发展历程

中国的现代城市规划真正得到发展是在1949年新中国成立以后。因而在20世纪初期至中期，我国仅有一小部分城市进行过现代城市规划实践，具体包括上海（图2-16）、南京、重庆、大连、青岛、天津、长春等城市。在这些城市发生的城市规划实践活动，一部分由直接代表外国殖民利益的规划师完成，另一部分则由中国的规划技术专家完成。这一时期在中国进行现代城市规划实践的规划师大多运用了当时西方先进的规划理论（包括田园城市、有机疏散、邻里单位等），然而由于政治、经济等条件的限制，许多规划未能得到实施。同时，由于这些规划实践依据的理论基本是适合欧美城市情况的，并不能与中国的实际情况很好地结合。

---

1. 曹康，顾朝林. 西方现代城市规划史研究与回顾[J]. 城市规划学刊，2005（1）：57-62.

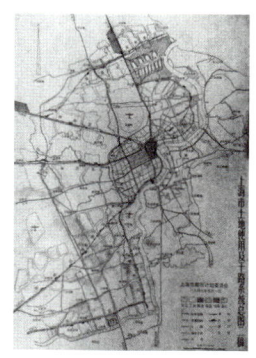

图 2-16　20 世纪初期上海的现代城市规划实践
资料来源：上海市城市规划设计研究院．大上海都市计划[M]．上海：同济大学出版社，2014．

中国现代城市规划实践经历了以下两个重要的发展阶段。

第一阶段：计划经济时期。这一时期，中国开始进行大规模的工业建设，城市规划的重点则是配合国家工业建设进行重点工业城市的规划，通过联合选厂和规划方案设计，促进重点工业项目的合理布局。最具代表性的是西安、兰州、洛阳、包头、太原、武汉、成都、大同等城市。这一时期，支持我国开展现代城市规划实践的理论、技术、方法大多借鉴苏联经验，因而苏联城市规划理念在我国计划经济时期的城市规划实践中得到充分体现（图 2-17）。

第二阶段：改革开放时期。"改革开放"方针的提出，给中国城市的发展建设注入了前所未有的动力，城市规划也"应运而兴"。这一时期比较典型的城市规划实践就是改革开放初期深圳的现代城市规划实践探索。中国现代城市规划实践体现出以下三个特征：①重视城市研究。全球性的机遇、竞争和挑战使得城市建设发展面临更多的不确定性，因而更加需要从经济、社会、空间、环境等各个方面开展城市问题的分析和研究工作，以此支持确定城市发展的目标和对策、措施。②重视城市设计。虽然城市设计在中国古已有之，但是现代城市设计的理论和方法在计划经济时期并未纳入中国的城市规划体系之中，20 世纪 90 年代之后现代城市设计在塑造特色、宜人的城市空间方面的作用才在中国城市规划实践领域得到重视。③重视城市管理。1990 年，中国开始实施国家历史上第一部城市规划法《中华人民共和国城市规划法》，标志着城市的一切开发建设活动被纳入了法制管理的轨道。尤其是随着我国城镇常住人口以及城镇化率的不断提升，城市已成为我国经济、政治、文化、社会等方面活动的中心，城市管理的成效直接关系人民群众的获得感、幸福感、安全感（图 2-18）。

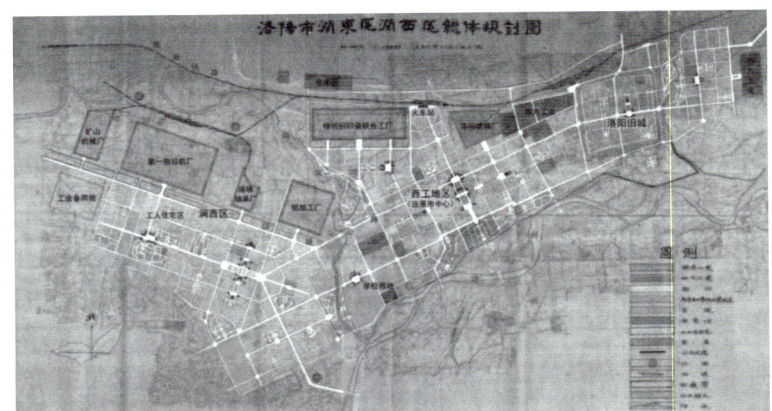

图 2-17　计划经济时期洛阳的现代城市规划实践
资料来源：杨保军，郑德高，汪科，等.城市规划 70 年的回顾与展望［J］.城市规划，2020，44（1）：14-23.

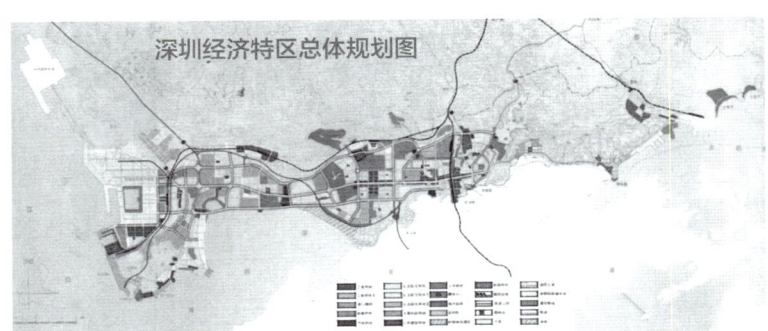

图 2-18　改革开放初期深圳的现代城市规划实践
资料来源：中国城市规划设计研究院，《深圳经济特区总体规划（1986—2000 年）》，1986。

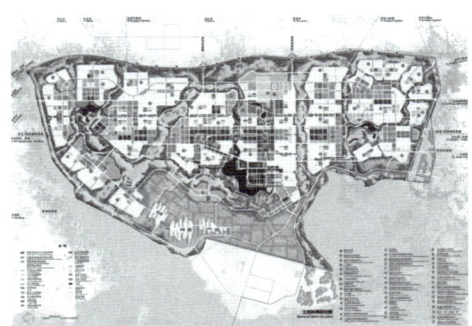

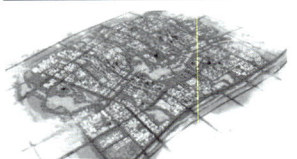

图 2-19　新时代雄安新区的现代城市规划实践
资料来源：中国城市规划设计研究院，《河北雄安新区总体规划（2018—2035 年）》，2018。

进入新时代，随着新型城镇化、生态文明、可持续发展等战略的实施，我国城市规划实践越来越重视绿色、人本、智慧、低碳、宜居的发展目标。其中，雄安新区作为我国新城新区的典型代表（图2-19），是《国家新型城镇化规划（2014—2020年）》推进过程中批准设立的规格最高的国家新区，被认为是集成我国城市战略决策的当代经典之作，在其中也可以看出我国新城新区建设、发展的新趋势。

2.2.2 区域规划实践

1. 西方国家区域规划实践的发展历程

1）物质空间规划导向的区域规划实践阶段

早在19世纪末，霍华德（Ebnezer Howard）、盖迪斯（Patrick Geddes）、芒福德（Lewis Mumford）等现代规划大师就观察到，城市的迅猛扩张会使得城市郊区的农业、生态、休闲等用地不断遭到蚕食，从而产生一系列生态环境问题。同时，这种巨大的破坏性会从城市不断向区域扩张，因而引发了对于区域未来可持续发展的忧虑。尤其是随着新区域主义和区域管制理论和实践的兴起，实现区域的协调发展成为各方共识。各种机构也编制了大量物质空间规划导向的区域规划，以期通过空间规划策略解决区域发展问题、凝聚区域发展共识、构筑区域发展蓝图[1]。从空间尺度来看，这一阶段的区域规划实践既有针对英格兰东南部地区、美国东北海岸大城市连绵区、德国鲁尔工业区、日本东京圈等这样范围达到几万平方公里的空间规划，也有欧洲空间发展远景（European Spatial Development Perspective，ESDP）、美国2050（America 2050）等这样超大尺度，甚至跨越国界的区域规划。

2）经济发展导向的区域规划实践阶段

学术界一般认为，德国鲁尔矿区住区联盟（SVR）于20世纪20年代在鲁尔开展的相关规划（图2-20），开启了该类区域规划的先河。两个事件导致该类区域规划被普遍重视：一是20世纪二三十年代席卷西方的经济大危机，在此背景下许多传统工矿区经济发展长期没有起色，从而迫使国家出台针对此类区域的、以经济发展为导向的区域规划；二是同一时期苏联以特定地区为对象实施的区域开发，不仅没有受到经济危机的影响，反而获得了极佳的建设成效，从而触发了一批经济发展导向的区域规划项目实施与启动。此类规划中，影响深远的实践有美国1933年开始通过颁布《田纳西河流域管理法案》（Tennessee Valley Authority Act）启动的相关开发规划；英国1945年通过《工业分布法》（Distribution of Industry Act）对

---

1. 陈明，商静. 区域规划的历程演变及未来发展趋势[J]. 城市发展研究，2015，22（12）：70-76+83.

萧条地区的综合扶持政策；日本自1961年起，以均衡国土开发格局为战略目标的连续五次的国土综合开发规划；美国1965年通过颁布《阿巴拉契亚地区开发法》（Appalachian Regional Development Act）实施的贫困落后地区的援助开发等。

扫码读图

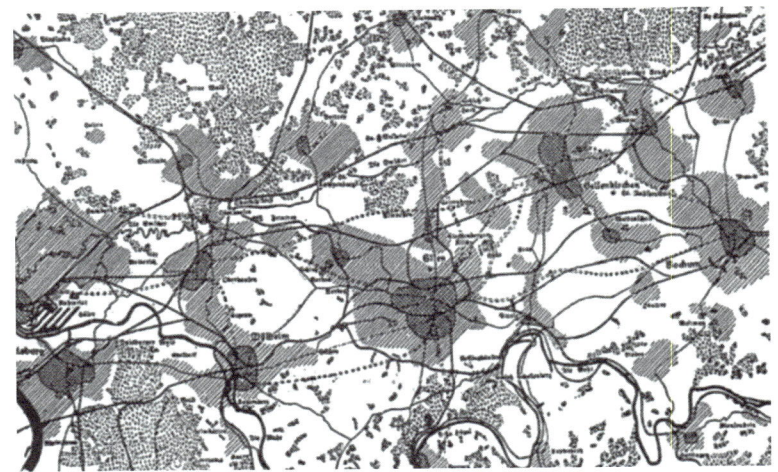

图2-20　德国鲁尔矿区住区联盟（SVR）20世纪20年代在鲁尔开展的区域规划
资料来源：厄休拉·凡·匹茨，张晓军.鲁尔：一部区域规划的简史［J］.国际城市规划，2007（3）：16-22.

3）21世纪以来区域规划的新特点和新趋势

进入21世纪之后，许多西方发达国家已基本完成了大规模的国土空间开发，人民物质生活已经实现了普遍富裕，公共治理体系也已经成熟和完善。同时，以保护自然资源环境为基础的可持续发展理念已经深入人心。为此，这一时期的区域规划呈现出以下三个特征：①区域规划内容更加多元，强调不同形式的区域治理和地方权力。例如"美国2050"（America 2050）区域规划不仅包括物质设施和环境空间的规划安排，还包括对不同利益相关者的矛盾冲突和关系的协调规划，并制定了一系列相应的激励政策体系和管理制度。②重视推动区域的发展和振兴，从而提高区域的全球竞争力。例如美国"东北海岸大城市连绵区规划"（Northeast Megaregion 2050）强调，通过大容量快速的高铁和轻轨网络系统来强化区域的网络化发展，增强区域经济发展的集聚效应。③宜居和提高空间品质成为重要目标。

2. 我国区域规划实践的发展历程

新中国的区域规划是伴随着国家"一五"时期的大规模建设起步的。这一时期的区域规划以"联合选厂"为出发点，强调统筹新兴工业基地或城市之间的生产力布局，最为典型的是在包头—呼和浩特地区、西安—宝鸡地区等开展的区域规划实践。

在改革开放初期，我国的区域规划实践是以国土规划的名义展开的。1982年，国务院机构进行改革，撤销国家基本建设委员会，国土规划的主管职能划转原中华人民共和国国家计划委员会（以下简称"原国家计委"）。在原国家计委的主持下，1982—1984年，以京津唐为代表的国家重点发展区域开展了国土规划的试点工作。1987年，原国家计委发布了《国土规划编制办法》，并陆续开展了一些跨省（区市）的国土规划，如攀西—六盘水地区、湘赣粤交界地区、晋陕蒙接壤地区等。

伴随着改革的深入，区域规划在我国逐步成为强化部门事权、贯彻发展意图、引导资源配置、协调各方利益的重要工具。1998年，原国家计委更名为中华人民共和国国家发展和改革委员会（下称"国家发改委"），承担着国家制定区域规划和政策的行政职能。在区域规划编制实践方面，国家发改委在2004—2008年，陆续编制和审批了京津冀都市圈区域规划、长株潭城市群区域规划、武汉城市圈总体规划、成渝经济区规划等区域规划成果，基本覆盖了国家主要的城市化地区。

2.2.3 社区规划实践

1. 西方国家社区规划实践的发展历程

国外规划领域中的社区规划（community planning）基本上是属于社会规划（social planning）和社会工作（social work）的范畴[1]。依据赵民[2]、黄瓴[3]等学者对西方国家社区规划实践的发展历程研究，可将其分为启蒙阶段、快速发展阶段和稳定发展阶段。

启蒙阶段：社区发展活动诞生于19世纪末的英国。由民间自发开展，以救助城市穷人为目的，建造的邻里中心主要用来为新移民提供包括成年人教育、日托中心、图书馆等公共服务。

快速发展阶段："二战"后，美英法和日本等国家重点关注战后重建和城市中心区的衰败和贫困、失业、犯罪等社会问题。在联合国的倡导下，英美等国家纷纷制定"社区发展计划"，重点关注居民自强自立精神的培育和社区情感、凝聚力和责任感的培养，力图让城市恢复或重建守望相助、睦邻友好的和谐社区生活。这一时期社区发展的内涵得以深化。

---

1. 孙施文，邓永成. 开展具有中国特色的社区规划——以上海市为例 [J]. 城市规划汇刊，2001（6）：16-18+51-79.
2. 赵民，赵蔚. 社区发展规划——理论与实践 [M]. 北京：中国建筑工业出版社，2003.
3. 黄瓴. 重庆城市社区更新理论与实践 [M]. 北京：中国建筑工业出版社，2023.

稳定发展阶段： 随着城市全面进入成熟期，城市规划的核心转向社区复兴，强调公众参与，规划师的角色转变为协助居民、社区完成各项社区复兴项目。当前社区规划转向更广泛的社会目标：创造社区和谐氛围，赋予社区居民权利，促进社区经济发展，保护社区环境质量，通过转变社区环境影响社会和政治过程。

在过去的一百年里，西方国家城市规划者以社区规划作为方法来应对复杂的社会问题。威廉·洛尔（William Rohe）总结了对规划领域产生重要影响的六种社区规划形式：①邻里规划单元，为规划者提供了设计好社区的模板，并且引入了社区设计能够影响社区感的概念；②城市更新计划，认识到了采取空间途径解决社会问题的局限性，强调邻里社会网络及居民参与的重要价值；③社区行动计划，为市民参与提供了新的形式（虽然也具备一定局限性），引入了综合的再开发规划；④社区经济发展，强调了社区组织参与社区规划的重要性；⑤市政府支持的社区规划，为市民参与提供了良好的机制；⑥规划发展单元，为整合居住、商业和办公等功能的土地利用提供了更多可能。最新的社区规划形式，更加关注人的需求和体验，如规划发展单元、传统社区规划和公交导向发展。

2. 我国社区规划实践的发展历程

1)"社区服务"与"社区建设"阶段

我国民政部于 1986 年首次在城市管理中引入"社区"概念，1987 年的工作座谈会明确了"社区"与"社区服务"的关系，并在部分城市的城区和街道展开试点实践。"社区建设"是伴随城市社会经济发展和社区服务深化发展的产物。2006 年《国务院关于加强和改进社区服务工作的意见》提出了"社区服务体系"概念，自此社区服务步入体系建设阶段[1]。

2)"社区治理"与"社区规划"阶段

党的十八大提出加强社会管理创新要求，"社区治理"应运而生。2013 年发布的《民政部关于加强全国社区管理和服务创新实验区工作的意见》确认了一批实验区，探索社区管理体制、社区自治形式、社区服务体制等方面的突破和创新。此后，《国家新型城镇化规划》《中共中央 国务院关于进一步加强城市规划建设管理工作的若干意见》等规划与政策的实施，不断加深对创新城市治理方式，加强城市精细化管理，健全城市基层治理机制的理论指导和工作要求。2017 年发布的《中共中央 国务院关于加强和完善城乡社区治理的意见》，是我国第一个在国家层面

---

1. 杨贵庆，房佳琳，何江夏.改革开放 40 年社区规划的兴起和发展［J］.城市规划学刊，2018（6）：29-36.

上提出的关于城乡社区治理的纲领性文件，它在政策层面开启了社区共治共管、共建共享的新篇章。我国社区规划实践的发展历程与社区规划政策的发展脉络基本一致，最具典型性的是北京、上海、成都、重庆、深圳等地开展的社区规划实践。

2.2.4 乡村规划实践

1. 西方国家乡村规划实践的发展历程

分析英国、德国等西方国家乡村规划实践的发展历程，并总结各国乡村规划实践过程中的经验与教训，可以为今后我国乡村规划实践提供经验借鉴，从而为更好地为实现全面乡村振兴提供有效路径[1-2]。

从英国乡村规划的实践发展历程来看，由于乡村规划往往涉及经济、社会、生态等多类型问题，因而其规划内容、工具、研究尺度等随着社会发展而不断演化，具体可以归纳为四个发展阶段：①关注土地空间利用的乡村规划实践阶段。这一阶段，乡村规划的目的是解决英国城市快速蔓延问题，因而英国在1932年出台了《城乡规划法》（Town and Country Planning Act）将乡村规划纳入法定规划体系之中，并在1935年颁布了《限制带状发展法》（Restriction of Ribbon Development Act）以限制高速公路快速发展倾轧乡村土地。②关注农业生产发展和耕地保护的乡村规划实践阶段。这一阶段，乡村规划的目的是解决英国国内粮食自给率不高的问题，提高对粮食安全的重视，因而英国在1942年更新的《城乡规划法》中要求严格管控乡村土地开发建设、保护耕地。③重视基础设施建设和自然生态环境保护的乡村规划实践阶段。这一阶段，英国政府通过在1968年颁布《乡村与郊区规划法》（The Countryside and Urban Development Act）促进乡村规划在完善乡村基础设施、平衡农业发展与环境保护、建设公共服务设施等方面发挥关键作用。④重视乡村多样化及可持续发展的乡村规划实践阶段。这一阶段，英国乡村规划实践的特点是集社会、经济和环境为一体，重视乡村的多样性[3]。

从德国乡村规划的实践发展历程来看，主要有三个阶段：①以乡村地区产业、建筑和基础设施规划为重点的乡村规划实践阶段。1945—1965年，德国为应对因城市化加速而带来的乡村衰落问题，在1954年和1955年分别颁布了《土地整治法》（Land Consolidation Act）和《农业法》（Agricultural Law），以期通过完善小城镇及

---

1. 杨亚楠，苑惠丽. 国外乡村规划发展的经验与启示［J］. 资源与人居环境，2021（11）：58-61.
2. 乔鑫，李京生. 近现代乡村规划理论的源与流［J］. 城市规划，2020，44（8）：77-890.
3. 乔鑫，李京生. 英美地区田园郊区运动简史及其启示［J］. 上海城市规划，2018（2）：70-75.

乡村地区的产业配套与服务设施，增强小城镇及乡村地区的吸引力，促进人口"逆城市化"的发展趋势。②以保护环境和塑造特色为重点的乡村更新规划实践阶段。1965—1985年，由于德国大城市内工业污染严重，许多民众选择迁往乡村生活，这直接导致了乡村建筑密度增大、土地开发过度、乡村特色消失等问题。针对此，德国政府出台了一系列促进乡村特色塑造与乡村生态景观保护的规划政策，并促进了"乡村更新"（rural regeneration）概念的提出。③可持续发展理念下的整体性乡村更新规划实践阶段。在可持续发展理念被提出之后，乡村在文化、景观、生态等方面的多样化价值受到重视。同时，在欧盟区域整体发展政策的背景下，德国政府将区域整体性理念纳入乡村规划之中。因此，这一时期德国的乡村更新规划不仅更加重视整合与可持续相关的多样化价值，而且强调将乡村更新规划适应于欧洲区域整体发展规划的需要，因而形成了具有整合性的乡村地区发展框架。

2. 我国乡村规划实践的发展历程

1）20世纪70年代至90年代的乡村规划实践起步阶段

改革开放后，我国农村地区积极推行"包产到户""包干到户"，农民生产积极性大大提升，剩余劳动力逐渐从土地解放出来进入非农部门，实现了经济繁荣和资本积累，为乡村基础设施和房屋建设提供了经济基础，掀起一股农房建设的热潮。农民建了新房，解决了住房面积短缺的问题，但房屋结构不合理、功能不完善、耕地被占用等问题随之出现。为规范农村房屋建设，中央成立了乡村建设管理局，指导和协调全国农村房屋建设工作。1982年全国第二次农村房屋建设工作会议提出，将乡村及周边环境进行综合规划，城乡建设环境保护部成立，并依据中央文件进行村镇规划编制工作。截至1986年底，全国有3.3万个小城镇和280万个村庄编制了初步规划。在这之后，我国的乡村规划实践逐步走上有规可循的道路，乡村规划的基础理论、方法、技术和标准也初现雏形。

2）20世纪90年代至21世纪00年代的乡村规划实践探索阶段

这一阶段，为了保障乡村规划与建设工作能够有法可依、有章可循，1993年国务院发布《村庄和集镇规划建设管理条例》，1997年原建设部发布《1997村镇建设工作要点》和《村镇规划编制办法》，2002年国家环境保护总局与原建设部联合印发《小城镇环境规划编制导则》。随后，安徽省皖南地区的四个古村落成功入选联合国教科文组织世界遗产名录，古村落的保护与开发问题开始受到重视。2003年原国家建设部和国家文物局共同颁布了《中国历史文化名镇（村）评选办法》。同时，随着从国家到地方的各级政府逐渐重视乡村建设工作，部分地区全面开展了村庄环境整治工作，探索完善乡村基础设施建设的可行路径，最具代表性的是2003年浙江省开展的"千村示范、万村整治"工程。

3）21世纪00年代至10年代的乡村规划实践发展阶段

2005年，随着党的十六届五中全会提出"工业反哺农业、城市支持农村"，乡村建设开始被放在了重要的发展位置。同时，国家全面取消农业税，增加了农民收入，为乡村建设提供了经济支撑。同年，原国家建设部颁布的《关于村庄整治工作的指导意见》中提出改善农村最基本的生产生活条件和人居环境，中央农村工作会议中也正式提出了"新农村建设"的概念。2008年，《中华人民共和国城乡规划法》取代了原《城市规划法》，乡村建设正式纳入法治体系内，有力地遏制了各地农村无序建设、违法建设的混乱现象。同年，中央改原建设部为住房和城乡建设部（简称"住建部"），住建部颁布了村庄整治工作技术法规方面的国家标准，以推动村庄整治工作深入展开。这一阶段，中国乡村建设迅速发展，全国范围内促进旅游经济发展及人居环境改善的乡村建设典范层出不穷。如浙江省安吉县正式提出"中国美丽乡村"计划，推动乡村产业发展，促进村容村貌和生态环境改善，成为中国新农村建设的鲜活样本。

4）21世纪10年代至20年代的乡村规划实践成熟阶段

这一阶段，中国乡村建设从"数量为重"向"质量为重"发展。乡村建设工作的主要内容可以归纳为美丽乡村、人居环境和传统村落三大板块。

美丽乡村建设。2013年的中央一号文件提出建设"美丽乡村"；2015年的中央一号文件提出"中国要美，农村必须美"，同年中央发布《美丽乡村建设指南》。在此背景下，各地政府陆续开展了一系列美丽乡村建设的实践。

人居环境建设。2013年，住建部对村庄整治规划的内容、要求、成果等作出了明确要求。2014年，国务院建立了农村人居环境统计和评价机制，此后住建部每年开展一次全国范围内行政村农村人居环境调查，举办创建改善农村人居环境示范村活动。

传统村落保护。2013年的中央一号文件中提出"加大力度保护有历史文化价值和民族、地域元素的传统村落和民居"。同年住建部、文化和旅游部等多部委联合开展传统村落调查，明确了"传统村落"的定义，将其与"古村落"的概念相区分。同年12月，住建部、文化和旅游部、财政部为传统村落建立了认定体系。截至2023年年底，我国已陆续公布了六批"传统村落名录"名单，共列入8155个村落。

进入新时代，党的十九大报告将生态宜居作为乡村振兴战略的重要内容，明确要开展乡村人居环境整治行动。2018年年底至2019年年初,《农村人居环境整治三年行动方案》《农村人居环境整治村庄清洁行动方案》《关于推进农村"厕所革命"专项行动的指导意见》等相继出台。2022年,中共中央办公厅、国务院办公厅印发了《乡村建设行动实施方案》,强调以普惠性、基础性、兜底性民生建设为重点,加强农村基础设施和公共服务体系建设,努力让农村具备更好的生活条件,建设宜居宜业美丽乡村。在国家政策文件的引导下,全国各地进一步有效落实,把公共基础设施建设重点放在农村,持续改善农村生产生活条件,使得农村垃圾、污水、面源污染等问题得到一定程度的解决,改变了村容村貌,农村人居环境得到了极大改善,乡村综合治理体系得到了有效提升[1]。

2.2.5　国土空间规划实践发展趋势

当前,我国正在推进国土空间规划实践体系改革。从时间维度来看[2],中共中央、国务院于2015年印发了《生态文明体制改革总体方案》,首次提出建立国家空间规划体系的顶层部署。2016年,中办、国办印发了《省级空间规划试点方案》,在全国九个省份开展试点。2018年,中共中央、国务院发布了《中共中央　国务院关于统一规划体系更好发挥国家发展规划战略导向作用的意见》。2019年,中央深化改革委员会审议通过《中共中央　国务院关于建立国土空间规划体系并监督实施的若干意见》。2021年4月,新修订的《中华人民共和国土地管理法》明确规定,国家建立国土空间规划体系,土地开发、保护、建设活动应当坚持规划先行。经依法批准的国土空间规划是各类开发、保护、建设活动的基本依据。至此,我国正式确立了发展规划为统领、空间规划为基础、专项类规划和区域规划为支撑的规划体系,并明确了"国土空间规划"在我国未来空间治理中的基础性地位。面向未来,国土空间规划实践体系改革将进入"攻坚期""深水区",其发展趋势主要体现在以下四个方面[3]。

1. 智慧规划:AI赋能

AI(Artificial Intelligence,人工智能)技术在学术、教育和科技领域的普遍应用已经映射到国土空间规划及其相关学科之中,对于AI赋能的需求已经成为学科共识。国土空间规划作为一门致力于为人类应对自身生存与发展空间中所面临的复

---

1. 刘彦随. 中国乡村振兴规划的基础理论与方法论[J]. 地理学报, 2020, 75 (6): 1120-1133.
2. 孔维锋, 孙威, 樊杰. 我国城市地理学与城市规划近半个世纪的协同发展与未来展望[J]. 城市规划学刊, 2016 (5): 13-18.
3. 吴志强. 城乡规划学科发展年度十大关键词(2023—2024)[J]. 城市规划学刊, 2023 (6): 1-4.

杂关联问题提供未来有序解决方案的学科，要求从业者具备高度的智能技术使用能力。在这一过程中，规划师不应仅仅是工具的使用者，而应成为AI工具学习的对象，他们的思维方法和决策模式为AI学习提供了宝贵的参考。AI的学习路径从最初的个体学习逐渐转变为群体和社会现象的学习。

现代国土空间规划的"数智化"转型，包含目标愿景、路径选择、发展动力、精准评估、迭代优化五大关键要素：①规划的灵魂在于其目标愿景定位的精准性，借助空间发展历史的机器学习，可以为国土空间及其上的生产、生活和生态系统提供多元化的目标选择方案；②在数智赋能空间规划的路径选择方面，人工智能提供多模式的预测方案，帮助决策者和规划师预见未来趋势并确定发展路径；③在发展动力方面，利用智能资源配置解决区域内部资源分布不均等问题，激发城镇群整体潜力；④在精准评估方面，新技术可用于对规划实施后的国土空间综合效益进行详细评估，包括每块用地开发所带来的生态、经济、社会效益；⑤任何规划都需持续优化和自我提升，此项要素强调了在规划实施的各个阶段进行评估和调整的重要性。这些要素将共同助力实现空间规划的细化、优化和科学化，确保国土空间治理现代化的实现。

2. 城市韧性：平灾结合

城市韧性是指城市面对各类冲击和挑战时的综合应对和恢复能力。这不仅包括城市对干扰、冲击或不确定性因素的抵抗、吸收、适应和恢复能力，还强调城市在危机中的学习、适应及自我组织能力。城市韧性的发展需经历五个关键转变：从单一到整合、从短期到长期、从被动响应到主动适应、从静态到动态、从刚性到柔性。此外，城市韧性的建设应基于人民的利益，同时关注文化韧性、技术韧性和管理韧性的同步发展。

城市韧性能力的强弱从无法抵抗冲击到具有持续学习和治理能力的智慧，可分为四个等级：①城市在遭遇冲击时无法存活，即遭受一次冲击就可能导致整个城市的毁灭；②城市在冲击过后能逐渐恢复社会运行，但由于缺乏学习能力，灾害仍有可能再次发生；③城市在完成灾后复原后进行反思，应急响应越来越有效；④城市具备持续的反思、学习、总结和提炼治理能力，这是智慧和聪明的城市，也是最理想的情况。

城市的韧性安全系统不仅代表了城市科学的发展前沿水平，也反映了现代城市建设面临的多元化挑战所需的新型应对策略。特别值得关注的策略是：如何综合运用新兴技术进行灾害风险的测量、分析、管理和应急响应；如何实现对各种环境变量和突发事件的精准预警。这些新型应对策略是构建一个安全、有韧性的共享家园的关键，已成为城市规划研究的重点领域。通过这些先进方法和策略，我们可以更有效地提高城市在面对自然和人为挑战时的适应能力和恢复力，从而确保城市生态系统的长期稳定和可持续发展。

3. 城乡融合：要素流动

党的二十大报告提出："全面推进乡村振兴。坚持农业农村优先发展，坚持城乡融合发展，畅通城乡要素流动。"2024年中央一号文件《中共中央 国务院关于学习运用"千村示范、万村整治"工程经验有力有效推进乡村全面振兴的意见》进一步从盘活利用农村资源资产、宅基地制度改革、资本和人才下乡等方面强调要推进城乡要素流动。这表明，要素流动是城乡融合发展的核心，也是一个系统工程。要解决城乡之间的"人、地、钱"问题，需要加快破除制度性障碍，更好地发挥政府作用，创设良好的制度条件。这包括建立城乡统一的要素市场，促进城乡要素合理流动和平等交换，以及分类推进要素配置市场化改革，再通过合理流动促进城乡经济循环，进而推动农业农村发展融入国民经济循环体系。

据统计[1]，2022年全国人口中，居住在城镇的人口超9.2亿人，占全国人口的65.22%。这表明，当前中华民族主体2/3的居民生活在城市，对于城乡之间人口流动关系的讨论也已到达一个关键点。既往一直认为，城乡之间的人口流动都是从乡到城，而当前第一次有了从城到乡的可能，凡是实现现代化的国家一定具备城乡的双向流动。这个时代"新农民"会是一个重要关键词。有人去做新农民、有人去做新市民的情况越来越多地在城乡之间发生，须改变各类资源由乡到城的单向流动方式，去推动城乡要素双向流动，这也会成为规划讨论的重要议题。

4. 协同规划：都市圈

随着全球城市化进程的加速推进，城市扩张的范围已逐渐突破各自的行政边界。这一现象导致城市间的社会经济联系日益紧密，进而催生了都市圈、都市群以及大都市区连绵带的形成。

在这一背景下，传统以行政区划界限为基础的空间治理模式已不足以有效支持这些复杂的都市圈结构的未来发展。因此，迫切需要对都市群现象及其运作机理进行深入分析，充分挖掘和利用都市圈内部的积极互动力量。探索跨政府及行政机

---

1. 吴志强.城乡规划学科发展年度十大关键词（2023—2024）[J].城市规划学刊，2023，（6）：1-4.

构之间的协同治理模式,成为实现都市圈内部各实体互利共生和协同发展的关键途径。

关键术语

规划、区域规划、城乡规划、城市规划、镇规划、村庄规划、社区规划、城市治理、渐进规划、倡导性规划、沟通式规划、协同规划、包容性规划

思考题

1. 中国古代的城市格局反映了哪些重要的城市规划思想?
2. 请简述希波丹姆模式及其典型代表。
3. 请简述"田园城市"理论的核心内容及其重要意义。
4. 请简述"带形城市"理论的核心内容及其重要意义。
5. 请简述"光辉城市"理论的核心内容及其重要意义。
6. 请简述"广亩城市"理论的核心内容及其重要意义。
7. 请简述"有机疏散"理论的核心内容及其重要意义。
8. 区域规划所指的"区域"概念是什么?其具有何特征?
9. 请简述"增长极"概念及其核心内容。
10. 请简述"点—轴发展理论"概念及其核心内容。

参考文献

[1] 吴志强.城乡规划学科发展年度十大关键词(2023—2024)[J].城市规划学刊,2023(6):1-4.
[2] 王凯,蒋国翔,罗彦,等.适应气候变化的国土空间规划应对总体思路研究[J].规划师,2023,39(2):5-10.
[3] 张尚武.国土空间规划编制技术体系:顶层架构与关键突破[J].城市规划学刊,2022(5):45-50.
[4] 杨亚楠,苑惠丽.国外乡村规划发展的经验与启示[J].资源与人居环境,2021(11):58-61.
[5] 王兰,贾颖慧,朱晓玲,等.健康融入国土空间总体规划方法建构及实践探索[J].城市规划学刊,2021(4):81-87.
[6] 李海锋.生态文明理念视角下的国土空间规划的创新与发展[J].科技创新导报,2020,17(3):243+245.
[7] 陈琳,杜凤姣.生态文明视角下上海市国土空间规划的实践与探索[J].上海城市规划,2019(4):1-8.
[8] 杨贵庆,房佳琳,何江夏.改革开放40年社区规划的兴起和发展[J].城市规划学刊,2018(6):29-36.
[9] 俞世恩.现代性与民族性:1929年"大上海计划"研究[D].上海:华东师范大学,2017.
[10] 杨梅.社区规划发展历程及国内典型实践的思考[C]//中国城市规划学会,沈阳市人民政府.规划60年:成就与挑战——2016中国城市规划年会论文集(17住房建设规划).深圳市城市规划设计研究院有限公司,2016.
[11] 陈明,商静.区域规划的历程演变及未来发展趋势[J].城市发展研究,2015,22(12):70-76+83.
[12] 姚琼.现代西方城市规划理论与实践的主体演变研究[D].杭州:浙江大学,2014.

［13］陈熳莎.当前美国大城市连绵区规划研究的新动向［J］.国际城市规划，2007（5）：24-35.
［14］厄休拉·凡·匹茨，张晓军.鲁尔：一部区域规划的简史［J］.国际城市规划，2007（3）：16-22.
［15］黄立.中国现代城市规划历史研究（1949—1965）［D］.武汉：武汉理工大学，2006.
［16］曹康，顾朝林.西方现代城市规划史研究与回顾［J］.城市规划学刊，2005（1）：57-62.
［17］张器先.中国现代城市规划事业的发展历程［J］.城乡建设，2004（6）：42-45+5.
［18］李强，杨开忠，张鲸.西方现代城市规划模式变迁［J］.城市问题，2004（3）：70-74.
［19］邹德慈.中国现代城市规划发展和展望［J］.城市，2002（4）：3-7.
［20］吴志强.百年现代城市规划中不变的精神和责任［J］.城市规划，1999（1）：27-32.
［21］陈秀山，石碧华.区域经济均衡与非均衡发展理论［J］.教学与研究，2000（10）：12-18.
［22］何雄浪.专业化产业集聚、要素流动与区域工业化——克鲁格曼中心—外围模型新发展［J］.财经研究，2007（2）：16-25+89.
［23］陈旭.基于产业集群的技术创新扩散研究［J］.管理学报，2005（3）：333-336.
［24］肖红叶，郑华章.IMD国际竞争力评价技术及其应用——以中国区域国际竞争力评价为例［J］.统计与信息论坛，2006（5）：5-9.
［25］王成，王茂军.山东省城市关联网络演化特征——基于"中心地"和"流空间"理论的对比［J］.地理研究，2017，36（11）：2197-2212.
［26］陆大道.关于"点—轴"空间结构系统的形成机理分析［J］.地理科学，2002（1）：1-6.
［27］王发曾，张改素，丁志伟，等.中原经济区城市体系空间组织［J］.地理科学进展，2014，33（2）：153-168.
［28］乔鑫，李京生.近现代乡村规划理论的源与流［J］.城市规划，2020，44（8）：77-890.
［29］乔鑫，李京生.英美地区田园郊区运动简史及其启示［J］.上海城市规划，2018（2）：70-75.
［30］刘彦随.中国乡村振兴规划的基础理论与方法论［J］.地理学报，2020，75（6）：1120-1133.
［31］李琳娜，璩路路，刘彦随.乡村地域多体系统识别方法及应用研究［J］.地理研究，2019，38（3）：563-577.
［32］施坚雅.中国农村的市场和社会结构［M］.史建云，徐秀丽，译.北京：中国社会科学出版社，1998.
［33］谢景馥，彭文斌."市"说新语——跨区域市镇的学界述评［J］.西南民族大学学报（人文社科版），2009，30（11）：37-43.
［34］宋靖野.集镇、集期与集市经济：施坚雅农村市场理论的经济人类学阐释［J］.中国农业大学学报（社会科学版），2021，38（1）：60-68.
［35］李德英.民国时期成都平原乡村集镇与农民生活——兼论农村基层市场社区理论［J］.四川大学学报（哲学社会科学版），2011（3）：12-21+67.
［36］惠梦倩.结构功能主义视域下村域规划的比较研究［D］.南昌：南昌大学，2018.
［37］乔杰，洪亮平.从"关系"到"社会资本"：论我国乡村规划的理论困境与出路［J］.城市规划学刊，2017（4）：81-89.
［38］夏学銮.社区发展的理念探讨［J］.北京行政学院学报，2001（4）：50-54.
［39］PHILLIPS R，PITTMAN R. An Introduction to Community Development［M］. London：Routledge，2008.
［40］黄瓴，彭翔.我国城市社区发展研究述评：基于规划视角［J］.城市治理研究，2017，2（2）：123-137+10-11.
［41］黄瓴.从"需求为本"到"资产为本"——当代美国社区发展研究的启示［J］.室内设计，2012，27（5）：3-7.
［42］柴彦威，李春江，张艳.社区生活圈的新时间地理学研究框架［J］.地理科学进展，2020，39（12）：1961-1971.
［43］柴彦威，李春江.城市生活圈规划：从研究到实践［J］.城市规划，2019，43（5）：9-16+60.
［44］于一凡.从传统居住区规划到社区生活圈规划［J］.城市规划，2019，43（5）：17-22.
［45］和泉润，王郁.日本区域开发政策的变迁［J］.国外城市规划，2004（3）：5-13.
［46］黄瓴，骆骏杭，宋春攀，等.基于社区生活圈理念的社区家园体系规划——以重庆市两江新区翠云片区为例［J］.城市规划学刊，2021（2）：102-109.
［47］吴军.城市社会学研究前沿：场景理论述评［J］.社会学评论，2014，2（2）：90-95.
［48］吴军，特里·N.克拉克.场景理论与城市公共政策——芝加哥学派城市研究最新动态［J］.社会科学战线，2014（1）：205-212.
［49］黄瓴，王婷.重庆渝中区山城步道品质提升规划：基于场景理论的山地城市街巷更新研究［J］.北京规划建设，2021（1）：36-41.
［50］李和平，靳泓，TERRY N CLARK，等.场景理论及其在我国历史城镇保护与更新中的应用［J］.城市规划学刊，2022（3）：102-110.
［51］洪亮平，赵茜.从物质更新走向社区发展——旧城社区更新中城市规划方法创新［M］.北京：中国建筑工业出版社，2016
［52］曾红颖.创新社会治理：行动者的逻辑［M］.北京：社会科学文献出版社，2019.
［53］夏建中.中国城市社区治理结构研究［M］.北京：中国人民大学出版社，2012.
［54］刘佳燕，沈毓颖.社区规划：参与式社会空间再造实践［J］.世界建筑，2020（2）：10-15+139.
［55］唐燕.新冠肺炎疫情防控中的社区治理挑战应对：基于城乡规划与公共卫生视角［J］.南京社会科学，2020（3）：8-14+27
［56］全国科学技术名词审定委员会.城乡规划学名词［M］.北京：科学出版社，2021.

［57］孔维锋，孙威，樊杰. 我国城市地理学与城市规划近半个世纪的协同发展与未来展望［J］. 城市规划学刊，2016（5）：13-18.
［58］翟伶俐. 城市空间拓展的点轴模式研究［D］. 武汉：华中科技大学，2008.
［59］FRIEDMANN J. Regional Development Policy: A Case Study of Venezuela［M］. Cambridge, MA: The MIT Press, 1966.
［60］勒·柯布西耶. 光辉城市［M］. 金秋野，王又佳，译. 北京：中国建筑工业出版社，2011.
［61］埃比尼泽·霍华德. 明日的田园城市［M］. 金经元，译. 北京：商务印书馆，2010.
［62］EBENEZER HOWARD. To-morrow: A Peaceful Path to Real Reform［M］. London: Swan Sonnenschein Cooperation, 1898.
［63］杨保军，郑德高，汪科，等. 城市规划70年的回顾与展望［J］. 城市规划，2020，44（1）：14-23.
［64］黄瓴，牟燕川. 城市社区规划理论、方法与实践［M］. 北京：中国建筑工业出版社，2023.
［65］吴庆洲. 中国古代哲学与古城规划［J］. 建筑学报，1995（8）：45-47.
［66］张冠增. 西方城市建设史纲［M］. 北京：中国建筑工业出版社，2010.
［67］罗小龙，陆建城."十四五"时期发展新趋势与国土空间规划应对［J］. 城市规划，2019，43（10）：9-12+2.

第 3 章

国土空间的基本概念

■ **教学要求**

学习了解国土空间的相关概念,掌握其国土空间的格局、构成以及特征,熟悉国土空间使用的相关概念与管理任务。

3.1 国土空间概念

3.1.1 空间

"空间"一词源自于拉丁文"spatium",现代汉语词典中将空间定义为"物质存在的一种客观形式,由长度、宽度、高度、大小(体积、形状不变)等空间属性表现出来。"[1] 从科学的角度来讲,"空间"包含宇宙空间、网络空间、思想空间、数字空间、物理空间等,其含义是"由一个物体同感觉它的人之间产生的相互关系所形成"。从地理学角度来讲,"空间"为地球表面的一部分,区位理论中有绝对空间与相对空间之分。绝对空间是事物占有的绝对位置,可以通过坐标精确测量;相对空间则通过与其他事物在空间分布的相对位置体现[2]。从国土层面来讲,"空间"是指承载"生态、生产和生活"的土地及其上下的空间各个层级,即国家级、省级、市级、县级和乡镇级。

在人类持续性的空间实践过程中,各学科均未对其所研究的"空间"概念进行

---

1. 中国社会科学院语言研究所词典编辑室. 现代汉语词典 [M]. 5版. 北京:商务印书馆,2005.
2. 胡志丁,葛岳静,徐建伟,等. 空间与经济地理学理论构建 [J]. 地理科学进展,2012,31(6):676-685.

严格区分，使我们对于空间的认识日益模糊[1]。基于柏拉图追求理想范式的哲学思维，空间的纯粹形式，是被掏空了所有人类认知的内容（感性、物质、真实、实践）的一种本质，一种绝对理念[2]，我们所要概括的"空间"这一概念应与时间跨度相一致，应该也涵盖包括人类诞生以前的时间[3]。马克思主义哲学观强调，空间代表了物质存在与运动的广延性与伸张性[4]，是承载事物运动的客观存在。故可以将空间理解为承载事物存在与运动的三维区域，一定范围内的空间所承载事物存在与运动的集合决定了该范围内空间的主要属性[5]。

3.1.2 国土空间

国土空间是多学科多领域的研究对象，基于不同学科和领域的视角，客观上也已形成不同的概念内涵[6]，生态文明视角下侧重于生存区域与资源，国家治理视域下侧重于权域空间。

1. 生态文明视角下的国土空间

根据《生态文明建设大辞典》（第一册），国土空间是指由国家及其主权权利管理的地域空间，是国家公民得以生活和发展的立足地，包括空间内的陆地、陆上水域、内水、领海和领空等。它囊括了一国居民的生存区域与资源，具有很强的政治性与主权性，本质上以土地为实体对象，以区域、地域为表现形式。

2. 国家治理视域下的国土空间

国土空间概念内涵的核心是权域空间。从狭义上看，国土空间是相对于国家而言的领土空间，是由国家主权与主权权利边界所围成的权域空间，这是国土空间的根本属性。从广义上看，中国国土空间又是由不同治理层级、不同治理要素、不同治理区域等各种层级空间构成的集合。这些空间的一部分是按行政层级体系划分成省、市、县、乡镇和村级行政辖区空间，一部分是按照要素治理和大区域治理等特殊需要划分的跨行政区域空间，但它们都是具有明确治权边界的权域空间。其外部

---

1. 王晓磊. 社会空间论 [D]. 武汉：华中科技大学，2010.
2. 亨利·勒菲弗. 空间与政治 [M]. 李春，译. 上海：上海人民出版社，2008.
3. 王孟翰，刘兆德. 城市空间分析视角下的乳山空间发展及影响因素 [C] // 中国城市规划学会，杭州市人民政府. 共享与品质——2018中国城市规划年会论文集（16 区域规划与城市经济）. 北京：中国建筑工业出版社，2018：12.
4. 赵纯昌. 论时间与空间的社会性 [J]. 北方论丛，1995（2）：35-37.
5. 祝光耀，张塞. 生态文明建设大辞典 [M]. 南昌：江西科学技术出版社，2016.
6. 袁方. 社会研究方法教程 [M]. 北京：北京大学出版社，2011：64-66.

边界和内部分区单元边界都是有关空间治权的权界，提供了空间治理的权域边界，形成了统一的治理空间，进而能够实现统一空间规划、统一空间用途管制[1]。

3.1.3 国土空间资源的概念

从广义角度看，国土空间资源是一个国家领土主权范围内所有自然资源、经济资源和社会资源的总称。国土资源是一个国家人民生活的场所和生产基地，是国家和人民赖以生存和发展的基础。其中，自然资源是在一定的时间、地点条件下能够产生经济价值的、提高人类当前和将来福利的自然环境因素的总称。经济资源是指经济活动不可缺少而又数量有限的因素。社会资源主要指人力资源以及为人力资源服务的教育、文化、科技等基础设施。

狭义的国土空间资源是指一个国家主权管理地域内一切自然资源的总称，其中最主要的是山、水、林、田、湖、草、沙、矿、海等要素。它们是自然地理过程中形成的，在一定时期内，如果不受或有限接受人工干预，其区位、形态、规模、格局等呈现相对稳定的状态，这种稳定的状态就能造就人类赖以生存与发展的可持续资源环境。同时，自然资源是一个相对概念，随着社会生产力水平的提高和科学技术的进步，先前尚不知其用途的自然物质逐渐被人们发现和利用，自然资源的种类日益增多，自然资源的概念也相应不断深化和发展[2]。

本书所讨论的国土空间资源指狭义的国土空间资源，包括对土地资源、矿产资源、海洋资源等国家主权管理地域内自然资源的规划、管理、保护和合理利用。国土资源是国家或地区发展的基础，在经济、社会、环境等方面具有重要的战略意义。

3.2 国土空间构成

3.2.1 国土空间构成及其格局

在全球化与快速发展的背景下，国土空间的构成与格局成为国家战略发展的重要基石。国土空间不仅涵盖了陆地、水域、海洋、领空等地域环境，还包括自然与

---

1. 冯广京，王睿，谢莹. 国家治理视域下国土空间概念内涵[J]. 中国土地科学，2021，35（5）：8-16.
2. 封吉昌. 国土资源实用词典[M]. 武汉：中国地质大学出版社有限责任公司，2011.

人为的多维空间，这些空间共同构成了一个国家主权管辖下的综合性地域体系。国土空间的构成细分为自然环境、建成环境、农业农村环境、海洋空间、地上空间和地下空间，各部分相互作用、紧密关联，为国家的经济社会发展提供了必要的支持与保障。与此同时，国土空间格局作为国家发展中的关键要素，受自然地理本底与社会经济活动的影响，展现出复杂的区域特点。这些格局不仅反映了地形地貌、气候变化等自然因素的作用，也体现了人类活动与经济发展的区域性差异。国土空间的合理规划与高效利用对于国家的可持续发展具有重要意义。

1. 国土空间的构成

"埏埴以为器，当其无，有器之用。"将国土空间喻为器，其构成可以依据不同的维度进行划分（图3-1）。基于人为干预的角度，国土空间构成包括人工环境和自然环境（生态），前者是指经人类活动改造后的空间，如城市、道路、工厂等；后者则是指国土空间中环绕生物周围的各种自然地理要素的总和，包括地质、地貌、气候、水文、土壤、植被、岩石矿物以及生物和未经或较少受人类活动影响的自然区域，是生物赖以生存的物质基础。

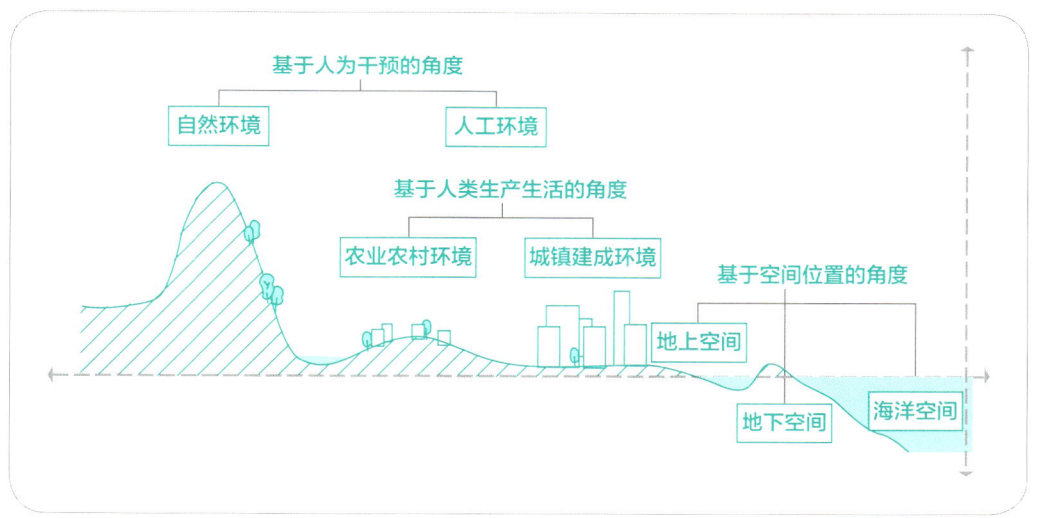

图3-1 多维度视角下的国土空间构成示意图
来源：作者自绘

从人类生产生活的角度来看，国土空间构成包括城镇建成环境和农业农村环境。前者是人类生产、生活活动高度集聚与融合形成的空间，集聚了经济、文化、科技等多方面的资源，包括教育、医疗、交通等基础设施。而农业农村环境，则以广袤的农村和农田为主，是人口相对分散、以农业生产为主要活动的区域，包括耕地、林地、农村村庄居民点、农村基础设施等。

此外，基于空间位置的独特性与多样性，国土空间构成还可以细化为地上空间、地下空间和海洋空间三个主要部分。地上空间是指地表及其以上至大气对流层顶所包含的空间，是人类的主要活动空间，随着城市化进程的加快，地上空间的利用日益高效与密集，开始向地下空间进行探索。而地下空间指地表以下的天然或人工开发形成的空间，在缓解地上空间压力、提高城市运行效率、保障城市安全等方面发挥着重要作用。海洋空间则是沿海国主权管辖下与其海岸或内水相邻的一定宽度的海域，涵盖海床和底土、大陆架和专属经济空间等。

2. 国土空间格局

国土空间格局是一定时间和空间范围内，由内在自然地理本底（如地形地貌单元）和外在生态环境过程（如气候变化）共同作用，体现人文社会系统在不同社会经济活动水平、不同开发强度作用下交互耦合的综合结果[1]。国土空间格局特征广义上是指在国土空间上融合如水系河流、地形地貌、气候、土壤、植被等自然地理条件及人口、产业、交通、文化等区域经济社会要素后表现出的区域特点。国土空间格局特征狭义上的理解是多方面的、具体的，且随着时间发展而不断演变。可从不同的角度如自然地理格局、人文地理格局、经济地理格局等切入，对国土空间格局特点进行具体、多样化的刻画和分析，如土地资源特征、海洋资源特征、人口特征、城乡格局、农业生产条件及经济发展水平、地下空间发展水平等[2]（图3-2）。

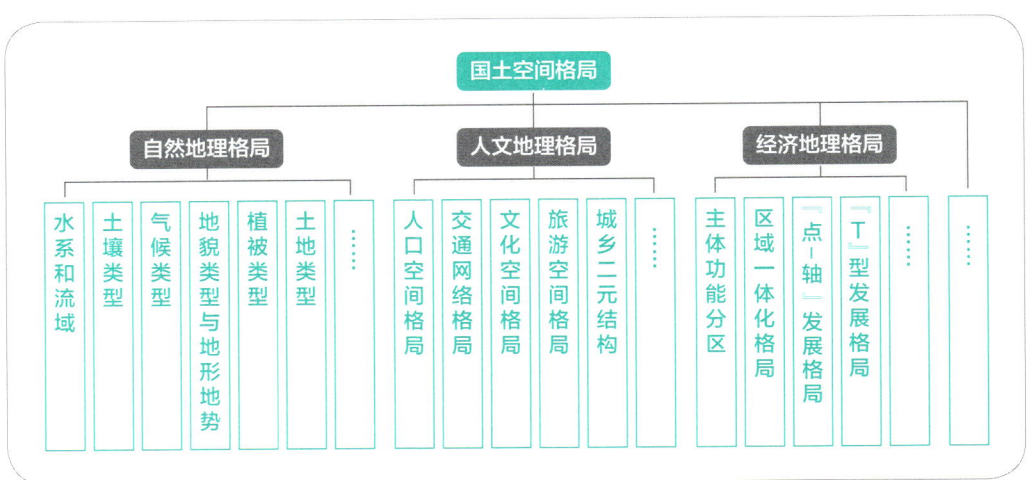

图3-2 国土空间格局类型示意图
来源：作者自绘

---

1. 匡文慧. 新时代国土空间格局变化和美丽愿景规划实施的若干问题探讨［J］. 资源科学，2019，41（1）：23-32.
2. 邓祥征. 国土空间优化利用：理论、方法与实践［M］. 北京：科学出版社，2021.

1）自然地理格局

从地理环境基础来看，青藏高原的形成奠定了我国的地形格局，导致了现代季风环流系统的建立，进而影响地面河流水系的发育及布局，从而使我国国土空间形成东部季风区、西北干旱半干旱区和青藏高寒区三大自然区。同时受构造运动的控制，青藏高原的隆升带来了我国地势总体西高东低的格局，形成自西向东逐级下降的三大阶梯。三大自然区和地势三大阶梯构成了中国自然地理格局的基本骨架[1]。三大自然区之间通过大江大河、大气环流等沟通联系，为现代宏观地理格局的形成奠定了自然生态基础。东部季风区面积约占全国陆地总面积的45%，人口和经济总量却占全国94%左右，以农业和城市生态系统等人工生态系统为主。西北干旱半干旱区和青藏高原区以草原、沙漠、冰川等自然生态系统为主。西北干旱半干旱区土地面积约占全国土地面积的30%，人口占全国人口的4%左右。青藏高原区平均海拔在4000米以上，面积约占全国的25%，人类的社会经济活动主要集中在部分河谷地带，人口占比不到1%[1]。三大区域内部可进一步细分，各区域具有不同的演化历史和组合分布规律，其中水系和流域、土壤类型、气候类型、地貌类型与地形地势、植被类型等要素扮演着重要角色，使区域间分异明显，特色鲜明、主体功能明确。

三大自然区的自然系统对社会经济的承载能力完全不同，和地势三大阶梯共同决定着中国空间开发、区域经济发展与布局的宏观框架，现阶段人的力量还不能大幅度改变这种格局[2]。

2）人文地理格局

人文地理学主要探讨各种人文现象的地理分布、扩散和变化，以及人类社会活动的地域结构的形成和发展规律。其不仅仅关注人口在空间上的分布和变化，还考虑人的信仰、愿望等文化要素，如语言、宗教、艺术、习俗等，以及这些要素在空间上的传播和变迁。人文地理格局是指在一个特定的时间和空间范围内，由自然地理本底和人文社会系统共同作用下形成的综合结果。它涵盖了人口、交通、文化、旅游、城乡等多个维度的人文要素，并反映了这些要素的空间和社会存在形式、分布状况和相互关系。

人文地理格局的研究有助于我们理解人类社会活动的地域结构，包括城市、乡村、区域等不同类型的地域空间结构，以及这些结构的形成、发展和变化。同时，人文地理格局也反映了人类社会与自然环境之间的相互作用和关系，为我们提供了理解人类活动对自然环境的影响的重要途径。

---

1. 赵松乔. 中国综合自然地理区划的一个新方案[J]. 地理学报，1983（1）：1-10.
2. 陆大道. 地理国情与国家战略[J]. 地球科学进展，2020，35（3）：221-230.

3）经济地理格局

经济地理格局是指全球范围内不同地区经济发展水平、产业分布和贸易模式等方面的空间分布特征。这种格局的形成受到多种因素的影响，包括资本流动、原材料和劳动力成本、市场需求等。此外，经济地理格局还受到自然资源、气候、地形等自然因素的影响，不同地区的自然条件和资源禀赋差异，导致了产业分布和经济发展水平的不同。例如，一些地区凭借丰富的矿产或农业资源，发展成为相关产业的中心，推动了当地经济的繁荣。经济地理格局是多种因素相互作用下形成的复杂系统，它不仅体现了各地区的经济发展水平和产业分布特点，还反映了区域间经济联系的模式、紧密程度和发展进程，通过主体功能分区、区域一体化格局、"点—轴"发展格局以及"T"型发展格局等空间格局类型体现。

3.2.2 自然环境（生态）的构成与特征

1. 自然环境的概念及基本特征

自然环境又称"自然地理环境"。通常指存在于人类社会周围的自然界，它是由岩石、土壤、生物、水、空气、阳光等自然要素有机结合而成的自然综合体，是自然物质发展的产物。其基本特征是：①地球表面各地的自然环境要素及其结构形式不同，导致自然环境的区域性差异，这种地域分异在地表呈现出明显的规律性，如纬度地带性、经度地带性、垂直地带性等；②自然环境中各要素是相互影响、相互制约、相互渗透的，某一成分的变化，会引起其他成分和整个环境性质的变化；③自然环境及其各要素是不断发展变化的，自然环境是社会存在和发展的必要条件，但不是起决定性作用的因素，自然环境的差异，是劳动地域分工的自然基础，对人类生活亦有一定的影响[1]。

2. 自然环境的构成

1）基于生境的多样性

自然环境作为地球上各种自然要素相互作用的综合体，其首要构成便是基于生境的多样性。生境是物种或物种群体赖以生存的生态环境，不同生境孕育了丰富多样的生态系统。例如，森林生态系统以其繁茂的生物群落和非生物环境，为人类提供了丰富的资源，并发挥着重要的生态功能；草原生态系统则以饲用植物和草食动

---

1. 邓绶林，刘文彰. 地学辞典［M］. 石家庄：河北教育出版社 .1992：1055.

物为主体，具有防风固沙、保持水土等功能；而荒漠生态系统、绿洲生态系统、水域生态系统、海岸生态系统、海洋生态系统和湿地生态系统等，共同构成了多样的自然环境。

2）基于综合自然地理分区的视角

从综合自然地理分区的角度来看，自然环境的构成体现在不同地理区域的特点上。以中国为例，青藏高寒区以其高峻的地势和特殊的高寒干燥环境为标志；西北干旱半干旱区则以降水量小、蒸发量大和荒漠、干草原为主的植被为特征；东部季风区则受到季风气候的显著影响，形成了多样化的生态系统和农业生产条件。这些地理分区的划分不仅揭示了自然环境的复杂性，也为地区建设和发展提供了自然基底基础，强调了顺应自然地理条件特点的重要作用。

3）基于地形地貌划分

地形地貌是自然环境构成的另一个重要方面。中国的地形地貌具有多样性，包括高原、山地、丘陵、平原和盆地等五大类。高原以其高海拔和特殊的气候条件为特点；山地则以陡峭的地势、复杂的气候和丰富的生物多样性为标志；丘陵作为山地与平原之间的过渡地带，具有相对平缓的地形和丰富的植被；平原以其平坦的地势、肥沃的土壤和适宜的气候为农业生产提供了优越条件；盆地则以其四周高、中间低的地形和多样的气候为资源开发和经济发展提供了重要支撑。这些地形地貌的相互交织、相互影响，共同塑造了中国丰富多样的自然景观和生态系统。

3.2.3 城镇建成环境的构成与特征

1. 建成环境的概念

"建成环境"对应的英文为built environment，在《剑桥词典》(*Cambridge Dictionary*)中被解释为"the parts of the places in which we live that have been built by people, for example buildings and streets, rather than the parts that exist in nature"，意为"不是自然界中本来就存在的，而是由人创造或改造的人们生活在其中的地方和空间，如建筑物和街道等"。因此，"建成环境"一词主要是指涵盖了人类为了生活而建造的所有物质事物，包括了实际的建筑、道路、公园、学校等空间，相关研究关注建成环境与人们的居住体验、健康状况、社会交往以及环境可持续性等之间的关系。

在我国城乡规划语境中，《城乡规划学名词》将"建成环境"解释为：人类生产、生活活动而形成的人居环境状态，范围上从聚落整体到具体建筑物，同时也包括各种支持性基础设施。这个解释与"人居环境""物质环境"等概念有所区别。人居环境是指包括乡村、集镇、城市、区域等在内的所有人类聚落及其环境，其包含了"建成环境"在内的所有人类聚居场所，并强调了人与自然的和谐共生。而"建成环境"作为人居环境中的一个重要组成部分，直接反映了人类活动的成果和对自然环境的改造。

2. 城镇建成环境的构成

城镇建成环境是人类文明发展的产物，其由来可追溯至古代聚落的形成。随着人口增长和社会生产力发展，人们开始建造房屋、道路、防御设施，形成商品交换的场所等，逐渐演变出城镇的雏形。在发展过程中，城镇规模不断扩大，功能日益完善，成为人类活动的重要场所。

现代建成环境在此基础上继续发展，其构成主要可以概括为八大区域：居住生活区、综合服务区、商业商务区、工业发展区、物流仓储区、绿地休闲区、交通运输区以及矿产能源发展区。这些区域各自承载着不同的功能和职责，共同构成了现代城镇复杂而有序的建成环境，为人们的生活和工作提供安全、便捷和舒适的体验。

3. 建成环境特征

建成环境是城市发展的核心组成部分，它涵盖了人为建设和改造的各类建筑物和场地，涉及土地利用、空间形态、交通组织等多个关键方面。在评估和优化建成环境时，学者们提出了多种测度方法，塞维罗（Cervero）等提出包括"密度"（density）、"混合度"（diversity）、"设计"（design）的"3D"建成环境要素体系，里德·尤因（Reid Ewing）等在"3D"建成环境要素体系的基础上增加了"目的地可达性"（destination accessibility）、"到公交距离"（distance to transit），构建了更为全面的"5D"建成环境要素体系[1]。

随着相关研究的探索和推进，建成环境的特征变得更加丰富多样，不仅可以从"5D"建成环境要素体系进行测度，还体现在建成环境的区位差别、规模大小和等级分布上，以及其空间地域的形态、结构关系、密度、功能混合以及设计等多个维度。这些特征要素共同塑造了城市的独特风貌，影响着居民的生活，并推动着城市的持续健康发展。因此，在规划和建设城市时，需要充分考虑建成环境的各个特征维度，以创造宜居、便捷、舒适的城市环境。

---

1. 王健宇，程家乐，陈献天，等.建成环境对交通安全的影响及优化策略[J].规划师，2023，39（9）：47-55.

3.2.4 农业农村环境的构成与特征

1. 农业农村环境的概念

农业农村环境指以农业生产、农村生活为主的功能性空间,其承担着农产品生产和农村生活功能,主要包括永久基本农田、一般农田等农业生产空间,以及村庄等农村生活空间及农村生活所包含的农村经济、社会活动和社会文化、观念意识等人文环境。

2. 农业农村环境的构成

1)农业农村空间

广义上,农业农村空间构成指以从事农业生产为主要生活来源、种族关系为纽带的人口分布较分散的地区,包含自然区域、生产区域和生活区域(图3-3)。

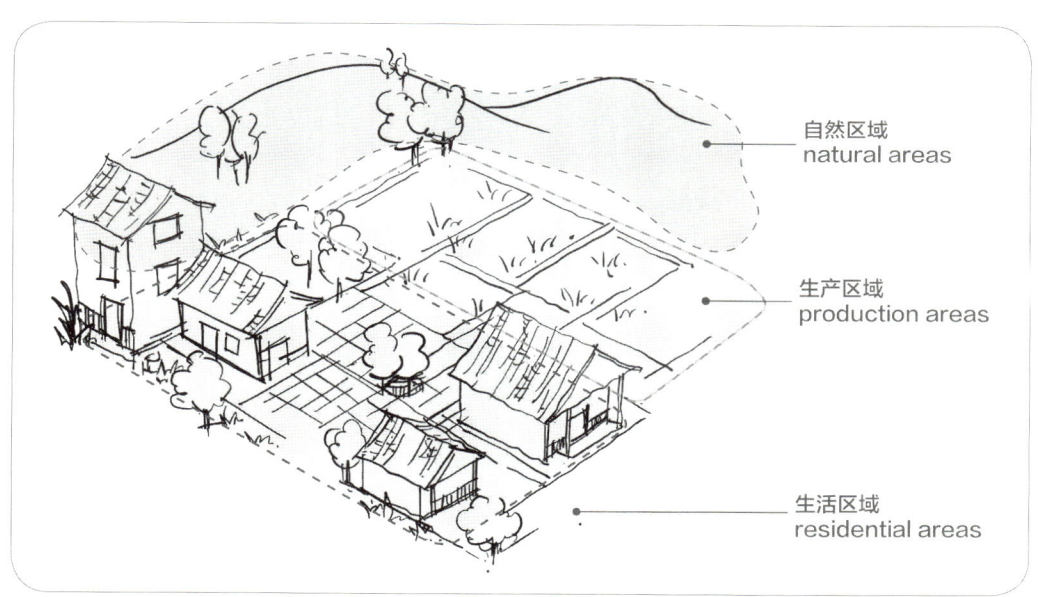

图 3-3 农业农村空间构成示意图
来源:作者自绘

狭义的农业农村空间,指单个村庄聚落空间。通常是指一个行政村辖域的空间范畴,由山、水、田、宅等基本物质空间要素构成,是农业生产空间、农村生活空间等空间复合构成的本土化空间。

2)农业生产空间

农业生产空间包括耕地、水域、园地、林地和草地等主要以输出农产品为目标的空间。其中，基本农田是指从战略高度出发，为了满足一个区域国民经济持续稳定的发展，保证一定规划期内人口对农产品的基本需求，而必须确保的农田。基本农田是一个地区在一定规划期内耕地资源的临界状况，低于这个临界点，预定的农产品总产量就不能实现，国民经济建设就难以协调、持续地发展。

3）农村生活空间

乡村范畴包括乡和村庄两类人口聚居地，通常存在集镇、村庄（行政区辖域）和自然村三个不同层次的聚落。集镇是乡村一定区域内经济、文化和生活服务中心，是乡村地区商品经济发展到一定阶段的产物，通常由具有一定商业贸易活动的村庄发展而成，早期的集镇也是城市的雏形。村庄是乡村居民居住和从事各种生产的聚居点，是农业生产生活的管理关系和社会经济的综合体，是乡村生产生活、人口组织和经济发展的基本单位。村庄的规模和当地的资源环境、产业、人口和文化传统有关。自然村是在自然环境中自发形成的聚居点，是农村从事农业生产活动的最基本居民点。此外，村庄也是由一个或多个自然村组成的。

3. 农业农村环境的特征

1）强地域性

农业农村环境具有强烈的地域性特征，是其地理位置、土地利用和资源分布、历史文化和乡土传统、经济发展和产业结构、政策支持和发展方向等多种因素共同作用的结果，体现了不同地域乡村的多样性和特色。强烈的地域性主要体现在乡村的经济、景观、社会以及自然环境与资源禀赋等方面。乡村社会是由血缘和地缘关系构成的熟人社会，具有一定自组织性，所谓"皇权不下乡，宗族皆自治，自治靠伦理，伦理靠乡绅"。其社会文化环境具有浓厚的乡土气息和传统风情，保留了许多传统习俗、节日庆典和民俗活动，因此形成了一定的地域文化。

2）弱分离性

在人居环境上，农村地区虽然交通和基础设施相对城市地区较为简单和不完善，但其人居环境通常较为宁静和舒适，房屋多为传统的农村建筑风格，整体布局较为松散。居民多是当地农民，农民在从事农业生产的同时，也经营着农产品加工、旅游服务等多元化产业，其居住环境和农业生产的空间通常相互交融但又彼此独立。并且农民在农闲时发展副业，不仅丰富了乡村经济，也增添了乡村生活的多样性。这种弱分离性的环境特点，让乡村在现代化进程中保留了独特的魅力和活力。

3）高复合性

在空间上，农业农村环境具有高复合性，如生产空间和生活空间的叠加重构，耕地等生产空间也具有重要生态功能。因此，乡村空间不再单一地只具备农业生产功能，而是逐渐发展为具有多种功能的空间。除了农业生产外，还包括了生态保护区、旅游度假区、文化艺术区、休闲娱乐区等，不同功能的空间单元相互融合，形成了总体上多功能复合的空间格局特征。

3.2.5 海洋空间

1. 海洋空间的概念与构成

海洋空间是指海洋领域内的各种海域及生态系统，从圈层性角度看，核心圈层为海洋，连接圈层为海岸带，外圈层为沿海地区；从立体性来看，涵盖海洋表层、海水水体、海床和底土。此外，海洋空间还包括海底地形、海底生态系统、海洋资源（如海水资源、生物资源、矿产资源、可再生能源等）、海洋环境等各种要素，以支撑海洋渔业、海洋能源开发、海洋旅游等多种活动。从空间构成角度看，海洋空间包括以下四个部分（其中，领海空间、毗连空间、专属经济空间的范围见图3-4）。

内水空间： 国家领陆内和领海基线向陆一侧的水域，包括河流及其河口、湖泊、港口、内海和历史性海湾等。

领海空间： 沿国家领海基线向外海延伸12海里的带状海域空间。在领海内，国家享有主权，有权行使管辖和管理海洋事务的权利。

毗连空间： 沿国家领海基线向外海延伸12~24海里的带状海域空间。

专属经济空间： 又称专属经济区（Exclusive Economic Zone，EEZ），或经济海域，沿国家领海基线向外海延伸24~200海里的带状海域空间。

海洋空间是一个复杂的生态系统，拥有丰富的生物多样性和资源，对地球的气候、气候变化、食物链、海洋运输、资源开发等都具有重要的影响，是人类赖以发展和生存的重要基础和载体。

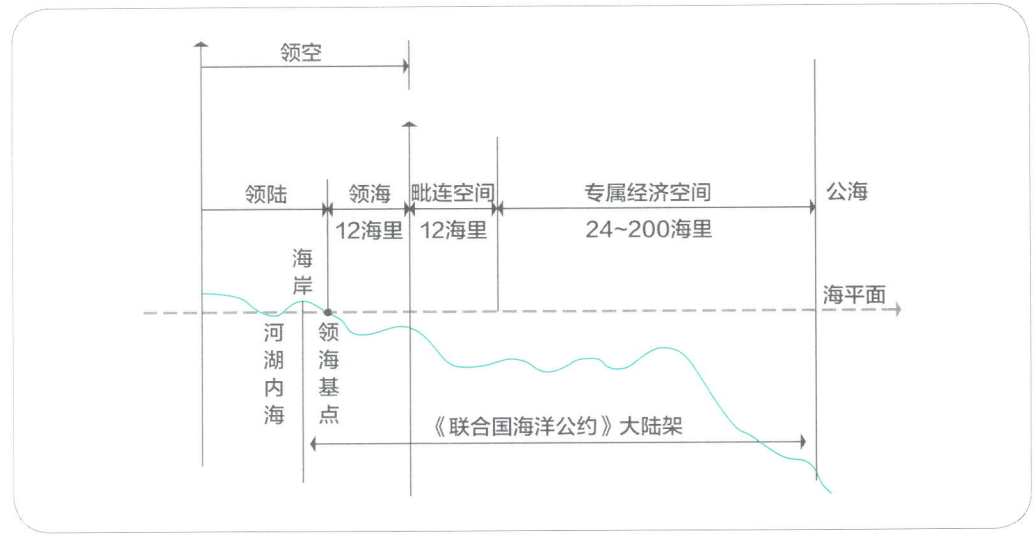

图 3-4 领海空间、毗连空间、专属经济空间范围示意图
来源：根据《联合国海洋法公约》改绘

2. 海洋空间的特征

海洋空间具有三大显著特征。首先，其立体性特点显著，涵盖了从海面到海底的多个层面，包括水体、海床和底土等，为人类提供了广阔的三维开发利用空间。其次，海洋空间具有边界模糊性，其资源权益的界定复杂。由于海洋表面缺乏明显的地形地物作为界限，加之水体和海洋生物的流动性，海洋边界难以精确划定。尽管依据《联合国海洋法公约》，海洋空间被划分为领海、专属经济区等层次，但海洋上的空间定界仍依赖于地理勘测调查。这种模糊性在海洋资源的管理和利用中需要特别关注。最后，海洋空间的连续性特征体现在陆海活动相互联系紧密方面，人类生活在陆地上，因此海域利用必须以陆域作为支点，两者在功能上存在必然关联。陆域支撑功能的高度集聚会产生滨海城镇，除了功能上的联系，海陆之间还存在环境、灾害等相互影响。因此，海域与陆域的开发利用须统筹协调[1]。

3.2.6 地上空间

1. 地上空间的概念

地上空间是指国家主权与主权权利管辖下的国土空间的地上部分，一般来说，

---

1. 傅幸之，桑劲，矫鸿博. 基于海洋空间特征的海洋空间规划技术路径［J］. 中国土地, 2020（1）：29-32.

地上国土空间（近地）是指岩层或土层与大气接触面可承载人类活动的空间，及其投影面至大气对流层顶所包含的空间。

地上空间既具有自然资源属性，即作为自然界赋予的宝贵资源，又具备经济利用属性，即作为人类社会发展的生产资料，被广泛地开发、利用、改造，并产生经济效益。保障地上空间的合理、高效利用的法律基础是建立在物权概念之上的。物权作为权利人对特定物享有的直接支配和排他权利，包括所有权、用益物权和担保物权，这些物权形式共同构成了地上空间利用的法律框架，确保了地上空间资源的合法、有序开发，为城市发展提供了坚实的法律保障。

2. 地上空间的构成

1）城市基础设施

城市基础设施是城市生存和发展所必须具备的工程性基础设施和社会性基础设施的总称，是城市中为顺利进行各种经济活动和其他社会活动而建设的各类设施的总称。按服务性质分为三类：①生产基础设施：包括服务于生产部门的供水、供电、道路和交通设施、仓储设备、邮电通信设施、排污、绿化等环境保护和灾害防治设施；②社会基础设施：指服务于居民的各种机构和设施，如商业和饮食、服务业、金融保险机构、住宅和公用事业、公共交通、运输和通信机构、教育和保健机构、文化和体育设施等；③制度保障机构：如公安、政法和城市建设规划与管理部门等。基础设施水平随经济和技术的发展而不断提高，种类不断增多，服务更加完善[1]。

2）城市建设用地

城市建设用地指城市和县人民政府所在地镇内的土地，按照土地使用的主要性质进行划分和归类。其分类在总体结构上通常分为大类、中类和小类。结合2023年自然资源部印发的《国土空间调查、规划、用途管制、用地用海分类指南》内容，城市建设涉及的用地一级类主要包括：07 居住用地、08 公共管理与公共服务用地、09 商业服务业设施用地、10 工矿用地、11 仓储用地、12 交通运输用地、13 公用设施用地、14 绿地与开敞空间用地、15 特殊用地等。

---

1. 张洋海，尹兰香. 城市基础设施建设融资问题探讨[J]. 财会通讯，2015（17）：118-119.

3.2.7　地下空间

1. 地下空间的概念

地下空间指相对于地表和上部空间而言，在岩层或土层中形成或经人工开发形成的空间，包括天然形成的地下空间和人工开发的地下空间。它不仅是国土空间重要组成部分，更是一项宝贵且不可再生的自然资源。地下空间由岩土、空气和水构成，具有明确的长度、宽度和高度，从大地水平面以下一直延伸到地心，虽然理论上范围接近无限，但实际在城市规划中，我们主要关注的是城市规划区内的地下空间。这部分地下空间经过合理规划和开发，可以为生活生产、储存、军事等提供重要支持，是城市可持续发展的重要组成部分。因此，地下空间的合理利用和保护，对于城市的未来发展具有重大意义。

2. 地下空间的构成

1）基于地下空间设施

地下空间作为城市的重要组成部分，其构成丰富多元。各类地下空间设施在保障城市正常运转、提高防灾减灾能力等方面发挥着至关重要的作用。地下空间的主要设施有四种：①地下交通设施，如地铁、地下停车场和地下通道等，有效缓解了地面交通压力，提高了城市交通效率；②地下市政公用设施，如供水、供电、排水和通信管线等，为城市的正常运行提供了坚实的基础；③地下公共管理与公共服务设施，如图书馆、博物馆和体育馆等，为市民提供了便捷、舒适的公共服务空间；④地下防灾设施，如人民防空工程和应急避难所等，则为城市的安全提供了重要保障。这些设施的合理规划和建设，共同构成了一个功能完善、结构合理的地下空间设施系统。

2）基于地下空间竖向管控

地下空间的竖向管控是实现资源分层开发和可持续利用的关键。基于地下空间竖向管控的地下空间构成，是一个多层次、立体化的系统。从浅层到深层，不同层次的地下空间具有不同的功能和利用价值。浅层地下空间主要用于市政设施、商业设施和交通设施的建设。中层地下空间更多地用于交通、停车和市政设施的拓展。深层地下空间则应审慎利用，主要用于资源能源储备、大型物流通道和专用防灾设施的建设。大深度地下空间被视为战略资源，需要进行长期保护和规划。通过竖向管控，可以确保地下空间资源的合理利用和可持续发展。

3）基于地下空间开发强度

地下空间的开发强度受到多种因素的影响，包括地质条件、水文条件、城市规划以及经济技术条件等。在规划地下空间时，需要综合考虑与地面空间的融合与互补，合理划分开发强度区域。基于开发强度，地下空间可由三类建设区构成。一级重点建设区通常位于城市的中心区域，是城市商务、商业和交通的核心地带，地下空间的开发强度较高，主要用于建设大型商业设施、交通枢纽和市政设施等；二级重点建设区位于城市的重要节点和扩展区域，地下空间的开发强度适中，主要用于满足区域性的交通、商业和公共服务需求；一般建设区位于城市的边缘地带或郊区，地下空间的开发强度较低，主要用于满足基本的市政和防灾需求。这种区域划分有助于实现地下空间的科学规划和合理利用，促进城市的可持续发展。

3.3 国土空间的使用及管理

3.3.1 国土空间保护及其管理

1. 国土空间保护及其管理定义

国土空间保护是指对承担生态安全、粮食安全、资源安全等国家安全的地域空间进行管护的活动[1]，是在一定历史条件下，从保障国土环境或满足社会需要出发，以一定的政策、法律和经济手段，对某些区域或地块所采取的限制和保护措施。

2. 国土空间保护及其管理任务

国土空间保护及其管理主要有以下三个任务。

划定基本农田保护区，从严控制耕地流失。 大规模建设旱涝保收高标准基本农田，实现对耕地数量、质量和生态的全面管护，并落实地方政府耕地保护责任，完善地方耕地保护目标责任考核机制，为国家粮食安全提供基础保障。

健全节地指标体系，盘活低效用地。 坚持最严格的节约用地制度，拓展建设用地新空间。完善节约集约用地标准，充分挖掘存量土地潜力，强化用地需求侧管理，抑制不合理的用地需求。改革土地计划管理方式，改进土地供给模式，盘活土地资源，打通土地要素流转渠道，增强土地管理灵活性。

---

1. 自然资源部办公厅. 自然资源部办公厅关于印发《省级国土空间规划编制指南》（试行）的通知［EB/OL］.（2020-01-17）［2024-05-15］.https: //gi.mnr.gov.cn/202001/t20200120_2498397.html.

衔接国土空间规划，健全国土空间开发保护制度。强化山水林田湖草综合整治，推进生命共同体建设，统筹国土开发、利用、保护、整治，为国家发展规划实施提供空间保障。实现国土空间开发保护更高质量、更有效率、更公平、更可持续。

3.3.2 国土空间开发及其管理

1. 国土空间开发及其管理定义

国土空间开发及其管理是指进行以城镇建设、农业生产和工业生产等为主的国土空间开发活动，同时运用行政、经济、法律、科学技术等手段对影响国土空间的各种行为进行调整。

2. 国土空间开发及其管理任务

国土空间开发及其管理主要有以下两个任务。

提高国土开发的质量。提高国土开发的质量必须坚持人口资源环境相均衡的发展思路，加快构建绿色低碳发展方式。一方面，将绿色发展理念贯穿三大产业，加快农业绿色发展、推进工业绿色升级、提高服务业绿色发展水平、发展壮大绿色环保产业和构建绿色供应链；另一方面，以资源环境承载能力为基础，推动绿色发展对城乡经济体系的全面覆盖，鼓励各地根据自身自然禀赋、发展现状、功能定位等实际情况，科学制定发展战略，增强城乡空间承载能力。

确保国土开发与国土保护相互关联、相互促进、相互支撑。国土空间规划在国土空间治理和可持续发展中起着基础性、战略性的引领作用，是明确不同区域发展定位和功能属性的根本工具。党的十八大以来，为有效破解不同发展规划相互"打架"的现象，党中央已明确要求建立"多规合一"的国土空间规划体系。针对促进开发国土与保护国土相互支撑的要求，"多规合一"的国土空间规划体系在理念上应坚持全国一盘棋的整体架构，在导向上应充分体现不同区域的不同利益诉求，在思路上应落实全域全要素管控制度。

3.3.3 国土空间利用及其管理

1. 国土空间利用及其管理定义

国土空间利用是指根据国土空间特点开展的长期性或周期性使用和管理活动，

是国家按照预定的目标和系统运行的自然、经济规律，对国土空间的开发、利用、整治和保护所进行的计划、组织、控制等工作的总称。

2. 国土空间利用及其管理任务

国土空间利用及其管理主要有以下两个任务。

强化国土空间区际协调： 强化区域协调发展，提出广域空间和重点地区协调发展要求和措施，包括重点地区产业协同发展、基础设施共建共享、跨区域生态廊道共治共保、资源能源统筹利用等；建立纵向传递和横向传导的管控机制，提出与各专项规划相衔接的管控要求，明确城镇体系结构和中心城市等级体系，提出下层次规划编制指引要求；划分中心城、新城、产业集聚区、重点镇、一般镇等功能分区，确定各级各类城市规模和结构。

制定规划实施保障政策： 优化主体功能区划，根据不同主体功能定位，制定差异的指标体系、配套政策和考核机制；提出国土空间开发保护的政策体系，提出促进乡村发展和激发乡村活力的规划政策指引；明确三条控制线在下层次规划中的划定任务，细化三条控制线管控、转换和准入规则，实现分级分类管理；探索建立以土地为基础的自然资源产权制度；建立国土空间基础信息平台，完善规划实施动态监测和评估机制，健全国土空间变化监测体系，完善监测指标和网络，对规划实施情况进行监测评估和定期调整。

3.3.4　国土空间修复及其管理

1. 国土空间修复及其管理定义

国土空间修复指遵循生态系统演替规律和内在机理，基于自然地理格局，适应气候变化趋势，依据国土空间规划，对生态功能退化、生态系统受损、空间格局失衡、自然资源开发利用不合理的生态、农业、城镇国土空间，统筹和科学开展山水林田湖草沙一体化保护修复的活动。国土空间修复是维护国家与区域生态安全、强化农田生态功能、提升城市生态品质的重要举措，是提升生态系统质量和稳定性、增强生态系统固碳能力、助力国土空间格局优化、提供优良生态产品的重要途径，是加快建设人与自然和谐共生的现代化的重要支撑[1]。

---

1. 孙俊华. 关于县级国土空间生态修复规划编制的探讨——以大同市云冈区为例［J］. 华北自然资源，2023（5）：132-134.

2. 国土空间修复及其管理任务

国土空间修复及其管理主要有以下三个任务。

改善国土空间修复的硬环境： 从有利于生命共同体建设的角度，从强制性制度、选择性制度和引领性制度三个不同的维度，改善国土空间修复的公共行政、规划设计、权益保障、资金融通、工程建设、运营平台和赏罚制度等，改善有利于治理结构创新的实施机制，包括激励约束机制、监测评价机制、社会参与机制、学习创新机制等。

改善国土空间修复的软环境： 主要是指社会文化的改善，包括价值体系、道德标准、舆论环境和教育环境等。软环境改善的核心思想是生态文化，国土空间修复需要关怀全部生命和非生命，需要强化"绿水青山就是金山银山"的意义世界，需要内化尊重自然、顺应自然和保护自然的精神品质。在这一进程中，不仅需要传统文化，更需要建构文化传统。

建设国土空间修复市场体系： 培育修复市场主体，是国土空间修复由过去的单一政府推动为主转变为政府推动与市场驱动相结合的客观需要。近年来，修复领域市场化进程明显加快，市场主体不断壮大，但综合服务能力偏弱，加之执法监督不到位、政策机制不完善、市场不规范等原因，影响了市场主体的积极性，巨大的市场潜力未能得到有效释放。目前，国土空间生态修复市场体系仅处于起步探索阶段，需要针对不同类型的国土空间生态损毁，推行市场化修复模式，构建市场化多元投融资体系。

3.3.5 国土空间整治及其管理

1. 国土空间整治及其管理定义

国土空间整治及其管理是指根据农业生态平衡原理和国民经济计划要求，对营业土地进行考察、规划、开发、利用、改良、治理、保护等措施的总称。科学地对农业土地进行整治，有利于合理开发利用农业土地资源，提高土地利用度，保持生态平衡，防止水土流失、土壤沙化和碱化等现象发生。

2. 国土空间整治及其管理任务

国土空间整治及其管理主要有以下四个任务。

农用地综合整治要适应发展现代农业和适度规模经营的需要，以耕地保护为重点，统筹推进农田基础设施建设、耕地提质改造、低效林草地和园地整治、污染土壤修复等，集中连片改良提升农田，增加耕地数量，提高耕地质量，改善农田生态，传承农耕文化[1]；整治区内建设占用耕地的，要开展耕作层土壤剥离利用，提升复垦耕地、新增耕地、中低产田质量。

矿山地质环境整治要加强露天矿山综合整治和历史遗留损毁土地复垦，推进绿色矿山建设，在资源富集、矿山分布集中地区建设绿色矿业发展示范区；加强地质灾害防治，推进地质灾害综合治理和避险移民搬迁工程，规范农民建房管理，减少地质灾害威胁。

乡村国土绿化美化应加强乡村原生植被和古树名木保护，建设乡村公共绿地、小微湿地和微景观，改善乡村自然生态；鼓励发展庭院经济、林下经济、森林旅游和森林康养等新兴产业，培育农村发展新动能；大力推进荒山造林，对乡村裸露山体、采石取土创面等进行绿化美化；在不突破耕地保有量的前提下，稳步实施退耕还林还草、退田还湖还湿，修复还原自然生态[2]。

农村环境整治和生态保护修复要全面开展农村治危拆违、"厕所革命"、污水治理、垃圾无害化处理，建设"四好农村路"，改善农村人居环境；大力实施山水林田湖草沙一体化生态保护修复工程；加强水环境治理和湿地保护修复，实施生态清洁小流域建设，消除黑臭水体；加强生物多样性保护，建设动物迁徙廊道和生态栖息地；推进水土流失综合治理，增强水土保持能力。

关键术语

国土空间、国土空间资源、国土空间保护、国土空间开发、国土空间利用、国土空间修复、国土空间整治

思考题

1. 阐述国土空间的定义。
2. 国土空间由哪几类空间构成？
3. 农业农村环境有哪些特征？
4. 农村环境整治和生态保护修复的主要工作内容有哪些？
5. 国土空间使用与管理分为哪几个部分，各部分的任务是什么？

---

1. 李倩，胡志喜，杨帆. 打造新时代国土空间治理荆楚样本——以国土空间格局优化和生态保护修复为核心，湖北启动全域国土综合整治［J］. 资源导刊，2019（12）：54-55.
2. 四川省人民政府. 四川省人民政府办公厅关于推进全域土地综合整治试点工作的通知［EB/OL］.（2020-01-17）［2024-05-15］.https://www.sc.gov.cn/10462/c103046/2020/9/1/4b75f32f40cc4462a4e3f4e864e76450.shtml.

参考文献

[1] 中国社会科学院语言研究所词典编辑室.现代汉语词典[M].5版.北京:商务印书馆,2005.
[2] 胡志丁,葛岳静,徐建伟,等.空间与经济地理学理论构建[J].地理科学进展,2012,31(6):676-685.
[3] 王晓磊.社会空间论[D].武汉:华中科技大学,2010.
[4] 亨利·勒菲弗.空间与政治[M].上海:上海人民出版社,2008.
[5] 王孟翰,刘兆德.城市空间分析视角下的乳山空间发展及影响因素[C]//中国城市规划学会,杭州市人民政府.共享与品质——2018中国城市规划年会论文集(16区域规划与城市经济).北京:中国建筑工业出版社,2018:12.
[6] 赵纯昌.论时间与空间的社会性[J].北方论丛,1995(2):35-37.
[7] 袁方.社会研究方法教程[M].北京:北京大学出版社,2011:64-66.
[8] 祝光耀,张塞.生态文明建设大辞典[M].南昌:江西科学技术出版社,2016.
[9] 冯广京,王睿,谢莹.国家治理视域下国土空间概念内涵[J].中国土地科学,2021,35(5):8-16.
[10] 封吉昌.国土资源实用词典[M].武汉:中国地质大学出版社有限责任公司.2011
[11] 孙施文.国土空间规划的知识基础及其结构[J].城市规划学刊,2020(6):11-18.
[12] 匡文慧.新时代国土空间格局变化和美丽愿景规划实施的若干问题探讨[J].资源科学,2019,41(1):23-32.
[13] 邓祥征.国土空间优化利用:理论、方法与实践[M].北京:科学出版社,2021.
[14] 赵松乔.中国综合自然地理区划的一个新方案[J].地理学报,1983(1):1-10.
[15] 陆大道.地理国情与国家战略[J].地球科学进展,2020,35(3):221-230.
[16] 邓绶林,刘文彰.地学辞典[M].石家庄:河北教育出版社.1992:1055.
[17] 王健宇,程家乐,陈献天,等.建成环境对交通安全的影响及优化策略[J].规划师,2023,39(9):47-55.
[18] 傅幸之,桑劲,矫鸿博.基于海洋空间特征的海洋空间规划技术路径[J].中国土地,2020(1):29-32.
[19] 张洋海,尹兰香.城市基础设施建设融资问题探讨[J].财会通讯,2015(17):118-119.

第 4 章

国土空间规划的概念及内涵

■ **教学要求**

了解多规融合的背景和发展脉络,熟悉国土空间规划与其他相关规划的联系;掌握国土空间规划的核心概念及其对象、主体;掌握国土空间规划的概念、作用和特性,深入了解国土空间规划的基本任务和目标,熟悉国土空间规划在国家治理体系中的地位和作用以及在实践中的应用。

4.1 多规融合与国土空间规划的形成

4.1.1 多规融合的背景及必要性

1. 相关规划发展脉络

"多规"包括由各地政府原发改部门负责的国民经济与社会发展总体规划和主体功能区规划、原城乡规划管理部门负责的城市总体规划、原国土资源管理部门负责的土地利用总体规划,以及由原环境保护部门负责的环境与生态保护规划,以及其他相关的城市空间规划。

我国现有的空间规划类型众多,如主体功能区规划、国土规划、土地利用规划、城乡规划、海洋功能区规划等(图 4-1);此外,还有如交通规划、水利规划、流域规划等诸多涉及空间利用的专项规划。各级各类空间规划在支撑城镇化快速发展、促进国土空间合理利用和有效保护方面发挥了积极作用,但由于规划类型过多,各类空间规划侧重点不同,以及技术标准不一、职责边界不清晰、内容重复、融合性较差和协调性缺失等问题，各类空间规划在编制和实施过程中存在冲突，阻碍了土地的高效利用。

2019年5月23日，中共中央、国务院印发的《中共中央 国务院关于建立国土空间规划体系并监督实施的若干意见》指出：建立国土空间规划体系并监督实施，将主体功能区规划、土地利用规划、城乡规划等空间规划融合为统一的国土空间规划，实现"多规合一"，强化国土空间规划对各专项规划的指导约束作用，是党中央、国务院作出的重大部署。

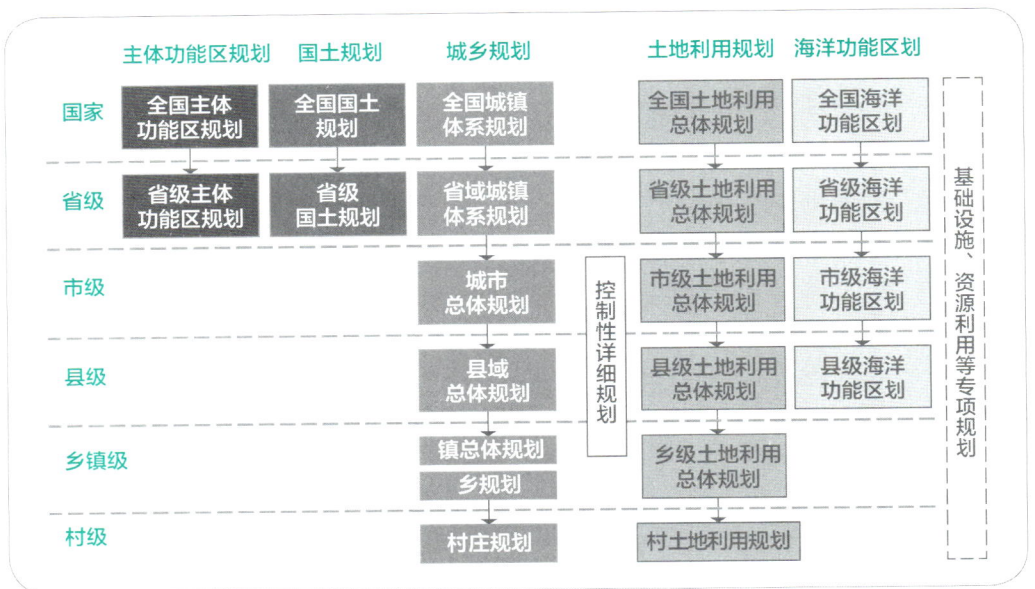

图4-1 我国原有主要空间性规划类型
资料来源：潘海霞，赵民. 国土空间规划体系构建历程、基本内涵及主要特点［J］. 城乡规划，2019（5）：4-10.

纵观我国"多规合一"发展历程，梳理其政策背景，结合实际推进状态，其发展进程可分为三个阶段：萌芽阶段、探索阶段和发展阶段。

1）**萌芽阶段**

2003年10月，中华人民共和国国家发展和改革委员会（下称"国家发改委"）启动包括苏州市、宜宾市、宁波市等城市在内的六个规划体制改革试点，将国民经济和社会发展规划、城市总体规划、土地利用规划这三个规划落实到一个共同的空间规划平台上。随后几年，上海市、广州市、武汉市等城市相继开展"两规合一""三规合一"，同时，部分城市进行了规划国土部门的合并。

2）**探索阶段**

2013年11月，空间规划体系纳入《中共中央关于全面深化改革若干重大问题的决定》。同年 12 月，习近平总书记在中央城镇化工作会议上进一步要求，积极推进市、县规划体制改革，探索能够实现"多规合一"的方式方法，实现一个市县一本规划、一张蓝图，并以这个为基础，把"一张蓝图"干到底。2014 年 8 月，国家发改委、国土资源部、环境保护部、住房和城乡建设部四部委联合下发《关于开展市县"多规合一"试点工作的通知》，明确了开展试点的主要任务及措施，并提出在全国 28 个市县开展"多规合一"试点。同年中共中央、国务院印发的《国家新型城镇化规划（2014—2020 年）》明确提出了要推动有条件地区的经济社会发展总体规划、城乡规划、土地利用规划和生态环境规划的"多规合一"，各地也逐渐开始了"多规合一"的实践与应用，将全国"多规合一"实践工作推向了高潮，使各个规划能够相互协调一致、统一管理并统一实施。2015 年，海南成为全国第一个"多规合一"试点改革省，在试点阶段取得了重大成果。2016 年，国家召开了多次会议，相继出台了多项涉及空间规划体制改革和"多规合一"的政策文件，尤其是 2016 年 12 月中共中央办公厅、国务院办公厅出台的《省级空间规划试点方案》，将"多规合一"工作推向了更深和更高层面。国家"十三五"规划还规定，要在主要功能区域的基础上，协调不同类型的空间规划，以促进"多规合一"建设。

3）发展阶段

2018 年，国务院《深化党和国家机构改革方案》指出，组建自然资源部，统一行使全民所有自然资源资产所有者的职责，统一行使所有国土空间用途管制和生态保护修复职责，这项改革促进了"多规合一"的发展和演变。2019 年 5 月，中共中央、国务院发布了《中共中央 国务院关于建立国土空间规划体系并监督实施的若干意见》，将主体功能区规划、土地利用规划、城乡规划等空间规划融合为统一的国土空间规划，实现"多规合一"，并强化国土空间规划对各专项规划的指导约束作用。这是中央的重大部署，体现了"一个问题原则上由一个部门负责"的机构改革思路。2019 年，《自然资源部关于全面开展国土空间规划工作的通知》指出，"各级自然资源主管部门要将思想和行动统一到党中央的决策部署上来，按照《若干意见》要求，主动履职尽责，建立'多规合一'的国土空间规划体系并监督实施"。[1]

随着国土空间规划体系顶层设计基本形成，2022 年我国首部"多规合一"的国家级国土空间规划《全国国土空间规划纲要（2021—2035 年）》印发实施。地方各

---

1. 自然资源部，《自然资源部关于全面开展国土空间规划工作的通知》，2019。

级总体规划、详细规划和专项规划编制统筹推进，全国国土空间规划取得决定性进展，形成法定化的国土空间开发保护蓝图。至此，倡导多年的"多规合一"的全国统一、权责清晰、科学高效的国土空间规划体系总体形成。

2. 多规融合的必要性

"多规合一"的国土空间规划，明确了"五级三类"的国土空间规划体系。在纵向上，通过国家、省、市、县和乡镇五级规划，层层传导国家意志，保障国家重大战略落实落地；在横向上，加强总体规划、详细规划、相关专项规划的协调衔接，以详细规划落实总体规划，以总体规划对专项规划进行指导和约束，以城市设计、乡村营造、大数据等手段提高规划水平，从而实现每一块土地都纳入空间规划管控，每一寸土地都规划得清清楚楚，进而形成生产空间集约高效、生活空间宜居、生态空间山清水秀、安全和谐、富有竞争力和可持续发展的国土空间格局。

多规融合的必要性体现在以下四个方面。

第一，多规融合是系统性解决空间问题的必要途径。构建"多规合一"的空间规划体系是在生态文明体制改革和新型城镇化背景下，提高空间资源配置效率、提升空间治理能力的战略要求。其重点不在于形式，而是要将现有规划整合为一个科学有序的有机整体，通过体系的构建实现"多规合一"。"一本规划"统一模式或"N本规划"协调模式孰优孰劣无法判断，都能够达到空间规划对空间资源作出安排的核心目标。如德国空间规划体系由联邦层面、州层面、地方层面三级构成，各层级分别编制一本综合规划，落实上位规划的战略指导要求，制定适合本层级空间使用的规划内容。日本则建立了国土规划和国土利用规划两套体系，在各行政主体并行开展规划编制，两本规划发挥不同的作用。归根结底，空间规划体系的构建需要建立在规划理论的探索、各级规划内容的确定、技术手段的完善等基础上完成。

第二，多规融合有利于汲取各规划的优势，打破部门利益藩篱，取长补短。不同类型的空间规划各具优势，主体功能区规划作为战略性、基础性和约束性规划，强调用政策性分区来发挥调控与引导作用，具有较强的现实意义。土地利用总体规划采用"自上而下"的编制程序，具有层层落实、技术成熟、管理规范和实施有力的特点，在对空间基础信息的掌握上具有优势。城乡规划是体系最为完善、管理最为规范、技术最为成熟、研究最为充分、公众与企业直接接触最多、实施措施相对有效的规划系列，但同时各规划弱点也比较明显，主体功能区规划在空间落地方面、支撑方面较弱，缺少实施手段，土地利用总体规划有调控但缺乏一定的综合性，建设部门的城乡规划空间属性强但政策抓手不足，以致各类规划都还不足以成为一个成熟的综合性空间规划。因此，真正要做到"多规合一"的空间规划，需要相关部门有开放的心态和相互合作的意识，打破部门利益藩篱，正视各类规划的优劣，在全面梳理现行各类规划的定位作用、核心内容、技术方法、管理手段等基础上，取长补短，形成系统、协调、高效的空间规划体系框架。

第三，多规融合是破解规划冲突，提高行政审批效率的重要手段。城市规划、土地利用规划与产业发展规划等各类规划在城乡发展中起着重要的引领和管控作用，具有重要的基础性地位。但是，由于不同规划间行政主管单位的不同和信息协调得不充分，导致各类规划之间衔接性不强，有时存在矛盾冲突、投资项目管理混乱和审批周期长、行政资源集约程度不高、项目建设成本增加等问题。这既影响经济社会健康发展，导致产业升级和用地供应矛盾突出，又使城市综合承载力与城市宜居质量、城市可持续发展矛盾突出，大城市病有向中等城市蔓延的风险；还有跨部门的行政审批制度、机制与流程，直接影响重大项目的论证和投产进度，不能满足当前我国经济运行和社会发展的市场需要。城市总体规划、土地利用规划与产业发展规划的矛盾直接导致土地和产业等不能有效衔接。现行规划管理体制下，各类规划之间的冲突与矛盾已经严重制约经济社会的发展。习近平总书记在2013年中央城镇化工作会议上提出："建立空间规划体系，推进规划体制改革，加快规划立法工作。"贯彻落实中央战略部署，从规划的编制、实施、管理和法规四个层面，全面推进"多规融合"和规划体制改革，是破解规划冲突，提高行政审批效率的必然要求。

第四，多规融合能够有效推进生态文明建设，提升空间治理能力。当前，我国经济社会已经进入转型发展"新常态"，面临资源约束趋紧、发展与人口资源环境之间矛盾日益突出等问题。从中国共产党第十八次全国代表大会，中国共产党第十八届中央委员会第三次全体会议、第四次全体会议和第五次全体会议，到2015年《生态文明体制改革总体方案》的出台，都强调要把生态文明建设放在突出的战略位置，优化国土空间格局。市场经济对资源配置起到决定性的作用，在这一背景形势下，要做好生态文明建设，就必须要充分发挥好政府作用，通过划定"底线"，将各种开发建设行为限定在一定的范围内，坚持绿色发展和加强自然资源监管，实现政府空间治理变被动应付为主动管理，切实提升政府空间治理能力和水平。

4.1.2 国土空间规划的形成

1. 国土空间规划的提出

2018年，习近平总书记在深入推动长江经济带发展座谈会上明确提出，要在开展资源环境承载能力和国土空间开发适宜性"双评价"的基础上，抓紧完成长江经济带"生态保护红线、永久基本农田、城镇开发边界""三条控制线"的划定工作，建立健全国土空间管控机制。2019年1月，自然资源部召开了"各省市国土空间编制前期工作座谈会"，并下发了作为编制地方性国土空间规划的相关指导文件，随后，各省（自治区、直辖市）、市及至各县、乡镇、村以上述文件为指导，按照"多规合一""一张蓝图干到底"的要求，有序全面系统地开展各级各类地方性国土空间规划编制工作。2019年5月，自然资源部印发《自然资源部关于全面开展国土空间规划工作的通知》（自然资发〔2019〕87号），全面启动国土空间规划编制审批和实施管理工作，要求各地尽快完成"双评价"工作，结合主体功能区划分，科学评估既有的"三条控制线"。2019年5月23日，《中共中央 国务院关于建立国土空间规划体系并监督实施的若干意见》指出，将主体功能区规划、土地利用规划、城乡规划等空间规划，融合为统一的国土空间规划，实现"多规合一"，结束原先"政出多门"的局面，从体系上统一了规划内容。同年10月，中共中央办公厅、国务院办公厅印发《关于在国土空间规划中统筹划定落实三条控制线的指导意见》，明确落实最严格的生态环境保护、耕地保护和节约用地制度，将"三条控制线"作为经济社会发展不可逾越的红线，进一步强调国土空间规划的底线约束作用。2020年1月，自然资源部发布《资源环境承载能力和国土空间开发适宜性评价指南（试行）》，为各地进行"双评价"提供明确的技术应用标准。2022年，随着《全国国土空间规划纲要（2021—2035年）》印发实施，地方各级总体规划、详细规划和专项规划编制统筹推进，"五级三类"国土空间规划取得决定性进展，形成法定化的国土空间开发保护蓝图，"多规合一"国土空间规划体系总体形成。

2. 国土空间规划的相关实践

国土空间规划经过几年的实践探索，体现出以下四个特点。

1）目标上，坚决落实总体规划，构建严谨闭环的传导体系

过去城乡规划编制也研究发展战略，但往往是从特定的城市和地区出发来设想各自的战略，缺少上下层次的贯通，甚至出现为了城市自身的发展而去谋划区域甚

至国家战略，从而导致同一地区的不同城市所谋划的区域或国家战略并不一致，甚至有矛盾，直接导致城市之间、城市与区域之间以及区域之间无法真正协同行动。国土空间规划体系就是要将国家战略层层传导、分解落实，使所有的行动统一到国家战略的实施上。国土空间规划统合了"三规"，"三规"中常用的传导和管控方式也都归并进了国土空间规划之中，所以在国土空间规划工作中，多种传导方式、多种管控方式在同一个平台上发挥作用。

全国首个国土空间规划编制技术规范《省级国土空间规划编制技术规程》于2024年1月1日起实施。《省级国土空间规划编制技术规程》深入落实党中央、国务院关于"多规合一"的决策部署，参考借鉴了省级空间规划试点成果，总结吸收了"多规合一"的省级国土空间规划编制实践经验，统筹落实区域重大战略，区域协调发展战略，主体功能区战略，新型城镇化战略，乡村振兴战略，加强区域、流域、城乡、陆海统筹协调，促进城乡融合，解决国土空间的突出矛盾冲突，形成主体功能约束有效、国土开发有序的空间格局。

2）技术上，依托国土空间规划"一张图"，推动全程在线管理

在国土空间规划编制过程中，同步构建上下贯通、一个标准、一个体系、一个接口、一张底图、数据共享的信息平台，实现"一个平台"；在同一个信息平台的基础上，整合各类空间关联数据，包括各相关专项规划的主要空间数据，构建从国家到市、县的国土空间规划"一张图"，建设实施监督信息系统，形成覆盖全国、动态更新的"一张图"。同时，对相关专项规划建立"一张图"审核机制，强化国土空间规划对各专项规划的指导和约束作用。只有实现真正意义上的"多规合一"，才有望解决各类空间规划重复、矛盾的问题，并为"一张蓝图干到底"提供基础性保障。

以广东省国土空间规划为例，通过建设国土空间规划"一张图"，建成纵向贯通、横向协同的国土空间基础信息平台，推动"多规合一"业务协同形成全省国土空间规划"一张图"；并通过健全实施监督机制，统筹建设全省国土空间规划"一张图"实施监督信息系统，实现国土空间规划审批、实施、监测、评估和预警全过程管理，形成"一年一体检、五年一评估"常态化机制（图4-2）。

3）方法上，推动规划方法变革，促进规划向实施治理整体转型

国土空间规划在自然资源配置和空间布局上发挥战略统领和刚性控制作用，强调底线约束，自上而下地编制五级总体规划，通过约束性指标、"三条控制线"等管控边界和刚性控制要求，逐级落实国家战略，制定地方空间发展战略。在市、县和乡镇层面，要尊重地方发展权，推进现代化治理转型和事权匹配。面临新形势新

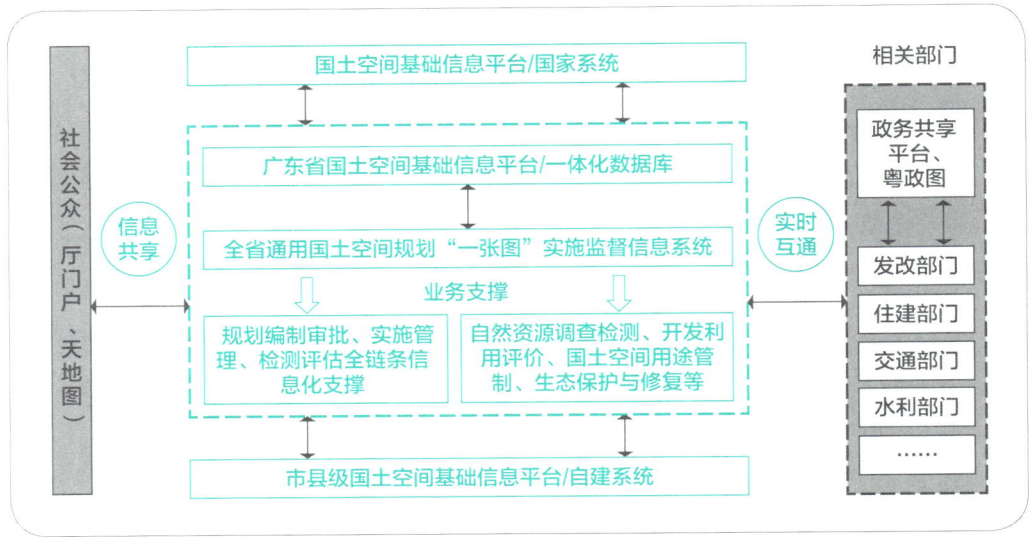

图 4-2 广东省国土空间基础信息平台
资料来源：广东省人民政府、自然资源部，《广东省国土空间规划（2020—2035 年）》（公众版），2021。

要求，推动详细规划改革势在必行，重点是深化"多规合一"改革要求，传导总体规划的目标指标，对接规划实施治理的需要。一些地方在促进详细规划向实施治理整体转型方面进行了有益的探索。

以上海市国土空间规划为例，上海统筹"总体—单元—详规"三个规划层次，通过"目标（指标）—策略—机制"的逻辑框架，将四条控制线、指标体系、城市设计"三位一体"的管控要素作为各级规划的编制内容和成果载体，结合空间规划体系逐级落实，最终依托详细规划编制与土地出让和建设管理相衔接。该规划体系通过以下三个方面来实施。计划方面，严格国土空间用途管制，将空间的管控和服务并举，整合各类用途管制依据，优化用途转用审批、许可程序；项目方面，在"一张蓝图"基础上建设"多规合一"业务协同平台和项目实施库，提升项目生成的质量和效率（图 4-3）；标准方面，鼓励各地制定地方性"多规合一"规划标准。

由于我国幅员辽阔，地方发展差异较大，因此，各地应该依据自身发展特点，推动详细规划向全域全要素和向实施治理全面转型，深入落实《全国国土空间规划纲要（2021—2035 年）》要求，有效发挥详细规划上承国土空间总体规划、下接实施治理的关键作用。详细规划作为"多规合一"改革的关键，不仅是继承更是开拓。

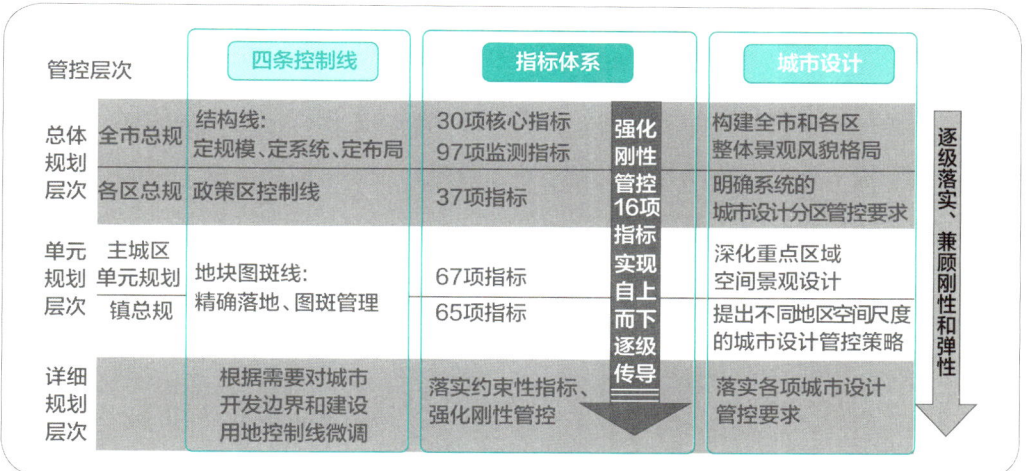

图 4-3　上海市国土空间管控层次
资料来源：上海市规划和自然资源局，《上海市国土空间近期规划（2021—2025 年）》（征询意见稿）（根据文献内容改绘）。

4.2 国土空间规划的概念

4.2.1 国土空间规划的对象

"国土空间规划"中的"国土"是指规划范围，即覆盖国家全域的领土，是国家社会经济发展的物质基础和资源，是国民生存和从事各种活动的场所和环境；"空间"是指承载"生态、生产和生活"的土地及其上下空间的各个层级；"规划"是指对未来社会经济文化的健康可持续发展的空间布局进行预设和安排。相较于传统空间规划，国土空间规划是对各类空间使用变化的管控，其核心是协调和解决空间竞争问题，其知识的基础是空间要素与使用方式相统一条件下的各类活动之间的综合协调，政策目标、各类空间使用活动之间的关系逻辑、综合评估、社会组织协调过程等。

国土空间规划强调了规划对象具有国土空间所具有的领土和主权属性，覆盖城市、乡村、海洋以及"山水林田湖草"等国土空间各类要素，包括各行政层级的总体规划和与有关行政层级总体规划相对应的详细规划。因此，国土空间规划的对象是不同尺度的国土空间，即国家、省、市、县、乡镇五级国土空间，对应我国行政管理的纵向治理体系。

4.2.2　国土空间规划的主体

规划是有组织的行为，这里的"组织"即规划的主体。国土空间规划作为一个特定的规划类型，一定存在着特定的主体和客体。客体即对象，国土空间规划的客体是国土空间资源。国土空间作为一切自然资源存在、经济社会活动开展的物质载体，实际承载了中央政府、地方政府、市场、社会、个人等众多主体的不同利益诉求，因而同时具有了自然资源属性、资产与资本属性、人文社会属性等多重价值属性。国土空间规划的主体包括以下三种。

1. 政府

《中共中央　国务院关于建立国土空间规划体系并监督实施的若干意见》中第十九条明确规定，国土空间规划的主体是各级人民政府，上自国务院，下至乡镇人民政府，分层分级行使国土空间规划的主体权力和落实责任。各级人民政府授权其自然资源和规划行政管理部门负责国土空间规划编制和实施管理工作。

国土空间规划建立的"五级三类"体系中，"五级"即对应我国行政管理的纵向治理体系，自上而下编制国家、省、市、县和乡镇五级国土空间规划，并根据需要编制相关专项规划，编制深度和要求各不相同。各级各类编制内容有所侧重，编制审批主体也有所差异（表 4-1）。

表 4-1　国土空间规划编制与审批主体

规划层级	编制主体	审批主体
全国国土空间规划	自然资源部会同相关部门组织编制	由党中央、国务院审定后印发
省级国土空间规划	省级政府组织编制	经同级人大常委会审议后报国务院审批
须报国务院审批的市级国土空间总体规划	由市政府组织编制	由省级政府报国务院审批
其他市县及乡镇级国土空间规划	各地因地制宜，将市县与乡镇国土空间规划合并编制，也可以几个乡镇为单位编制	由上一级人民政府审批

资料来源：作者自绘

2. 市场

2020 年 5 月《中共中央　国务院关于新时代加快完善社会主义市场经济体制的意见》中明确提出"坚持正确处理政府和市场关系。坚持社会主义市场经济改革方向，更加尊重市场经济一般规律，最大限度减少政府对市场资源的直接配置和对微观经济活动的直接干预，充分发挥市场在资源配置中的决定性作用，更好发挥政府作用，有效弥补市场失灵。"

国土空间规划深化了对规划与市场关系的认识，准确把握规划功能定位、合理建构新时代国土空间规划体系。国土空间资源的配置离不开市场主体的参与，既包括国有市场主体，更包括民营市场主体，在社会主义市场经济体制下，离开了市场主体的参与，国土空间规划的编制和实施几乎是不可能完成的。所以国土空间规划的编制与实施必须在充分了解和把握市场运行的基本规律的基础上进行，既要通过"看得见的手"，即政府干预进行宏观调控，也要通过"看不见的手"，即市场之手来提高国土空间资源配置的效率。

3. 社会

这里的"社会"，既包括公民个体，也包括社会团体，还包括非政府组织。新时代国土空间规划的使命是为解决"人民日益增长的美好生活需要和不平衡不充分的发展之间的矛盾"服务的，以人为本成为新时代国土空间规划的核心理念。为弥补政府的局限和市场的缺陷，社会力量必须参与到政府的决策和执行过程中来，通过沟通和协商，达成多方利益的平衡。

西方发达国家的空间规划自1960年中期以来经历了从辩护倡导、沟通交流，到合作主导、全权自治的发展过程，公众参与在西方社会中成为城市规划的重要内容。随着中国改革开放的深入，封闭的计划经济开始向开放的市场经济转型，城市规划需对各种利益关系进行协调。在此背景下，"公众参与"的概念开始从西方国家引入到我国，城乡规划、土地规划、环境规划等传统规划均在各自领域内形成了具有自身规划特性的公众参与体系。

自2018年以来，在"多规合一"的背景下，既有的城乡规划、土地规划、环境规划均被整合进入国土空间规划的"五级三类四体系"的框架。然而，囿于既有"三规"的公众参与限度不同，各规划间存在明显的权力让渡多寡、参与途径与方式等的差别。因此，结合国土空间规划现行的制度背景重构其公众参与体系势在必行。当下中国的国土空间发展进入了资源优化配置、空间环境品质提升的新时代，必然会发生对空间资源资产利益的调整，导致层出不穷的空间利益冲突，只有社会公众直接参与到空间规划过程中来，才能破解利益平衡的难题，实现国土空间资源配置的公平正义。

通过以上讨论，我们应该认识到，国土空间规划编制与实施应形成政府、市场、社会共同参与的多主体协同机制，政府在组织编制、实施国土空间规划过程中，应该充分吸收市场主体和社会公众的广泛参与。

4.3 国土空间规划的基本内涵

4.3.1 国土空间规划的作用

国土空间规划体系的构建是生态文明建设的需要，即通过对空间资源的约束，去"倒逼"发展方式的转型；是高质量发展和高品质生活的需要，即通过发展方式转变，提高资源投入产出效益，实现更高质量、更可持续的发展，强调以人为本，在尊重自然、与自然和谐共生的基础上，为人提供更高品质的生活供给和生态产品，包括清新的空气、清洁的水源、舒适的环境、宜人的气候等；是提高治理水平的需要，即在时间维度对空间进行治理管控，及时调整和解决发展过程中人口、资源、环境、经济等方面不平衡、不匹配的问题。国土空间规划的作用主要体现在以下三个方面。

1. 国土空间规划是推进生态文明建设的关键举措

改革开放以来，我国社会经济快速发展并取得了巨大的成就，但扩张型、粗放式、唯增长论的发展方式造成了生态系统退化、环境污染严重、资源能源约束趋紧的严峻局面，直接关系到人民福祉和民族未来生存和发展。因此，生态文明建设成为我国新时代建设和发展的战略性任务。自党的十八大以来，以习近平同志为核心的党中央站在战略和全局的高度，将生态文明建设纳入中国特色社会主义事业的总体布局，为努力建设美丽中国、实现中华民族永续发展指明了前进方向和实现路径。国土空间规划就是作为生态文明建设的关键举措而提出的，并在《生态文明体制改革总体方案》中作为一项重要的制度建设内容予以明确。《中共中央　国务院关于建立国土空间规划体系并监督实施的若干意见》提出，国土空间规划"是加快形成绿色生产方式和生活方式、推进生态文明建设、建设美丽中国的关键举措。"

国土空间规划工作通过整体谋划新时代国土空间开发保护格局，对国土空间这一稀缺资源在多种使用可能之间进行配置，并且通过对各类开发保护建设活动的空间管制来实现国家发展战略。生态文明建设的要求应当成为国土空间规划工作的核心价值观，并在此基础上建立一整套的评价标准和操作规则，从而发挥国土空间规划在国家生态文明建设中的基础性作用。国土空间规划要坚持生态优先、绿色发展，尊重自然规律、经济规律、社会规律和城乡发展规律，因地制宜开展规划编制工作；坚持节约优先、保护优先、自然恢复为主的方针，在资源环境承载能力和国土空间开发适宜性评价的基础上，科学有序统筹布局生态、农业、城镇等功能空间，划定生态红线、永久基本农田、城镇开发边界等空间管控边界以及各类海域保护线。强化底线约束，为可持续发展预留空间，要坚持"山水林田湖草"生命共同体理念，加强生态环境分区管制，量水而行，保护生态屏障，构建生态廊道和生态网络，推进生态系统保护和修复，依法开展环境影响评价；按照生态功能划定生态保护红线，优先将具有重要水源涵养、生物多样性维护、水土保持、防风固沙、海岸防护等功能的生态功能极重要区域，以及生态极敏感脆弱的水土流失、沙漠化、石漠化、海岸侵蚀等区域划入生态保护红线。

2. 国土空间规划是实现高质量发展和高品质生活的重要手段

中国特色社会主义进入了新时代，推动高质量发展既是保持经济持续健康发展的必然要求，也是适应我国社会主要矛盾变化和全面建成小康社会、全面建设社会主义现代化国家的必然要求。进入新时代，要把高质量发展同满足人民美好生活需要紧密结合起来，要始终把最广大人民群众的根本利益放在心上，践行以人民为中心的发展思想，不断满足群众日益增长的物质和精神需要；着力解决群众反映突出、社会普遍关注的重点难点问题。为顺应人民群众对高品质生活的期待，国土空间规划注重统筹城乡的生产生活生态需求，以社区为基本单元，优化城市的服务功能和空间结构，构建宜居、宜业、宜游、宜学、宜养的便民生活圈，通过城市"细胞疗法"促进"城市病"的治理，提升人民群众的获得感、幸福感和安全感。

国土空间规划是坚持以人民为中心，实现高质量发展和高品质生活、建设美好家园的重要手段。国土空间规划要"综合考虑人口分布、经济布局、国土利用、生态环境保护等因素，科学布局生产空间、生活空间、生态空间""坚持陆海统筹、区域协调、城乡融合，优化国土空间结构和布局，统筹地上地下空间综合利用，着力完善交通、水利等基础设施和公共服务设施，延续历史文脉，加强风貌管控，突出地域特色。坚持上下结合、社会协同，完善公众参与制度，发挥不同领域专家的作用。运用城市设计、乡村营造、大数据等手段，改进规划方法，提高规编制水平。"新时代国土空间规划的编制要体现高质量发展和高品质生活的价值导向，按照高质量发展和高品质生活要求，做好国土空间规划顶层设计，发挥国土空间规划在国家规划体系中的基础性作用，为国家发展规划落地实施提供空间保障；健全国土空间开发保护制度，体现战略性、提高科学性、强化权威性、加强协调性、注重操作性，实现国土空间开发保护更高质量、更有效率、更加公平、更可持续的目标。

3. 国土空间规划是促进国家治理体系和治理能力现代化的必然要求

党的二十大报告指出，未来五年是全面建设社会主义现代化国家开局起步的关键时期，并提出国家治理体系和治理能力现代化深入推进，社会主义市场经济体制更加完善，更高水平开放型经济新体制基本形成等主要目标任务。国家治理体系和治理能力现代化的实质是国家治理体系制度化、法治化、规范化、程序化，从而不断提高国家治理的执行力和效能，改变我国现代治理体制和公共政策中碎片化、短期行为、政出多门、部门主义和地方主义，以及由此带来的治理成本高、效率低、矛盾多的弊端。

这种现象在空间治理方面同样存在，正如《若干意见》所指出的那样，"各级各类空间规划在支撑城镇化快速发展、促进国土空间合理利用和有效保护方面发挥了积极作用，但也存在规划类型过多、内容重叠冲突，审批流程复杂、周期过长，地方规划朝令夕改等问题"。国土空间承载着社会经济的各项活动，相互之间相互协同又相互作用，因此只有建立统一的规划体系才能保证各项活动的有序开展，从而更好地实现国家发展的战略目标。

国土空间规划是保障国家战略有效实施、促进国家治理体系和治理能力现代化、实现"两个一百年"奋斗目标和中华民族伟大复兴中国梦的必然要求。建立国土空间规划体系并监督实施，承载着不断推进全面深化改革目标实现的重大职责。《若干意见》提出，到 2020 年，基本建立国土空间规划体系，逐步建立"多规合一"的规划编制审批体系、实施监督体系、法规政策体系和技术标准体系；基本完成市县以上各级国土空间总体规划编制，初步形成全国国土空间开发保护"一张图"。到 2025 年，健全国土空间规划法规政策和技术标准体系；全面实施国土空间监测预警和绩效考核机制；形成以国土空间规划为基础，以统一用途管制为手段的国土空间开发保护制度。到 2035 年，全面提升国土空间治理体系和治理能力现代化水平，基本形成生产空间集约高效、生活空间宜居适度、生态空间山清水秀，安全和谐、富有竞争力和可持续发展的国土空间格局。

规划的体系构建应将主体功能区规划、土地利用规划、城乡规划等空间规划融合为统一的国土空间规划，实现"多规合一"，并构建起以空间治理和空间结构优化为主要内容，全国统一、相互衔接、分级管理的"五级三类"空间规划体系。规划的内容要全面落实党中央、国务院重大决策部署，体现国家意志和国家发展规划的战略性，自上而下编制各级国土空间规划，对空间发展作出战略性和系统性的安排，各层级的规划要明确规划约束性指标和刚性管控要求，同时提出指导性要求；要发挥国土空间规划体系在国土空间开发保护中的战略引领和刚性管控作用，统领各类空间利用，按照"谁组织编制、谁负责实施"的原则，落实规划实施的主体责任，做到"一张蓝图干到底"。规划一经批复，任何部门和个人不得随意修改、违规变更，防止出现换一届党委和政府改一次规划。下级国土空间规划要服从上级国土空间规划，相关专项规划、详细规划要服从总体规划；各级政府要坚持先规划、后实施，不得违反国土空间规划进行各类开发建设活动。这些要求都进一步体现了国土空间规划是促进国家治理体系和治理能力现代化的必然要求。

4.3.2 国土空间规划的特性

1. 国土空间规划的综合性

国土空间是一个十分复杂的巨系统。从空间上来说，这体现为对全域全要素的管控，涉及各个部门、各项设施和各类物质要素；从时间上来说，城市的建设和发展是一个漫长而逐步演变的过程，城市资源的使用和开发建设行为、城市建设的发展和各种影响因素，都会直接和间接地反映到城市空间中来。国土空间规划在空间上通过合理布局、统筹安排和综合部署各项用地和建设，合理组织城市中各种要素，协调各方面的关系；在时间上，国土空间规划需要在保持历史、文化传统延续性的基础上，正确处理城市远期发展和近期建设的关系，安排好城市开发保护的步骤和时序。

就国土空间规划的对象而言，国土空间规划具有全域、全要素和全行动方略的特性。全域是指空间范围；全要素是指构成国土空间的各项要素，包括了"山水林田湖草沙"等自然要素以及城、镇、村等人工环境；全行动方略是指对国土空间构成要素的各类使用方式，即保护、开发、利用、修复、治理等。国土空间规划的对象不只是国土空间，也是国土空间的使用，例如对原始森林的保护，也是人类对自然环境的一种使用方式。国土空间规划的实质是对人类空间使用行为的组织和安排，是对全域范围内的各类空间组成要素的多种使用活动进行统筹安排，而不只是对各类自然要素或人工环境的空间划定。

因此，在国土空间规划中我们需要认识人与自然的生命共同体、自然要素中"山水林田湖草沙"生命共同体建立起的生态文明，建立与此相关联的生态效应的评价方法，以此来认识区域和这些要素之间的相互关系及其质量；针对不同要素的不同行为方式之间的相互关系、作用机制及其过程和产出，建立起全面权衡这些要素及其使用的价值观和方法，这样才有可能在规划过程中对这些要素的使用进行适宜的安排。人类对自然要素的使用必须遵从自然规律，对于城乡规划师而言，过去规划工作的对象是人为的建成环境，现在需要把自然条件和人为因素纳入到一个整体框架中进行思考和分析，不同自然要素的规模、位置、组合分布，在不同的地区存在显著差异，并不存在统一的配比和组合关系，这些都需要在具体场景中进行分析和评判。

2. 国土空间规划的科学性

习近平总书记指出，"规划科学是最大的效益，规划失误是最大的浪费，规划折腾是最大的忌讳"。提高规划科学性的方向主要体现在完善新制度、落实新要求、掌握新方法、体现新理念四个方面。

完善新制度方面： 编制审批、实施监督、法规政策、技术标准"四体系"的制度安排对于提升规划的科学性十分重要。在这四个体系下，有必要完善并不断更新分级传导机制、专家论证咨询制度、高效审批制度、定期评估制度等管理制度，有效统筹"上位与下位""刚性与弹性""远期与近期"等关系，在制度层面为规划的科学性奠定基础。

落实新要求方面： 生态文明是新时代的发展要求。"天人合一"的"天"可以理解为"山水林田湖草沙"生命共同体及其相关自然规律。国土空间规划在各个层级上的编制实施，都要顺应规律，处理好人与自然要素以及自然要素之间的关系。"三区三线"的划定将这些要素明确界定，但明确的边界划定并非是将各个要素孤立起来，而是在不同的分区实施不同的保护与利用方式。例如，在城镇开发边界内，也应控制、引导好生态用地、农林用地，使其与城市生产、生活、游憩等功能相融合，协同实现该类用地的生产价值、生态价值和景观价值。

掌握新方法方面：《管子》曾针对筑城提出"高毋近旱而水用足，下毋近水而沟防省"，可以看作是古代简单朴素的对资源环境承载力和国土空间开发适宜性评价的认识。只是这种认识以定性为主，缺少量化支撑和准确定位。在以高质量发展为主题的新时代，大数据、云计算、生态模拟、现实模拟等先进的技术手段和方法的不断成熟并广泛应用，为科学、精准的国土空间规划布局提供了支撑。

体现新理念方面： 强化以人民为中心，为解决"人民日益增长的美好生活需要和不平衡不充分的发展之间的矛盾"提供空间方案，是国土空间规划的重要使命。在省级国土空间规划的编制过程中，应梳理"工作、生活、游憩、交通"等核心功能，结合当地实际，系统性地落实公共服务与社区生活圈、产业发展平台、文化遗产保护、风貌特色塑造、综合交通系统等内容，为人民打造宜居宜业的美好家园。

3. 国土空间规划的战略性

国土空间规划是对未来发展的一种谋划、预判和前瞻，是新时代推进生态文明建设、实现高质量发展、促进国家治理体系和治理能力现代化的重要工具，战略性则是国土空间规划最为重要的特性之一。《若干意见》指出将"自上而下编制各级国土空间规划，对空间发展作出战略性系统性安排。落实国家安全战略、区域协调发展战略和主体功能区战略，明确空间发展目标，优化城镇化格局、农业生产格局、生态保护格局，确定空间发展策略，转变国土空间开发保护方式，提升国土空间开发保护质量和效率。"

国土空间规划编制中的"战略性"主要体现在两个方面：①国家、省级国土空间规划，战略引领作用应占主导，国家、省级国土空间规划以国家"两个一百年"奋斗目标为指引，确定国土空间开发保护总体格局，构筑国土空间高水平保护、高质量开发、高品质利用、高标准修复的整体框架，提出加强国土空间区域协调、城乡统筹、支撑体系建设的行动领域，整体上应侧重国土空间发展的战略引领性，其刚性管控内容也应侧重框架格局及战略性、政策性。②市县国土空间规划则是战略引领及刚性管控并重，在新发展环境下，市县级国土空间规划既要满足地方政府追求高质量发展的诉求，为地方发展目标及战略实施提供空间支撑，体现规划的战略引领作用，又要适应生态文明建设对资源环境保护利用的严格要求，发挥刚性管控的作用，在"生态优先"（刚性管控）的前提下，谋划地方"绿色发展"。

4. 国土空间规划的协调性

国土空间规划应实现宏观和微观、整体和局部等国土空间及资源管理的全面统筹，统筹和综合平衡多层面的空间需求是国土空间规划的协调性任务。《若干意见》明确提出应"强化国家发展规划的统领作用，强化国土空间规划的基础作用"。国土空间总体规划要统筹和综合平衡各相关专项领域的空间需求，详细规划要依据批准的国土空间总体规划进行编制和修改，相关专项规划要遵循国土空间总体规划，不得违背总体规划的强制性内容。省级国土空间规划作为"五级三类"国土空间规划体系中的中间层级，最能体现承上启下和统筹协调的特征，主要体现在以下四方面。

第一，协调落实国家战略要求，厘清国家利益在相关省份的具体体现，然后分层落实。以江苏省为例，该省地处多个国家战略交会区，需要明晰国家战略总体要求并有效传导，包括与相邻地区协同建设具有世界竞争力的城市群和都市圈，协同保护长江流域的资源与环境；保护利用永久基本农田、生态空间、水资源等战略性资源；做好京沪通道、沿海通道、沿江通道等重大基础设施廊道的互联互通等。

第二，协调落实省级有关主体建设的空间需求。以往各类空间规划也都试图建立横向整合机制，但囿于部门事权分割，均未能真正实现。新的国土空间规划体系下，省级国土空间规划需要综合协调空间资源相关行业，从空间和时序上做出安排；对空间利用有需求的部门，如建设、交通、水利等，通过综合协调，明确空间需求的规模和时序要求，并落实到有关责任部门，真正实现省域层面"一个空间、一个规划"的保护与利用要求。

第三，协调落实公平和效率的需求。省域国土空间规划是调控省域空间资源分配的手段，既有空间保护的需求，又有空间发展的需求。在严控增量、盘活存量的背景下，就效率而言，投入产出高效的地区需要配置增量建设，就公平而言，欠发达地区需要获取更多的增量开发来获取后发机会。省域国土空间规划编制的核心在于协调好市县的空间资源配置问题，同时需要相应的空间政策配套支持，其最终落脚点是从区域协同的角度实现城市各得其所，实现符合自身特色的高质量发展。

第四，协调落实"一张蓝图"和动态监管实施的要求。省级层面的"一张蓝图"是空间规则的集合，在体现战略引导的同时结合指标实施传导。省域国土空间格局是战略性的构架，应以这一空间格局去制定差异化的空间资源分配规则，有些方面如"三线"的划定，一旦确定就具有刚性。不过，城镇在不同的发展阶段遇到的问题不同、诉求不同，这就需要对其发展阶段进行研判，制定相应的规则进行监督实施，平衡好"不变"与"变"的关系，以便有效落实国家战略要求，同时又能灵活应对市场发展的需求。

5. 国土空间规划的可操作性

规划蓝图的实施落地需要一个可执行的规划。其中，市县级国土空间规划是本级政府对上级国土空间规划要求的细化落实，是对本行政区域开发保护作出的具体安排，侧重实施性和操作性。因而，在市级国土空间总体规划（简称"市总规"）的编制过程中就要考虑规划的实施问题，市总规的实施性和可操作性主要体现在以下三方面。

第一，实施性是市级国土空间总体规划的内在要求。市总规既要对全市域国土空间进行战略部署和综合安排，强调底线约束和严格管控，明确主导功能分区和重大设施空间安排，还要明确分时序的国土空间规划实施对策。市总规在规划范式上既包含发展规划的成分，也有空间规划的基本内核，必须落实改革要求，贯彻生态文明思想和耕地保护国策，划定好刚性保护的永久基本农田和生态保护红线，把城市未来可能扩张的布局控制好，明确各项保护修复建设的目标、布局和实施策略，使国土空间规划"既成为发展蓝图，也成为美好蓝图"的建设指南。另外，市总规尤其要关注"从现状到未来"的规划实施路径和保障机制，在规划编制时就要嵌入传导和管控的制度设计，既通过市域分区总图指导用地转用报批，又通过编制规划指引指导区县、相关专项规划编制，为实施国土空间用途管制提供依据。

第二，市级政府是国家空间治理体系中最关键的实施主体。国家和省级政府负责对全国和省的政策进行指导和调控，市县级政府负责具体自然资源保护、社会经济发展和城乡建设的实施和管理工作。因而市级国土空间管控在我国国土空间治理体系中占有重要位置，是把国家和省有关相对宏观的管控要求转化为中微观的相对具体管理行动的重要层次，往往也是各级空间规划管控中管理力量最强的层次。国家和省级层面的空间治理意图需要传递到市级国土空间规划中才能得到有效管控和实施，也必然要求市总规在规划内容、深度方面与市级治理主体的权力和责任相匹配。

第三，市级国土空间总体规划是实施用途管制的基本依据。国土空间规划实施管控的主要手段是规模指标控制、"三区三线"边界、国土空间用途转用、建设空间内部改造提升许可管理等。对于存量建设空间的功能转型和品质提升，主要依据建设空间的详细规划进行管理，但对于各项建设占用农业空间、生态空间的管理主要依据规划确定的市域用途分区和国家管控规则实施。这些用途管制的依据是各级国土空间规划，其中市总规需要明确市域主导功能区布局，提出各类功能之间转换的条件和管控要求，为国土空间用途管制提供基本原则。从不同层次的规划管制作用看，市总规主要解决建设空间和非建设空间的分区问题，是进行农用地转用报批的依据，这也是市级国土空间总体规划实施性的重要体现。

关键术语

多规融合、国土空间规划、三区三线、双评价、五级三类、两统一、建设用地减量化

思考题

1. 多规融合中的"多规"包含哪些内容？
2. 请阐述多规融合的必要性。
3. 请阐述国土空间规划的概念。
4. 举例说明国土空间规划实践的主要特点。
5. 请阐述国土空间规划的对象。
6. 国土空间规划形成的历史脉络是什么？
7. 国土空间规划在国家规划体系中承担了哪些作用？

参考文献

[1] 中共中央，国务院.中共中央 国务院关于建立国土空间规划体系并监督实施的若干意见[EB/OL].（2019-05-23）[2024-05-23].http://www.gov.cn/zhengce/2019-05/23/content 5394187.htm.
[2] 赵龙.做好新时代国土空间规划工作[R/OL].（2019-10-25）[2024-06-25].http://www.planning.org.cn/news/view?id=10182
[3] 自然资源部.自然资源部关于全面开展国土空间规划工作的通知[EB/OL].（2019-05-28）[2024-06-25].http://gi.mnr.gov.cn/201905/t20190530_2439129.html.
[4] 潘海霞，赵民.国土空间规划体系构建历程、基本内涵及主要特点[J].城乡规划，2019（5）：4-10.
[5] 林坚，吴宇翔，吴佳雨，等.论空间规划体系的构建——兼析空间规划、国土空间用途管制与自然资源监管的关系[J].城市规划，2018，42（5）：9-17.
[6] 潘海霞，赵民.关于国土空间规划体系建构的若干辨析及技术难点探讨[J].城市规划学刊，2020（1）：6.
[7] 国务院.国务院关于印发全国主体功能区规划的通知[EB/OL].（2010-12-21）[2024-06-25].http://www.gov.cn/zhengce/content/2011-06/08/content_1441.htm.
[8] 孙施文.国土空间规划的知识基础及其结构[J].城市规划学刊，2020（6）：11-18.
[9] 孙施文.从城乡规划到国土空间规划[J].城市规划学刊，2020（4）：11-17.
[10] 吴志强.国土空间规划的五个哲学问题[J].城市规划学刊，2020（6）：7-10.
[11] 孙施文.解析中国城市规划：规划范式与中国城市规划发展[J].国际城市规划，2019，34（4）：1-7.
[12] 张捷，赵民.从"多规合一"视角谈我国城市总体规划改革[J].上海城市规划，2015（6）：8-13.
[13] 赵民.国土空间规划体系建构的逻辑及运作策略讨论[J].城市规划学刊，2019（4）：20-23.
[14] 谢英挺，王伟.从"多规合一"到空间规划体系重构[J].城市规划学刊，2015（3）：15-21.
[15] 徐成."多规融合"研究综述及发展趋势研究[J].上海国土资源，2017，38（3）：41-45.
[16] 杨保军，陈鹏，董珂，等.生态文明背景下的国土空间规划体系构建[J].城市规划学刊，2019（4）：16-23.
[17] 孙施文.现代城市规划理论[M].北京：中国建筑工业出版社，2007.
[18] 张京祥，夏天慈.治理现代化目标下国家空间规划体系的变迁与重构[J].自然资源学报，2019，34（10）：2040-2050.
[19] 董祚继，吴次芳，叶艳妹，等."多规合一"的理论和实践[M].杭州：浙江大学出版社，2017.
[20] 田莉，夏菁.国家治理视角下的空间规划与土地发展权：挑战与出路[J].南京师大学报（社会科学版），2022（3）：

110-119.
［21］ 陈华峰.浅谈城乡规划中的公众参与［J］.上海城市规划，2010（6）：62-64.
［22］ 周子航，张京祥，王梓懿.国土空间规划的公众参与体系重构——基于沟通行动理论的演绎与分析［J］.城市规划，2021，45（5）：83-91.
［23］ 段进，赵民，赵燕菁，等."国土空间规划体系战略引领与刚性管控的关系"学术笔谈［J］.城市规划学刊，2021（2）：6-14.
［24］ 林坚，吴宇翔，吴佳雨，等.论空间规划体系的构建——兼析空间规划、国土空间用途管制与自然资源监管的关系［J］.城市规划，2018，42（5）：9-17.
［25］ 余云州，王朝宇，陈川.新时代省级国土空间规划的特性与构建——基于广东省的实践探索［J］.城市规划，2020，44（11）：23-29+37.
［26］ 程茂吉.侧重实施性定位的市级国土空间总体规划技术内容体系研究［J］.城市发展研究，2022，29（11）：9-16+49.
［27］ 谢英挺，吴宇翔，魏立军.市级国土空间总体规划的效用与编制管控策略——空间治理视角的探讨［J］.城市规划，2021，45（6）：46-51+116.
［28］ 孙施文，张皓.全面认识建立国土空间规划体系的意义［EB/OL］.（2019-05-30）［2023-12-01］.https：//m.thepaper.cn/newsDetail_forward_3564817.

第 5 章

国土空间规划体系

■ **教学要求**

掌握国家规划体系"三级四类"的构成，熟悉国土空间规划体系"五级三类四体系"的具体内容，了解各类规划体系的作用；熟悉不同类型国土空间规划定位，了解不同类型国土空间规划编制的主要内容；掌握国土空间规划运行体系的构成，熟悉各类规划的编制审批规程及实施监督的内容，了解相关技术标准体系及法规政策体系；掌握国土空间规划传导体系及其要素、方式和信息。

5.1 国家规划体系架构

5.1.1 国家规划体系架构

1. 国家规划体系的构成

新时代国家规划体系包括发展规划体系、区域规划体系、专项规划体系与国土空间规划体系四大类。这些规划类别在国家、省、市县等行政层级中编制和实施，推动着中国国家规划体系走向成熟。漫长的历史经验表明，完善的国家规划体系能够形成合力，从而为推进中国国家治理体系和治理能力现代化、建成社会主义现代化强国提供有力支撑。

2. 各类规划体系的内容及作用

发展规划指的是国民经济和社会发展五年规划纲要。其功能定位是：社会主义现代化战略在规划期内的阶段性部署和安排。其作用主要是阐明战略意图、明确政府工作重点、引导规范市场主体行为。发展规划是中国重要的治国理政方式，当前及未来一段时期，中国将健全以国家发展规划为战略导向，以财政政策、货币政策和就业优先政策为主要手段，投资、消费、产业、区域等政策协同发力的宏观调控制度体系，增强宏观调控前瞻性、针对性和协同性。国家发展规划为国家规划体系的最上位规划，具有最高法律效力，其他任何层级、任何类别的规划必须服从国家发展规划。发展规划可分为国家级、省级和市县级。

区域规划是指以特定区域发展为主要内容的规划，比如《京津冀协同发展规划纲要》《粤港澳大湾区发展规划纲要》《长江三角洲区域一体化发展规划纲要》等。其作用是作为指导特定区域发展和制定相关政策的重要依据。近年来，我国通过不断地构建区域协调发展新机制，逐步完善了京津冀协同发展、长江经济带发展、长江三角洲区域一体化发展、粤港澳大湾区建设、黄河流域生态保护和高质量发展等国家重大区域战略推进实施机制，日益形成主体功能明显、优势互补、高质量发展的区域经济布局。

专项规划是指导特定领域发展、布局重大工程项目、合理配置公共资源、引导社会资本投向、制定相关政策的重要依据。例如在加强国家创新体系建设方面，编制新一轮国家中长期科技发展规划，强化国家战略科技力量，使国家科研资源进一步聚焦重点领域、重点项目和重点单位。专项规划包括国家级专项规划、省级专项规划，以及市县专项规划。

国土空间规划是对一定区域国土空间开发保护在空间和时间上作出的安排，其定位是全国国土空间保护、开发、利用、修复的政策和总纲，是优化空间结构、提高空间治理能力、实施国土空间用途管制和生态保护修复的重要依据。国家级国土空间规划包括总体规划（国家、省、市县、乡镇级）、详细规划（市县及以下）和相关专项规划（国家、省、市县级）。

3. 国家规划体系的改革

新中国成立70余年来，相继建立了多达80余种经法律授权编制的各类规划，主要分为发展规划体系、区域规划体系、专项规划体系与国土空间规划体系四类。不同类型的规划自成体系，属于不同部门，但仍有不少交叉重叠、互相矛盾之处，这不仅影响了各类规划之间的衔接，也不利于提高行政效率。

党的十八届三中全会提出全面深化改革后，规划体系改革也被提上了议事日程。党的十九大后，规划体制改革的思路得以明确，完成了规划体制改革的顶层设计，出台了两份标志性文件——《中共中央　国务院关于统一规划体系更好发挥国家发展规划战略导向作用的意见》和《中共中央　国务院关于建立国土空间规划体系并监督实施的若干意见》。前者明确了规划类型及其功能定位，理顺了规划之间的关系，并就规划衔接、编制管理、政策协同、规划实施等提出意见，首次明确了涉及所有规划的"三级四类"的规划体系。后者确立了国土空间规划体系，解决了我国空间规划体系长期缺位的问题。

《中华人民共和国国民经济和社会发展第十四个五年规划和2035年远景目标纲要》对统一规划体系作出定义：以国家发展规划为统领，以空间规划为基础，以专项规划、区域规划为支撑，由国家、省、市县级规划共同组成，定位准确、边界清晰、功能互补、统一衔接的国家规划体系。基于此，各类型规划间的关系为：国家发展规划居于规划体系最上位，是其他各级各类规划的总领；国家级专项规划、区域规划、空间规划，均须依据国家发展规划编制；省级规划、市县级规划依据国家发展规划制定，既要加强与国家级专项规划、区域规划、空间规划的衔接，形成全国"一盘棋"，又要因地制宜，符合地方实际，突出地方特色；国家级空间规划对国家级专项规划具有空间性指导和约束作用。

5.1.2　国土空间规划体系架构

国土空间规划的编制审批和监督实施要分级分类进行，国土空间规划体系的"四梁八柱"可概括为"五级三类四体系"的构架（图5-1）。

1. 五级规划层级

从规划层级来看，国土空间规划分为"五级"。"五级"是从纵向看，对应我国的行政管理体系，即国家级、省级、市级、县级、乡镇级。不同层级的规划体现不同空间尺度和管理深度的要求，其中：国家和省级规划侧重战略性，对全国和省域国土空间格局作出全局安排，对下层级规划提出约束性要求和引导性内容；市县级规划承上启下，侧重传导性；乡镇级规划侧重实施性，实现各类管控要素精准落地。五级规划自上而下编制，落实国家战略，体现国家意志，下层级规划要符合上层级规划要求，不得违反上层级规划确定的约束性内容，以便实现一级政府、一级事权、一级规划。

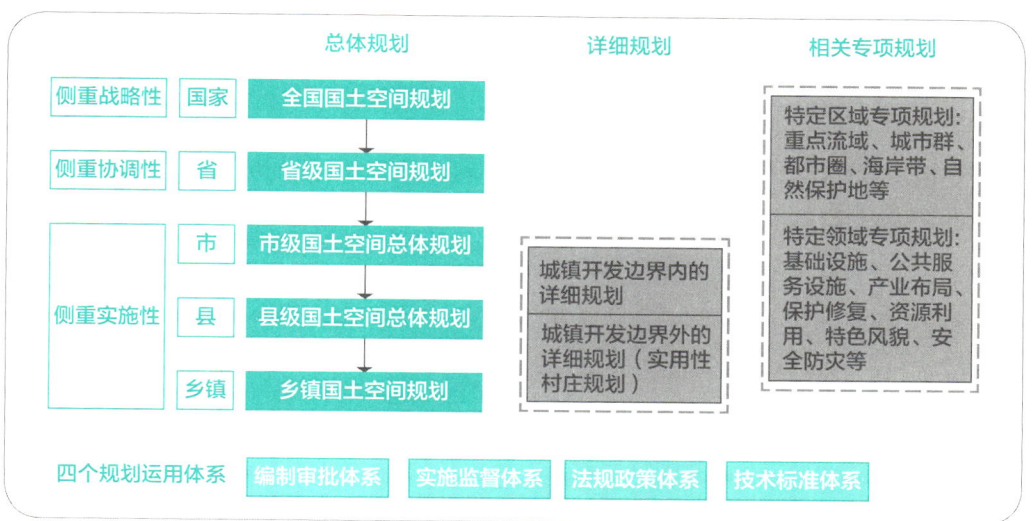

图 5-1　国土空间规划的"五级三类四体系"
资料来源：赵民. 国土空间规划体系建构的逻辑及运作策略探讨 [J]. 城市规划学刊，2019（4）：8-15.（根据文献内容改绘）

2. 三类规划类型

从规划内容类型来看，国土空间规划分为"三类"。"三类"指规划类型，分为总体规划、详细规划和相关专项规划。总体规划强调综合性，详细规划强调实施性，相关专项规划强调专业性。由国家、省、市、县级政府编制的国土空间总体规划，是对一定区域如行政区全域范围涉及的国土空间保护、开发、利用、修复做全局性的安排，各地应结合实际编制乡镇国土空间规划。详细规划由市县级政府及以下的相关部门编制，强调可操作性，是对具体地块用途和强度等作出的实施性安排，是开展国土空间开发保护活动、实施国土空间用途管制、核发城乡建设项目规划许可、进行各项建设等的法定依据。城镇开发边界内的详细规划由市县自然资源主管部门编制，报同级政府审批；城镇开发边界外的乡村地区，由乡镇人民政府编制村庄规划作为详细规划，报上一级政府审批。相关专项规划是对特定区域（流域）、特定领域空间保护利用的安排，涉及空间利用的专项规划，可在国家、省、市、县层级编制。相关专项规划既包含海岸带、自然保护地等专项规划及跨行政区域或流域的国土空间规划（如城市群/都市圈规划等），又包含涉及空间利用的某一领域如交通、能源、水利、农业、信息和市政等基础设施、公共服务设施、军事设施，以及生态环境保护、文物保护、林业草原等专项规划。专项规划是针对国土空间开发保护的重点领域和薄弱环节、关系全局的重大问题编制的规划，是国土空间总体规划中若干主要方面、重点领域的展开、深化和具体化。

总体规划与详细规划、相关专项规划之间体现"总—分"关系。国土空间总体规划是详细规划的依据、相关专项规划的基础，详细规划要依据批准的国土空间总体规划进行编制和修改；相关专项规划要遵循国土空间总体规划，不得违背总体规划强制性内容，其主要内容要纳入详细规划；村庄规划编制也应该按照"应编尽编"的原则编制"多规合一"的实用性村庄规划。

3. 四套规划运行体系

从规划运行方面来看，国土空间规划包括"四个体系"。即规划编制审批体系、实施监督体系、法规政策体系和技术标准体系。其中，规划编制审批体系和实施监督体系包括编制、审批、实施、监测、评估、预警、考核、完善等完整闭环的规划及实施管理流程；法规政策体系和技术标准体系是两个基础支撑。

5.2 国土空间规划类型

5.2.1 国土空间总体规划

1. 国土空间总体规划类型

国土空间总体规划自上而下编制，下级规划服从、服务于上级规划，不得违背上级规划确定的约束性内容。《全国国土规划纲要（2016—2030年）》是自上而下建立健全国土空间规划体系的起点、基点，对于各级各类国土空间总体规划的编制和实施具有方向性、指引性作用；省级国土空间总体规划在国土空间规划体系中具有统筹协调国家战略和地方发展关系的腰部作用；市县级国土空间总体规划是从战略性规划到实施性规划的重要节点，发挥承上启下的传导作用；乡镇级国土空间总体规划侧重实现各类管控要素精准落地。

2. 各级国土空间总体规划定位

不同层级国土空间总体规划体现不同空间尺度和管理深度要求。

全国国土空间规划纲要是对全国国土空间作出的全局安排，是全国国土空间保护、开发、利用、修复的政策和总纲，侧重战略性，即落实国家安全战略、区域协调发展战略和主体功能区战略，明确全国国土空间发展目标策略，优化全国国土空间格局。省级国土空间总体规划是对全国国土空间规划纲要的落实，其指导省级相关专项规划和市县国土空间规划编制，侧重协调性。

市县级和乡镇级国土空间总体规划是对上级国土空间规划要求的细化落实，是对本行政区域国土空间开发保护作出的具体安排，侧重实施性，即对市县和乡镇行政辖区内的国土空间在开发、保护、利用方面提出可操作的实施方案，实现全域全要素规划管控。市县级国土空间总体规划一般包括市县域和中心城区两个层次，乡镇级国土空间总体规划一般包括乡镇域和乡镇政府驻地两个层次。市县域及乡镇域要统筹全域全要素规划管理，侧重国土空间开发保护的战略部署和总体格局、各类设施统筹安排及底线管控。中心城区及乡镇政府驻地要细化土地使用和空间布局，侧重功能完善和结构优化以及对详细规划的传导与管控要求。

3. 各级国土空间总体规划的编制内容

1）全国国土空间规划纲要主要编制内容

①国土空间基础条件及趋势研判；

②国土空间保护开发总体目标与战略；

③国土空间保护开发总体格局；

④优势互补的国土空间区域协同；

⑤引领基础设施网络体系；

⑥规划传导与分区指引；

⑦规划制度创新与实施保障。

2）省级国土空间规划主要编制内容

①明确省域国土空间发展总体定位和开发保护目标，制定国土空间开发保护战略，构建科学适度有序的省域国土空间布局体系；

②完善和细化省级主体功能区，构建国土空间开发保护新格局，加强生态空间、农业空间和城镇空间的有机互动，促进形成省域国土空间网络化；

③统筹生态空间、农业空间以及矿产等各类自然资源的保护与利用，挖掘和评价历史文化和自然景观资源，构建省域历史文化保护体系和自然保护地体系；

④明确省级重大基础设施项目和省级综合防灾减灾重大项目布局及时序安排，构建省域基础支撑体系；

⑤结合"山水林田湖草沙"一体化保护和修复、国土综合整治、矿山生态修复和海洋生态修复等理念，提出修复和整治目标、重点区域、重大工程；

⑥加强省际协调和省域重点地区协调，强化市县规划传导和专项规划指导

约束；

⑦健全配套政策机制，完善国土空间基础信息平台建设，建立规划监测评估预警制度，明确近期建设安排。

3）市县级国土空间总体规划主要编制内容

①落实上级规划战略部署和主体功能定位，明确市县域国土空间发展目标与开发保护战略；

②优化国土空间保护开发总体格局，促进区域协调、城乡融合发展；

③强化资源环境底线约束，推进生态优先、绿色发展；

④优化空间结构与产业布局，提升空间连通性，促进节约集约、高质量发展；

⑤完善公共空间和公共服务设施体系，营造健康、舒适、便利的人居环境，塑造具有地域特色的城乡风貌，构建全域特色美丽空间体系；

⑥构建综合交通体系，完善基础设施体系，提升城市安全韧性；

⑦推进国土整治、生态修复与城市更新，提升空间综合价值；

⑧提出中心城区空间范围、规模、布局优化方案，统筹公共服务设施和市政基础设施布局；

⑨建立规划实施保障机制，落实规划传导与管控要求。

4）乡镇级国土空间总体规划主要编制内容

①落实上位规划要求，结合自身资源禀赋及未来发展趋势，合理确定乡镇功能定位和国土空间保护利用的总体策略；

②提出国土空间开发保护总体格局，优化镇村体系和村庄发展格局，合理布局乡镇产业发展空间，保护和创新发展农业空间；

③分类梳理乡镇自然资源利用特点和问题，落实对水资源与湿地、森林、耕地、草地、矿产等资源及建设用地的管控要求和管控措施；

④落实乡村振兴战略要求，将村庄进行合理分级分类，调整优化村庄产业结构和产业空间布局，提出产业发展策略；

⑤挖掘乡镇历史文化资源禀赋，保护地方文化基因多样性，加强乡村特色风貌保护，营造体现地域特色的田园风光；

⑥落实城乡一体的综合交通体系、公共服务设施、市政基础设施、安全韧性与综合防灾等综合支撑体系的布局及配置要求；

⑦落实上位国土综合整治和生态修复安排，开展乡镇域农用地、建设用地整理及乡村生态修复；

⑧乡镇政府驻地规划要明确用地发展方向和用地结构调整，合理确定各类用地

比例和空间布局，制定城镇开发边界内用地布局方案；

⑨强化城镇开发边界内外的规划管控与传导，划分城镇和村庄详细规划编制单元，明确规划传导与管控要求。

5.2.2 国土空间详细规划

1. 详细规划概述

1）国家关于详细规划工作的要求

2023年3月，《自然资源部关于加强国土空间详细规划工作的通知》提出，积极发挥详细规划法定作用，分区分类推进详细规划编制，提高详细规划的针对性和可实施性。城镇开发边界内存量空间要推动内涵式、集约型、绿色化发展，城镇开发边界内增量空间要强化单元统筹，防止粗放扩张，强化详细规划编制管理的技术支撑，加强详细规划组织实施。同年4月，自然资源部国土空间规划局解读《自然资源部关于加强国土空间详细规划工作的通知》，要求深化"多规合一"改革，促进城乡高质量发展。

2）各省详细规划工作开展

在"五级三类"国土空间规划体系中，详细规划包括城镇开发边界内详细规划、城镇开发边界外村庄规划及风景名胜区详细规划等类型。同时国家也鼓励探索未覆盖的其他类型。截至2024年，多个省市启动了详细规划编制工作，发布了编制指南，如《广东省城镇开发边界内详细规划编制指南（试行）》《江苏省城镇开发边界内详细规划编制指南（试行）》《云南省国土空间详细规划编制导则（试行）》《贵州省详细规划编制技术指南（试行）》等。

2. 详细规划的编制类型与层次

1）城镇开发边界内的详细规划

国土空间规划的"三区三线"指的是城镇空间、农业空间、生态空间三种类型的空间，及其分别对应划定的城镇开发边界、永久基本农田保护红线、生态保护红线三条控制线。基于国土空间总体规划划定的"三区三线"，应编制城镇开发边界内详细规划。其他与城镇开发边界相邻的区域或城镇开发边界外有集中建设需求的地区，如产业园区、历史文化名城名镇名街、国家公园、自然保护区、重要水源地、风景名胜区等有行业详细规划编制要求的，可因地制宜编制详细规划。

2）村庄规划

对于城镇开发边界外的行政村（涉农社区），各地可结合地方实际，以一个或几个行政村为单元编制村庄规划，规划范围为村域全部国土空间。

3）编制层次

详细规划可分为单元规划和街区规划两个编制层次。单元层次详细规划承接传导上位规划意图，落实总体规划管控传导要求，将相关管控要求分解传导至街区，同时提出地块开发管控通则。街区层次详细规划在严格遵循单元层次详细规划管控要求的基础上，应结合街区实际情况，加强专项研究工作，优化空间布局，制定具体管控指标和管控要求，指导建设项目实施。

3. 详细规划的编制内容与程序

1）主要内容

各省市根据自身发展实际情况编制的详细规划在内容上存在一定差异，具体可参见各地相关编制指南文件。总体来说，单元层次详细规划主要内容包括目标定位、规模控制、建设空间布局、蓝绿空间管控、地下空间、综合交通、公用设施、综合防灾、竖向规划、城市控制线、街区管控等内容。街区层次详细规划主要内容包括优化用地布局、保障设施落地、加强交通管控、细化竖向及立体开发控制和确定地块控制基本指标等。村庄规划的主要内容包括村庄发展职能（定位）与目标、空间总体布局及用途管制、国土空间生态修复、历史文化保护及特色风貌、基础设施和公共服务设施、产业发展、农村住房、村庄安全和防灾减灾、人居环境整治、近期实施项目等。

2）管控要素

详细规划的重要管控要素如上位规划确定的"三条控制线"、生态系统保护格局、历史文化保护线、城市结构性绿地和重要水域、重要公共管理与公共服务设施、重大交通设施、重大公用设施、重要线性工程、城市安全与综合防灾设施、历史文化保护线、城市控制线等。

3）编制程序

城镇开发边界内的详细规划，由市县自然资源主管部门组织编制，报同级政府审批。在城镇开发边界外的乡村地区，由乡镇政府组织编制"多规合一"的实用性村庄规划，作为详细规划，报上一级政府审批。

4）编制成果

规划成果包括规划文本，规划图纸、图则，说明书和附件（基础资料、研究报告、管理文件、部门意见、会议纪要、评审意见、相关决议和审查审批文件等）。

5.2.3　国土空间专项规划

1. 区域国土空间规划

1）规划定位

区域国土空间规划主要包括城市群国土空间规划和都市圈国土空间规划。城市群国土空间规划往往是跨省、市界的区域国土空间规划，是规划体系中一类特殊的中间层次规划。它不仅要发挥上传下达的衔接作用，而且要面对更复杂的地方协调和部门协调关系。都市圈国土空间规划是国土空间规划体系中跨省（区、市）或跨市县层面的区域性规划，是全国或省级层面国土空间规划的重要专项规划；是落实国家发展战略、促进城市群高质量发展、推动区域协调发展和城乡融合、引领现代化经济体系建设的战略部署；是跨区域空间协同治理、共保共担、共建共享的纲领；是深化细化全国国土空间规划、省级国土空间规划，衔接国家及省域发展规划的支撑性规划。

2）城市群规划编制的主要内容

城市群规划编制的主要内容包括：规划任务、战略要求、现状基础、总体定位、总体目标、空间战略、总体思路、空间格局（包括总体空间格局、生态空间格局、农业空间格局和城镇空间格局）、空间协同布局和对策（包括确定主体功能区、推进城市群重要交通系统协同、推进城市群市政基础设施协同、推进区域历史文化保护利用协同、协同推进国土空间综合治理、促进跨区域流域协同治理、推进跨州市邻域空间协调发展、科学制定弹性发展单元、加强城市群区域协调发展与国际和国内层面合作）、行动指引与实施保障等。

3）都市圈规划编制的主要内容

都市圈规划编制的主要内容包括：目标愿景、总体空间格局、空间底线管控、专项空间协同、分层次空间协同、分区统筹协调、实施保障等。

（1）目标愿景

该部分内容指从促进区域协调发展、优化城乡关系、提升都市圈整体发展质量、提高区域竞争力、改善人民生活品质、维护生态环境可持续性等角度出发，制定切合实际、符合时代价值的都市圈目标愿景，强化都市圈核心城市的责任担当，明确都市圈中各城市的功能分工。

（2）总体空间格局

该部分内容指按照以国内大循环为主体、国内国际双循环相互促进的新发展格局要求，构建都市圈国土空间战略发展格局；根据核心城市的社会经济发展水平及都市圈发育程度提出都市圈城镇体系和主要城市功能分工的总体框架，构建多中心、网络化、开放式、集约型的空间格局；明确都市圈的生态保护、农业发展的总体格局。

（3）空间底线管控

该部分内容主要包括结构管控和红线管控两个方面。在结构管控上，都市圈规划优先落实并细化国家及相关省（市）主体功能区的要求，按照主体功能定位划分政策分区，确定协调与管控的导向，加强空间结构性要素管控，明确跨行政区的区域性生态廊道、重大交通廊道、市政基础设施廊道、重要水源地与水源涵养区的管控要求；在红线管控上，统筹划定生态保护红线、永久基本农田保护红线、城镇开发边界，确定总量规模与统筹管控要求。

（4）专项空间协同

该部分内容主要包括区域生态环境协同、区域综合交通网络协同、区域市政基础设施协同、区域公共服务协同、区域重大安全体系协同，及根据都市圈实际发展需要提出的其他专项协同要求，如重大资源协同保护、创新网络与产业布局协同、农业空间布局协同、城乡融合发展协同和文旅融合发展协同。

（5）分层次空间协同

该部分内容主要涉及次区域或流域、区县等协同层次。次区域或流域层次重在聚焦跨行政区的战略性空间资源统筹、空间底线管控要素的跨区域联合保护举措、重点合作发展区的联合共建等内容，明确共建、共治、共保的协同行动。区县层次重在落实上位协同的任务与行动，在县域范围内统筹推进城乡融合发展，探索不同行政区域范围内城乡交界地带融合发展路径。

（6）分区统筹协调

该部分内容主要在于提出各分区的城镇空间协调引导要求，包括提出各分区的重要资源的保护与管控要求、城乡融合发展的差异化路径与统筹策略，提出重大生态修复工程、重大基础设施与社会服务设施、休闲旅游与绿道网等方面的重点项目及重大协调事项。

（7）实施保障

该部分内容主要在于探索财政、人口、土地等方面跨行政单元的协同政策，探索产业、交通、生态环保等领域的合作机制，提出底线空间要素、底线型指标的差异化监督与考核机制，制定重大设施与服务共建共享的实施保障机制，探索建立都市圈各类自然资源要素和建设用地的统筹配置机制，建立"三条控制线"跨行政区协调划定的协商机制[1]。

2. 流域国土空间专项规划

1）规划定位

流域国土空间规划是国家空间规划体系的重要组成部分，是新时期推进流域综合治理的重要抓手。流域国土空间规划应该以"流域"为空间主体，水资源则是其中的核心内容，规划内容要充分体现全域的综合性、协调性。

2）流域国土空间规划的地位及内容

（1）明确在国土空间规划体系中的定位

流域国土空间规划是国土空间规划体系中的"子体系"之一（图5-2）。流域国土空间规划可分为国家级和省级两个层级，其中重大跨省河流的流域国土空间规划应与国家层面其他专项规划平级，例如七大流域的流域国土空间规划，需要自然资源部组织各部委协同编制并由国务院审批，长江、黄河等涉及重大国家战略的规划则需中央审议；而跨市流域和重大流域省内支流的流域国土空间规划，则属于省域层面的专项规划并受上级流域规划指导，突出流域国土空间规划综合性职能。

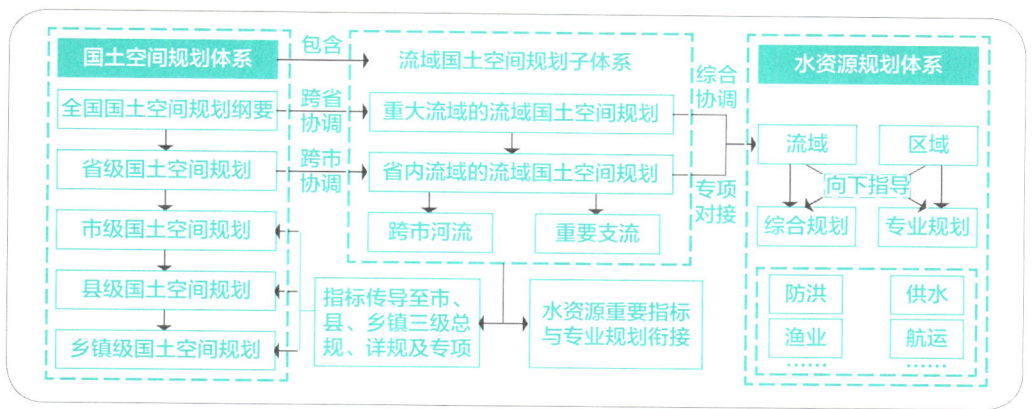

图5-2　流域国土空间规划与两大规划体系的关系示意
资料来源：王启轩，任婕．我国流域国土空间规划制度构建的若干探讨——基于国际经验的启示［J］．城市规划，2021，45（2）：65-72.

（2）规划内容

①目标策略与空间格局的主要内容有：规划背景和指导思想、规划范围、规划目标空间策略与总体格局。

---

1. 自然资源部，《都市圈国土空间规划编制规程》，2023。

②统筹三大空间、引领流域高质量发展的主要内容有：保护修复生态空间、优化提升城乡产业空间、保护传承文化魅力空间。

③夯实支撑体系、保障流域可持续发展的主要内容有：提升水资源保障能力、完善基础设施布局。

④分区施策与分类指引的主要内容有：流域沿线地区分级管控、流域分区差异化指引。

⑤推动跨区域协同发展的主要内容有：推动跨省与跨市协同发展。

（3）规划要求

①筑牢安全发展的空间基础：明确永久基本农田、生态保护红线、城镇开发边界面积控制指标，明确自然灾害风险重点防控区域，划定地质灾害、洪涝、森林防火等风险控制线，落实战略性矿产资源、历史文化保护等安全保障空间，全面锚固高质量发展的空间底线。

②构建支撑新发展格局的国土空间体系：深入实施区域协调发展战略、区域重大战略、主体功能区战略、新型城镇化战略和乡村振兴战略，促进形成主体功能明显、优势互补、高质量发展的国土空间开发保护新格局。

③系统优化国土空间开发保护布局：加强优质农田保护，拓展山地丘陵等特色农业空间，建设现代海洋牧场，提升农产品保障能力；推进江河源头、重要山脉、森林草原、湖泊湿地、河口海湾等系统保护修复，改善生态服务功能，提升生物多样性保护水平；优化生产岸线和生活岸线布局结构，严控新增工业岸线，探索实施地下水资源战略储备；完善主体功能区配套政策，健全产业负面清单制度，优化人口、资源、产业合理配置；强化文化遗产与自然遗产整体保护和系统活化利用，健全跨行政区协同机制，将各类遗产保护管理纳入国土空间规划，推动历史文化、山水文化与城乡发展相融合，构建文化资源、自然资源、景观资源整体保护的空间体系。

④维护规划的严肃性和权威性：要自觉接受国土空间规划的指导约束，不得随意修改、违规变更，对不符合国土空间规划的用地用海、未批先建等违法违规行为要严肃查处；按照"一年一体检、五年一评估"的要求，健全各级各类国土空间规划实施监测评估预警机制，将规划评估结果作为规划实施监督考核的重要依据；建立健全规划监督、执法、问责联动机制，实施规划全生命周期管理。

⑤做好规划实施保障：规划所涉及的各级人民政府要加强组织领导，明确责任分工，健全工作机制，完善配套政策措施，按照"统一底图、统一标准、统一规划、统一平台"的要求，完善国土空间规划"一张图"系统和国土空间基础信息平台，建立国土空间规划实施监测网络，提高空间治理数字化水平；各有关部门要坚

决贯彻党中央、国务院关于"多规合一"改革的决策部署，不在国土空间规划体系之外另设其他空间规划。

3. 其他类国土空间专项规划

其他类国土空间专项规划主要包括落实空间规划的专项规划以及特定区域或行业的专项规划两种类型。其编制主体不局限于自然资源部门，如交通运输部门可组织编制交通专项规划；编制范围所涉行政范围可跨行政区域；编制领域可涉某一特定领域，如能源、水利、交通；编制层级上，可在国家、省和市县层级编制，不同层次类型和精度各有侧重。

其他国土空间专项规划的类型主要包括以下八大类。

资源与环境保护类：绿地系统规划、生态保护规划、造林绿化规划、地下空间规划等。

公共服务设施类：环卫设施布局规划、民政服务设施布局规划、邮政设施布局规划、体育设施布局规划、医疗卫生设施布局规划、文化设施布局规划等。

交通设施类：轨道交通体系规划、轨道交通线网规划、公共交通规划、干线公路网规划、加油加气站布局规划、停车设施规划等。

工业物流类：工业布局规划、物流业空间布局规划等。

安全防灾减灾类：防潮规划、综合防灾减灾规划、抗震规划、消防规划、除涝规划、人防工程规划、气象设施布局规划、应急避难场所规划等。

商业设施类：商业网点布局规划、现代服务业布局规划、市场布局规划等。

市政基础设施类：燃气规划、供热规划、供水规划、排水规划、再生水规划、电力规划等。

其他类：住房建设规划、高层建筑布局规划、通风廊道规划、开敞空间规划、海绵城市规划等。

5.3 国土空间规划的运行体系

国土空间规划在运行上由四个体系构成，即国土空间规划体系"四梁八柱"中的"四梁"，指编制审批体系、实施监督体系、技术标准体系和法规政策体系（图5-3）。

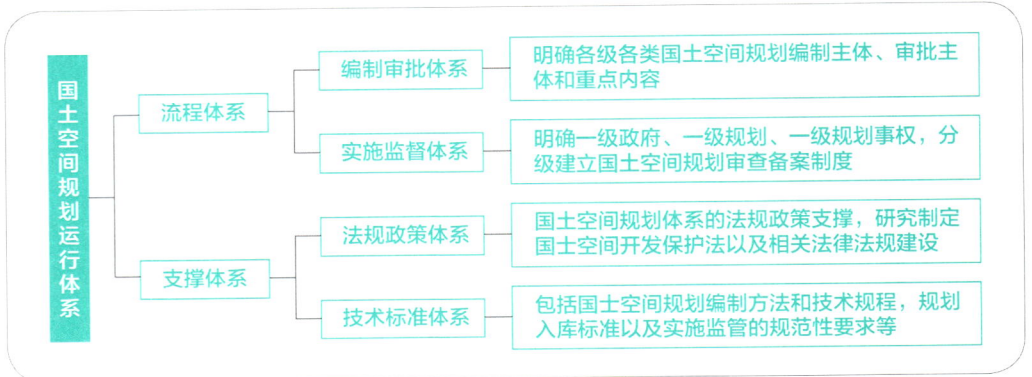

图 5-3 国土空间规划运行体系
资料来源：潘海霞，赵民.国土空间规划体系构建历程、基本内涵及主要特点［J］.城乡规划，2019（5）：4-10.

5.3.1 编制审批体系

规划编制审批体系即各级各类国土空间规划编制和审批，以及规划之间的协调配合（图5-4）。国家、省、市县编制国土空间总体规划，各地结合实际编制乡镇国土空间规划。国土空间总体规划是详细规划的依据、相关专项规划的基础，因此相关专项规划要相互协同，并与详细规划做好衔接。

1. 规划编制要求

第一是体现战略性。规划编制应全面落实党中央、国务院重大决策部署，体现国家意志和国家发展规划的战略性，自上而下编制各级国土空间规划，对空间发展作出战略性和系统性安排；需要坚决落实国家安全战略、区域协调发展战略和主体功能区战略，明确空间发展目标，优化城镇化格局、农业生产格局、生态保护格局，确定空间发展策略，转变国土空间开发保护方式，提升国土空间开发保护质量和效率。

第二是提高科学性。规划编制应坚持陆海统筹、区域协调、城乡融合，优化国土空间结构和布局，统筹地上地下空间综合利用，着力完善交通、水利等基础设施和公共服务设施，延续历史文脉，加强风貌管控，突出地域特色；坚持上下结合、社会协同，完善公众参与制度，发挥不同领域专家的作用；运用城市设计、乡村营造、大数据等手段，改进规划方法，提高规划编制水平。

第三是加强协调性。规划编制应强化国家发展规划的统领作用，强化国土空间规划的基础作用。国土空间总体规划要统筹和综合平衡各相关专项领域的空间需求，详细规划要依据批准的国土空间总体规划进行编制和修改，相关专项规划要遵

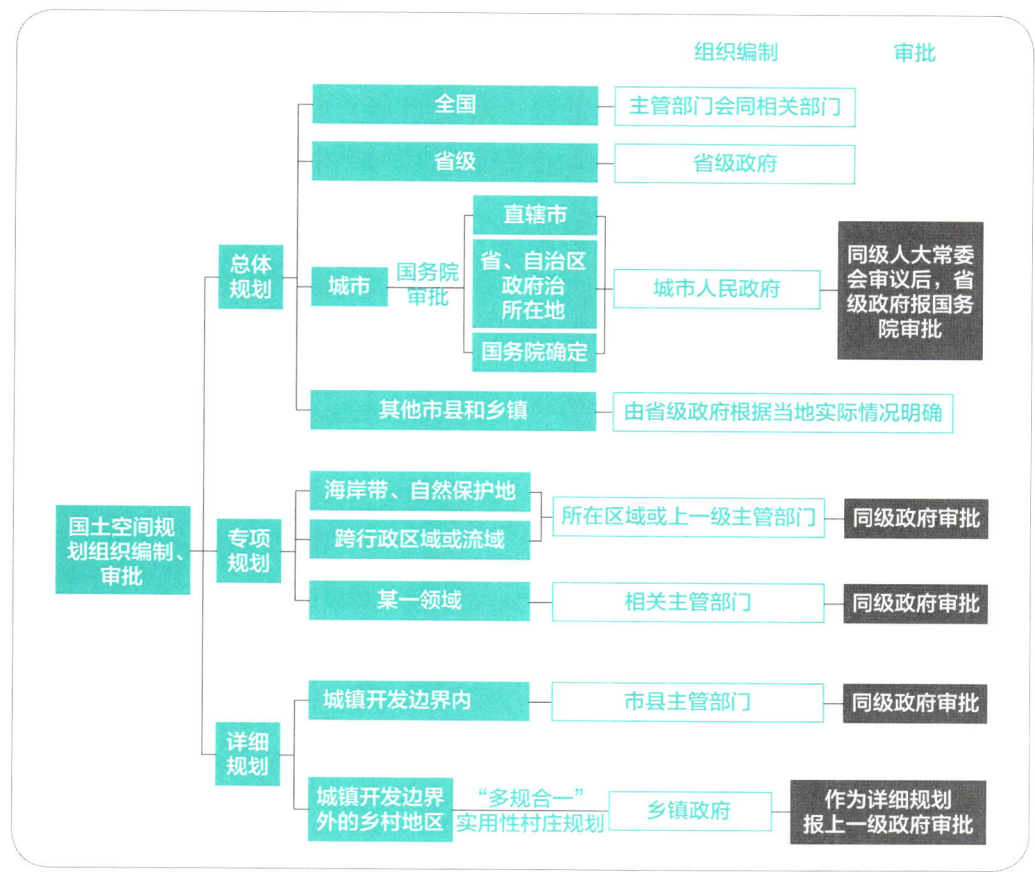

图 5-4 国土空间规划分类组织编制和审批示意图
资料来源：中共中央、国务院，《中共中央 国务院关于建立国土空间规划体系并监督实施的若干意见》，2019。（根据文献内容改绘）

循国土空间总体规划，不得违背总体规划强制性内容，其主要内容要纳入详细规划。

第四是注重操作性。规划编制应按照"谁组织编制、谁负责实施"的原则，明确各级各类国土空间规划编制和管理的要点，明确规划约束性指标和刚性管控要求，同时提出指导性要求；应制定实施规划的政策措施，提出下级国土空间总体规划和相关专项规划、详细规划的分解落实要求，健全规划实施传导机制。

2. 各级总体规划的编制审批

全国国土空间规划是对全国国土空间作出的全局安排，是全国国土空间保护、开发、利用、修复的方针和总纲，侧重战略性，由自然资源部会同相关部门组织编制，由党中央、国务院审定后印发。省级国土空间规划是对全国国土空间规划的落实，指导市县级国土空间规划编制，侧重协调性，由省级政府组织编制，经同级人大常委会审议后报国务院审批。市县级和乡镇级国土空间规划是本级政府对上级国土空间规划要求的细化落实，是对本行政区域开发保护作出的具体安排，侧重实施性。须报国务院审批的城市国土空间总体规划，由市政府组织编制，经同级人大常委会审议后，由省级政府报国务院审批；其他市县及乡镇级国土空间规划由省级政府根据当地实际，明确规划编制审批内容和程序要求。各地可因地制宜，将市县级与乡镇级国土空间规划合并编制，也可以几个乡镇为单元编制乡镇级国土空间规划。

2019年，《自然资源部关于全面开展国土空间规划工作的通知》提到，明确国土空间规划报批审查的要点，按照"管什么就批什么"的原则，对省级和市县国土空间规划侧重控制性审查，对规划程序和报批成果形式做合规性审查。

3. 各类专项规划的编制审批

海岸带、自然保护地等区域的专项规划，及跨行政区域或流域的国土空间规划，由所在区域或上一级自然资源主管部门牵头组织编制，报同级政府审批；涉及空间利用的某一领域专项规划，如交通、能源、水利、农业、信息、市政等基础设施，公共服务设施，军事设施，以及生态环境保护、文物保护、林业草原等专项规划，由相关主管部门组织编制。相关专项规划可在国家、省和市县层级编制，不同层级、不同地区的专项规划可结合实际选择编制的类型和精度。

2021年发布的《安徽省国土空间规划委员会办公室关于开展国土空间专项规划编制工作的通知》提到，报省政府批准的省级国土空间专项规划，由省自然资源主管部门会同有关部门编制目录清单，省政府有关部门自行编制或批准的各类空间性规划，须报省自然资源主管部门备案；国土空间专项规划报批前，应当由同级自然资源主管部门审核，经核对符合规定的，由自然资源主管部门出具国土空间规划"一张图"合规性审查同意意见，作为规划报批要件。2023年，浙江省人民政府办公厅发布《浙江省国土空间专项规划管理办法》，提出专项规划由所在行政区行业主管部门或上一级行业主管部门牵头组织编制，专项规划编制牵头部门通过空间治理平台向本级自然资源部门提出审查核对申请，本级自然资源部门通过空间治理平台开展规划一致性分析审查核对，并出具审查核对意见，省市县专项规划一般报本级政府审批，跨区域（流域）专项规划报上一级政府审批。

4. 两类详细规划的编制审批

详细规划是对具体地块用途和开发建设强度等作出的实施性安排，是开展国土空间开发保护活动、实施国土空间用途管制、核发城乡建设项目规划许可、进行各项建设等行为的法定依据。在城镇开发边界内的详细规划，由市县自然资源主管部门组织编制，报同级政府审批；在城镇开发边界外的乡村地区，以一个或几个行政村为单元，由乡镇政府组织编制"多规合一"的实用性村庄规划，作为详细规划，报上一级政府审批。

2023年，自然资源部发布《自然资源部关于加强国土空间详细规划工作的通知》，提出各地应分区分类推进详细规划编制，重点地区应编制详细规划；各地自然资源部门应按照《国土空间规划城市设计指南》要求开展城市设计，按法定程序将有关建议统筹纳入详细规划管控引导要求；要加快推进规划编制和实施管理的数字化转型，有序实施详细规划编制、审批、实施、监督全程在线数字化管理，提高工作质量和效能；市县自然资源部门是详细规划的主管部门，省级自然资源部门要加强对详细规划编制的指导。为便于详细规划工作的开展，各市相继制定了控制性详细规划管理规定办法。其中，《北京市控制性详细规划编制审批管理办法》提出，中心城和新城控制性详细规划由市规划行政主管部门报市人民政府审批，乡和镇控制性详细规划由区县人民政府报市规划行政主管部门审查后报市人民政府审批；《上海市控制性详细规划制定办法》提出，中心城控制性详细规划和新城、新市镇控制性详细规划由区、县人民政府会同市规划行政管理部门组织编制，市人民政府确定的特定区域控制性详细规划由市规划行政管理部门会同相关区、县人民政府组织编制，控制性详细规划应当经市人民政府批准；《广州市城乡规划程序规定》提出，市辖各区的控制性详细规划由市规划和自然资源主管部门根据总体规划组织编制，由市规划和自然资源主管部门审查、城市规划委员会审议后，报市人民政府批准。

5.3.2 实施监督体系

实施监督体系，即国土空间规划的实施和监督管理体系，包括：以国土空间规划为依据，对所有国土空间实施用途管制；依据详细规划发放城乡建设项目相关规划许可；建立规划动态监测、评估、预警以及维护更新等机制；优化现行审批流程，提高审批效能和监管服务水平；制定城镇开发边界内外差异化的管制措施；建立国土空间规划"一张图"实施监督信息系统，并利用大数据、智慧化等技术手段加强规划实施监督，如为确保监测、评估和维护等各环节系统衔接，提高规划适应性，《上海市城市总体规划（2017—2035年）》在实施过程中构建了实施监督机制（图5-5）。

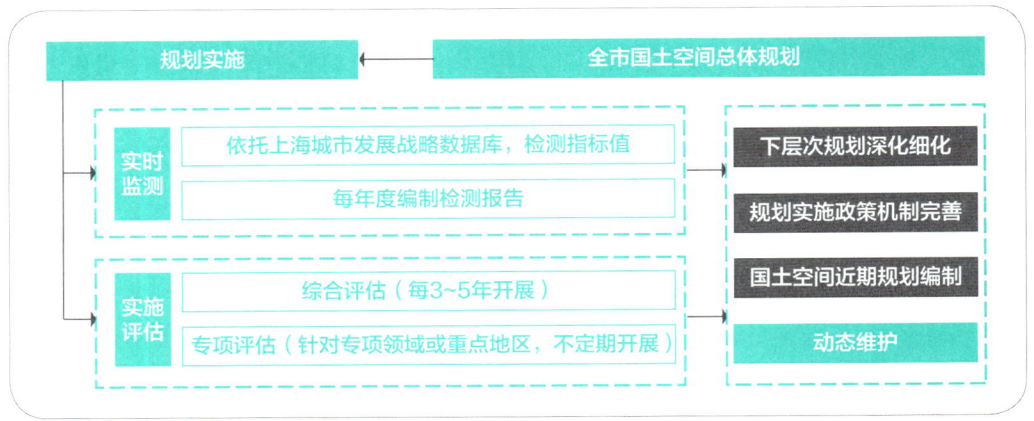

图5-5　上海市国土空间规划实施监督机制
资料来源：徐毅松，熊健，范宇，等.关于上海建立国土空间规划体系并监督实施的实践和思考［J］.城市规划学刊，2020, 257（3）：57-64.

1. 强化规划权威

规划一经批复，任何部门和个人不得随意修改、违规变更。下级国土空间规划要服从上级国土空间规划，相关专项规划、详细规划要服从总体规划；坚持先规划、后实施，不得违反国土空间规划进行各类开发建设活动；坚持"多规合一"，不在国土空间规划体系之外另设其他空间规划；相关专项规划的有关技术标准应与国土空间规划衔接；因国家重大战略调整、重大项目建设或行政区划调整等确需修改规划的，须经规划审批机关同意后，方可按法定程序进行修改；对国土空间规划编制和实施过程中的违规违纪违法行为，要严肃追究责任。

2. 改进规划审批

实施监督体系应按照"谁审批、谁监管"的原则，分级建立国土空间规划审查备案制度，精简规划审批内容，管什么就批什么，大幅缩减审批时间；减少需报国务院审批的城市数量，直辖市、计划单列市、省会城市及国务院指定城市的国土空间总体规划由国务院审批。相关专项规划在编制和审查过程中应加强与有关国土空间规划的衔接及同"一张图"的核对，批复后将其纳入同级国土空间基础信息平台，叠加到国土空间规划"一张图"上。

例如,《海南省自然资源和规划厅关于推进国土空间用途管制行政审批制度改革的意见》提出各市县自然资源和规划主管部门、省级各有关审批单位要对现有自然资源和规划行政许可事项的办事指南、申请表单和申报材料清单进行清理,进一步简化和规范申报材料。除法定的批准文件和证书以外,自行设立的各类通知书、审查意见等一律取消,从而简化报件审批材料[1]。

3. 健全用途管制制度

实施监督体系应以国土空间规划为依据,对所有国土空间分区分类实施用途管制。在城镇开发边界内的建设,实行"详细规划+规划许可"的管制方式;在城镇开发边界外的建设,按照主导用途分区,实行"详细规划+规划许可"和"约束指标+分区准入"的管制方式;对以国家公园为主体的自然保护地、重要海域和海岛、重要水源地、文物等实行特殊保护制度;因地制宜制定用途管制制度,为地方管理和创新活动留有空间。

随着"上海2035"的批复,上海实现了从"三线"到生态空间、农业空间、城镇空间"三大空间"的过渡,基本统一了国土空间用途管制的依据,并在此框架下逐步探索全域全地类用途管制。《中共上海市委、上海市人民政府关于建立上海市国土空间规划体系并监督实施的意见》从分区分类制定用途管制规则、健全城市开发边界外用途管制、优化国土空间用途管制审批制度和实施各类用地全生命周期管理四个角度完善了上海市的国土空间用途管制制度。

4. 监督规划实施

各地应依托国土空间基础信息平台,建立健全国土空间规划动态监测评估预警和实施监管机制。上级自然资源主管部门要会同有关部门组织对下级国土空间规划中各类管控边界、约束性指标等管控要求的落实情况进行监督检查,将国土空间规划执行情况纳入自然资源执法督察内容,健全资源环境承载能力监测预警长效机制,建立国土空间规划定期评估制度,结合国民经济社会发展实际和规划定期评估结果,对国土空间规划进行动态调整完善。

例如,广东省在国土空间规划实施监督实践中搭建了"权威共享、精准监测"的实施监督信息系统。其中在数据采集方面,广东省充分利用广东省政务大数据中心,强化各类数据治理工作,保证数据来源的精度及格式的标准化,推动跨部

---

1. 海南省自然资源和规划厅,《海南省自然资源和规划厅关于推进国土空间用途管制行政审批制度改革的意见》,2020。

门、跨层级、跨地区的数据共享和信息交互，打破信息壁垒；在数据应用方面，集成天空地一体化、大数据及人工智能等技术，对指标、用地、底线等进行智能监测。

5. 推进"放管服"改革

"放管服"改革（简政放权、放管结合、优化服务）是促进政府职能转变和实施有效监管的重要举措。国土空间规划的实施和监督管理应以"多规合一"为基础，统筹规划、建设、管理三大环节，推动"多审合一""多证合一"，优化现行建设项目用地（海）预审、规划选址以及建设用地规划许可、建设工程规划许可等审批流程，提高审批效能和监管服务水平。

《国务院办公厅关于开展工程建设项目审批制度改革试点的通知》《国务院办公厅关于全面开展工程建设项目审批制度改革的实施意见》等文件提出在"多规合一"的基础上开展工程项目审批改革。这既是全面贯彻"放管服"改革理念的手段，也是整体性推进国家治理体系和治理能力现代化的有益探索和实践[1]。

5.3.3　技术标准体系

技术标准体系是国土空间规划体系的技术支撑。"多规合一"对原有城乡规划和土地利用规划的技术标准体系提出了重构性改革要求，要按照生态文明建设的要求，改变原来以服务开发建设为主的工程思维方式，注重生态优先、绿色发展，强调生产、生活、生态空间有机融合。按照本次改革要求，自然资源部将牵头建构统一的国土空间技术标准体系，并加快制定各类各级国土空间规划编制技术规程。该规程主要有两方面内容：一是完善技术标准体系，按照"多规合一"要求，由自然资源部会同相关部门负责构建统一的国土空间规划技术标准体系，修订完善国土资源现状调查和国土空间规划用地分类标准，制定各级各类国土空间规划编制办法和技术规程；二是完善国土空间基础信息平台，以自然资源调查监测数据为基础，采用国家统一的测绘基准和测绘系统，整合各类空间关联数据，建立全国统一的国土空间基础信息平台[2]。

---

1. 崔海波. 新时期政府整体性空间治理的理论与实践——以长沙市工程建设项目审批改革为例［J］. 规划师，2020，36（12）：25-30+37.
2. 中共中央、国务院,《中共中央　国务院关于建立国土空间规划体系并监督实施的若干意见》, 2019.

国土空间规划的技术标准可划分为不同类型，可分为基础标准、通用标准和专用标准。基础标准是指在国土空间规划范围内作为其他标准的基础、普遍使用且具有广泛指导意义的术语、符号、计量单位、图形、模数、基本分类、基本原则等标准。通用标准是针对国土空间规划标准化对象制定的覆盖面较大的共性标准，它可作为制订专用标准的依据，包括通用的安全、卫生和环保要求，通用的质量要求，通用的设计、施工要求与试验方法，以及通用的管理技术等。专用标准是指针对国土空间规划标准化对象或作为通用标准的补充、延伸制定的专项标准，覆盖面一般不大，如某种工程的勘察、规划、设计、施工、安装及质量验收的要求和方法，某个范围的安全、卫生、环保要求，某项试验方法，某类产品的应用技术以及管理技术。

对应国土空间规划体系"五级三类"基本构架所建立的国土空间规划技术标准体系架构，主要注重空间层级上覆盖国家、省、市、县和乡镇，最后落到社区和村庄，工作流程兼顾规划编制、审批、实施、监督全周期，标准类型涵盖基础通用、编制审批、实施监督、信息技术四大方面（图5-6）。

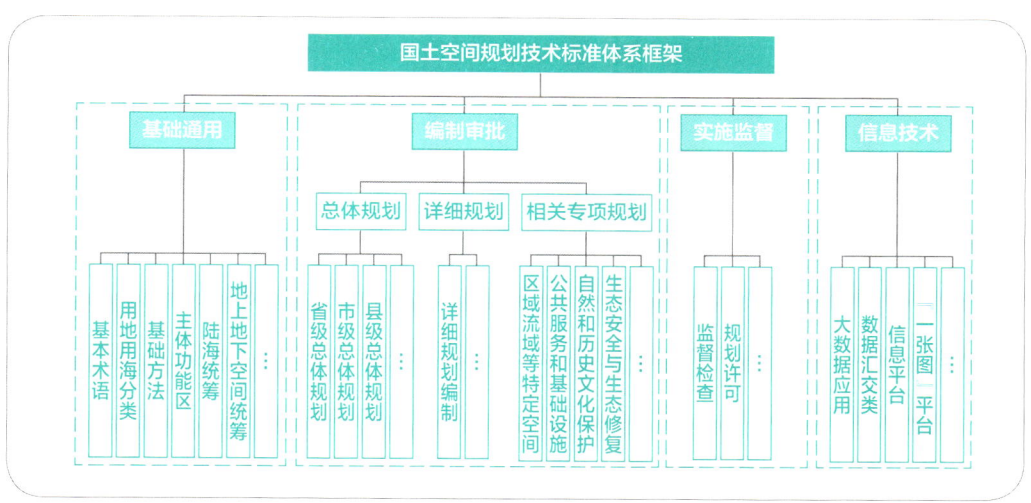

图5-6　国土空间规划技术标准体系框架
资料来源：自然资源部、国家标准化管理委员会，《国土空间规划技术标准体系建设三年行动计划（2021—2023年）》，2021。（根据文献内容改绘）

1. 基础通用类标准

基础通用类标准，主要是适用于国土空间规划编制、审批、实施监督全流程的相关标准规范，具备基础性和普适性特点，同时也作为其他相关标准的基础，具有广泛指导意义。目前已正式发布的标准有《国土空间规划城市设计指南》《社区生活圈规划技术指南》《城区范围确定规程》等。《国土空间规划技术标准体系建设三年行动计划（2021—2023年）》中提到的基础通用类标准如表5-2所示。

表5-2　国土空间规划标准三年行动计划工作推进表——基础通用类

序号	标准名称	标准类型
1	国土空间规划术语	国家标准
2	国土空间规划制图规范	国家标准
3	国土空间调查、规划、用途管制用地用海分类标准	国家标准
4	主体功能区（县）名录评估调整技术指南	行业标准
5	资源环境承载能力和国土空间适宜性评价技术指南	国家标准
6	国土空间规划城市设计指南	行业标准
7	社区生活圈规划技术指南	行业标准
8	城区范围确定规程	行业标准
9	其他	—

资料来源：自然资源部、国家标准化管理委员会，《国土空间规划技术标准体系建设三年行动计划（2021—2023年）》，2021。（根据文献内容改绘）

2. 编制审批类标准

编制审批类标准，主要是适用于各类空间规划在实施管理、监督检查等方面的相关标准规范（表5-3），强调规划用途管制和过程监督。目前已正式发布的标准如《城乡公共卫生应急空间规划规范》等。

表5-3　国土空间规划标准三年行动计划工作推进表——编制审批类

总体规划标准		
序号	标准名称	标准类型
1	省级国土空间规划编制技术规程	国家标准
2	市级国土空间总体规划编制技术规程	行业标准
3	县级国土空间总体规划编制技术规程	行业标准
4	市级国土空间总体规划制图规范	行业标准
5	县级国土空间总体规划制图规范	行业标准
6	其他	—
详细规划标准		
1	详细规划编制技术规程	行业标准
2	其他	—
专项规划标准		
1	都市圈国土空间规划编制规程	行业标准
2	城市更新空间单元规划编制技术导则	国家标准

续表

	专项规划标准	
3	综合防灾规划技术规范	行业标准
4	历史文化遗产及风貌保护规划指南	行业标准
5	城乡公共卫生应急空间规划规范	行业标准
6	国土空间规划环境影响评价编制指南	行业标准
7	其他	—

资料来源：自然资源部、国家标准化管理委员会，《国土空间规划技术标准体系建设三年行动计划（2021—2023 年）》，2021。（根据文献内容改绘）

3. 实施监督类标准

实施监督类标准，主要是适用于各类空间规划实施管理、监督检查等方面的相关标准规范（表5-4），强调规划用途管制和过程监督。目前已正式发布的标准有《国土空间规划城市体检评估规程》等。

表 5-4　国土空间规划标准三年行动计划工作推进表——实施监督类

序号	标准名称	标准类型
1	国土空间规划监测评估预警标准（国土空间规划"一张图"监管体系标准）	国家标准
2	生态保护红线监测评估预警技术标准	行业标准
3	国土空间规划城市体检评估规程	行业标准
4	其他	—

资料来源：自然资源部、国家标准化管理委员会，《国土空间规划技术标准体系建设三年行动计划（2021—2023 年）》，2021。（根据文献内容改绘）

4. 信息技术类标准

信息技术类标准，主要是以实景三维中国建设数据为基底，以自然资源调查监测数据为基础，采用国家统一的测绘基准和测绘系统，整合各类空间关联数据，建立全国统一的国土空间基础信息平台的相关标准规范（表5-5），体现新时代国土空间规划的信息化、数字化水平。目前已正式发布的标准有《国土空间规划"一张图"实施监督信息系统技术规范》《国土空间规划城市时空大数据应用基本规定》等。

表5-5 国土空间规划标准三年行动计划工作推进表——信息技术类

序号	标准名称	标准类型
1	国土空间规划"一张图"实施监督信息系统技术规范	国家标准
2	国土空间规划城市时空大数据应用基本规定	行业标准
3	市级国土空间总体规划数据库规范	行业标准
4	国土空间用途管制数据规范	行业标准
5	其他	—

资料来源：自然资源部、国家标准化管理委员会，《国土空间规划技术标准体系建设三年行动计划（2021—2023年）》。2021.（根据文献内容改绘）

5.3.4 法规政策体系

法规政策体系是国土空间规划体系的法规政策支撑。完善法规政策体系需要研究制定国土空间开发保护法，加快国土空间规划相关法律法规建设，应梳理与国土空间规划相关的现行法律法规和部门规章，对"多规合一"改革涉及突破现行法律法规规定的内容和条款，按程序报批，取得授权后施行，并做好过渡时期的法律法规衔接。完善适应主体功能区要求的配套政策，保障国土空间规划有效实施，一方面，要在充分梳理研究已有相关法律法规的基础上，加快国土空间规划立法，做好过渡时期的法律衔接；另一方面，国土空间规划的编制和实施需要全社会的共同参与和各部门的协同配合，需要有关部门配合建立健全人口、资源、生态环境、财政、金融等配套政策，保障规划有效实施。

1. 国土空间规划专门立法正在稳步推进

《中华人民共和国国土空间规划法》已被列入十四届全国人大常委会立法规划。全国人大环境与资源保护委员会组建国土空间规划立法研究论证工作领导小组，将"国土空间开发保护法"与"空间规划相关立法"分别列为第二类与第三类立法项目。自然资源部作为统一行使所有国土空间用途管制和生态保护修复职责的直接主体，开展了专题研究和立法调研，积极展开《中华人民共和国国土空间规划法》的文件起草以及与立法研究的相关论证。

2. 国土空间规划条例的地方实践

截至 2023 年，在地方实践层面，《大连市国土空间规划条例》《宁波市国土空间规划条例》《南京市国土空间规划条例》等均已出台，在国土空间用途管制、规划实施、监督检查与法律责任等方面作出了明确规定；北京等地出台了地方性法规通知，对国土空间规划编制作出相关规范要求；浙江、广东等地则出台地方性法规，将城市更新、城市设计和景观风貌管理等相关内容纳入国土空间规划体系。与此同时，浙江省自然资源厅也于 2023 年公布《浙江省国土空间规划条例（草案征求意见稿）》，其为全国第一个公示的省级国土空间规划条例。

3. 自然资源部同步推动相关政策完善工作

自然资源保护制度方面，2021 年 9 月，《关于深化生态保护补偿制度改革的意见》提出，应在重点生态功能区转移支付中实施差异化补偿，加大对生态保护红线覆盖比例较高地区的支持力度，探索建立补偿资金与破坏生态环境相关产业逆向关联机制；2022 年，国家发改委、商务部印发的《市场准入负面清单（2022 年版）》将重点生态功能区和农产品主产区产业准入负面清单统一纳入。

在规划许可、用地审批和国土空间规划审查制度方面，制度改革的探索自 2019 年起就已启动。《中共中央 国务院关于建立国土空间规划体系并监督实施的若干意见》提出建立国土空间规划体系，将主体功能区规划、土地利用规划、城乡规划等空间规划融合为统一的国土空间规划；2023 年 5 月，为进一步推进"多规合一"，自然资源部印发《关于深化规划用地"多审合一、多证合一"改革的通知》，以精简审批环节、加强规范管理、提升服务水平为重点，推动"多审合一、多证合一"。

国土空间规划的立法相关工作，本质上是为国土空间的治理与发展提供法律保障途径，其具有以下三个趋势。其一，立法工作以国土空间治理现代化为发展目标，有两大特点，一是空间的配置有序，通过对生态、农业、城镇等不同类型空间的管控与引导，推动国土空间要素配置的不断优化；二是空间的利用高效，依托"双评价"识别制约区域发展的短板与问题，最大集约化地利用适宜开发的国土空间。其二，国土空间规划立法面向的主要问题是政策制度协同和编制技术创新之间的协调。其三，在具体实施推进中，各地区以点带面利用示范地区为抓手，逐步探索国土空间规划立法中的各个子领域可行性与政策效用，并逐步将成功经验推广至全国其他区域。

5.4 国土空间规划的传导机制

5.4.1 国土空间规划的传导体系

国土空间规划传导体系强调空间及规划层级之间的协调性，包括纵向和横向两个维度的传导关系。国土空间规划"五级三类"编制体系是一个纵向逐级逐层传导的过程。国家和省级总体规划规定目标、管控要求，下面的市县级总体规划通过任务分解和指标传导来实现目标和要求。同时纵向上还有对详细规划的传导过程，其主要内容要在详细规划中细化落实。横向传导方面，总体规划统筹和综合平衡各相关专项领域的空间需求，相关专项规划要遵循国土空间总体规划，不得违背总体规划强制性内容[1]。所以国土空间规划其实是横纵向两个维度的传导（图5-7）。

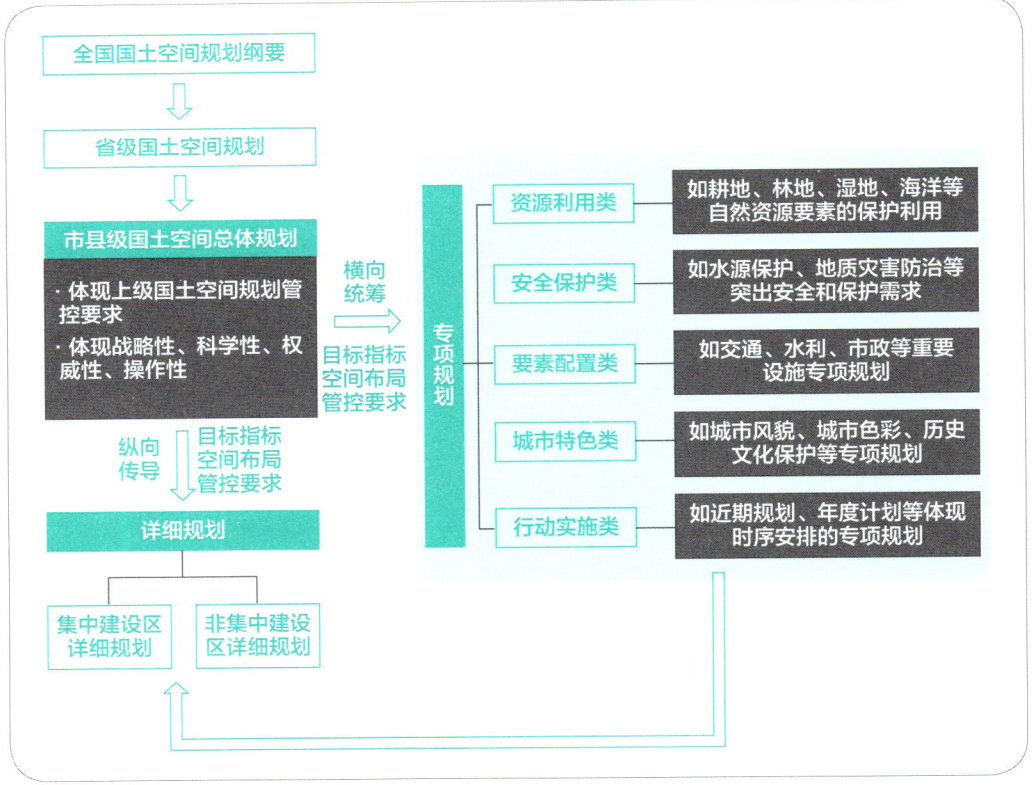

图5-7 国土空间规划横纵向传导体系
资料来源：汪淳，旷薇，江艺东.面向实施管理的市县级国土空间总体规划传导机制研究[C].//中国城市规划委员会2019中国城市规划年会论文集.北京：中国建筑工业出版社，2019：62-69.（根据文献内容改绘）

---

1. 伍江.国土空间规划总体框架解析[N].中国自然资源报，2019-05-30（3）.

5.4.2 国土空间规划的传导要素

1. 底线传导

目前国土空间规划构建了"3+5"两级控制线体系，实行分级划定与管控。一级控制线为城镇开发边界、生态保护红线、永久基本农田保护红线三条控制线，是最为刚性和核心的空间控制线。国家和省级规划明确三条控制线的划定要求、管制规则，市、县级规划统筹协调各部门的划定工作，乡（镇）级规划确定三条控制线具体边界并确保落地实施。二级控制线为构建城市发展骨架、保障基础设施供给、改善城市开放空间、划定传承城市文脉的各类设施用地边界，包括城市"五线"和公益服务用地，为总体规划的强制性条例。市级规划划定市级以上二级控制线，县级规划落实市级规划，进一步划定县级二级控制线。边界控制线通过坐标点明确控制范围，边界控制线内空间一般具有明确的用途属性和管控要求。

2. 分区用途传导

上位规划中所确定的空间保护和开发的内容，需要在下位规划和专项规划中进行深化、细化和落实，这是结合各层级事权重要性的一种分区传导思路，主要传导层次为：国家与省级层次划定主体功能区—市县级划分规划分区—乡镇级确定用途分类（图5-8）。

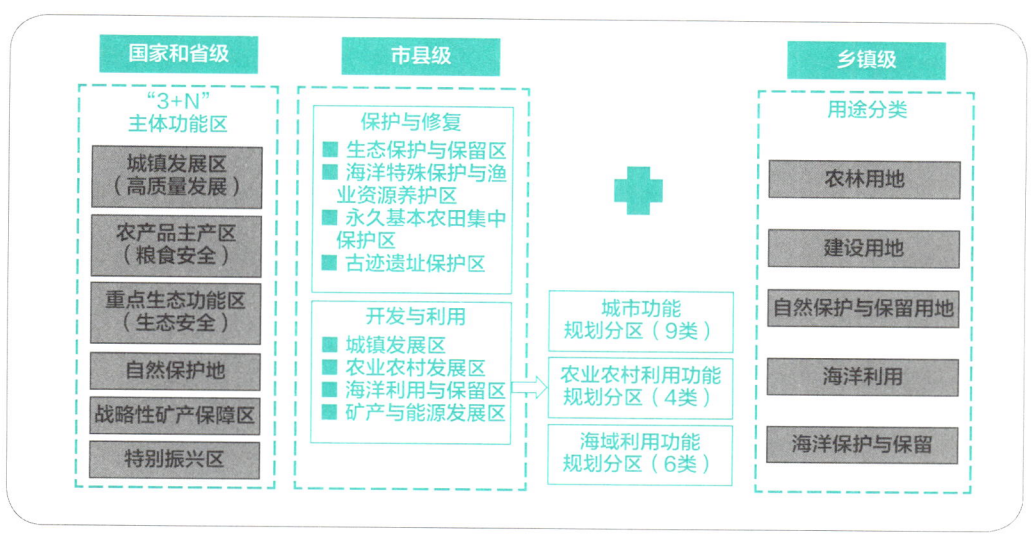

图5-8 国土空间规划分区用途传导
资料来源：作者自绘

宏观上国家主体功能区战略，以县为单位划分陆域和海域"3+N"主体功能区，包括城镇发展区、农产品主产区、重点生态功能区、自然保护地、战略性矿产保障区、特别振兴区等。其中，全国国土空间规划纲要划分重点县和海域主体功能区，省级规划进一步划分其他区域主体功能区。

在中观上体现地域差异和功能定位的类型分区，应按照主体功能区要求，进一步按照保护与修复、开发与利用两个维度进行规划分区，划定生态保护与保留区、海洋特殊保护与渔业资源养护区、永久基本农田集中保护区、古迹遗址保护区、城镇发展区、农业农村发展区、矿产与能源发展区、海洋利用与保留区。其中，开发与利用区进一步细分为十九类分区，分区要落实省级规划的划定比例、范围和相关管控要求，指导乡镇级规划编制实施。

微观上应落实确定各类用地规划用途，体现开发的优先性和保护的重要性，突出全域管控和用途管制。

3. 名录清单传导

名录传导落实上位规划的针对性要求，以名录的形式对名称、面积、分布、责任主体等予以细化，具有透明度高、操作性强、管理模式灵活的特点，包括以下三大类。

一是保护地名录，侧重落实生态保护刚性约束，涵盖重点生态功能区、国家公园、自然保护区、森林公园、风景名胜区、地质公园、世界自然遗产、湿地公园、水源保护地等各类保护地，以及历史文化名城、名镇、名村。国家和省级规划提出省级以上保护地名录、所在位置、主要保护面积、管控要求；市、县级规划提出市、县级保护地名录，并在空间布局中落实各级保护地，明确准入类型和管控手段。

二是重点项目名录，侧重增强规划弹性管理，涵盖各类基础设施、特殊选址、新农村建设项目，以及国土空间整治和生态修复项目等内容。上级规划重点项目清单应包含下级规划的编制内容，以此作为下级规划编制要求和审查依据。已纳入重点项目表但不符合乡镇级规划的项目，在涉及三条控制线管控要素的前提下，应简化规划调整程序。

三是其他名录，包括城镇村体系名录、各类功能区名录等，侧重规划操作性和引导性，如国家和省级规划提出全国城镇空间格局和省域城镇体系，市、县级规划落实国家和省级规划要求，提出城镇村体系。

4. 规划指标传导

指标传导是落实上位规划确定的量化要求，以总量、人均、地均、目标等量化形式在本级规划中予以明确并分配至下级规划的传导方式，是规划传导的核心要素，可分为约束性指标、预期性指标和建议性指标。

约束性指标是为实现规划目标，在规划期内不得突破或必须实现的指标，必须自上而下层层分解落实。以生态空间规划为例，生态空间规划以指标约束为主线，通过建立与各层次生态空间规划相对应的指标体系，对生态空间总量、结构布局等要求予以分解并自上而下逐级传导，落实资源要素"量"与"布局"的控制。

预期性指标是指按照经济社会发展预期，在规划期内努力实现或不突破的指标，如常住人口、城镇化率、基本农田储备区规模。下级规划可根据实际情况对预期性指标进行调整。

建议性指标是指可根据地方实际以及地方特色而选取的规划指标，例如可再生能源利用比例、生物多样性指数、轨道交通站点服务覆盖率。

5. 空间结构传导

空间结构传导即国土空间开发策略在空间上的落实，其呈现出一定的结构性。上位规划所确定的不同空间要素间的组合关系需要在下位规划中得到响应，传导要素既包括空间保护要素的传导，如生态保护廊道、大型城市绿带，也包括空间利用要素的传导，如重大交通设施布点、城乡公共中心体系、产业发展轴线。以绿色空间网络为例，市级国土总体规划应确定市域绿带骨架与大型结构性绿地，并通过空间结构传导至区级国土空间总体规划和分区规划中。在区级规划中，可以依据实际自然环境条件对市级绿带骨架和结构性绿地进行形状上的调整，但不得改变结构性布局与突破数量指标要求（如人均公园绿地面积），同时确定区级的城市绿带与集中绿地，并在向详细规划层级的传导中，将绿带与结构绿地等结构性内容转化为功能用途。

6. 位置坐标传导

位置坐标传导主要要求了在本级国土空间规划中明确地理区位，并在下位规划和专项规划中进一步确定的位置地理坐标，包括交通线网选线、重大基础设施和公共设施布点等。在国土空间规划中，位置型传导往往体现为将各类名录型内容在空间上的图示化，以便相互配合进行，同时也表现为对空间结构的一种支撑，例如重大交通对战略功能区的支撑，重大公共设施对中心体系的支撑。

5.4.3 国土空间规划的传导方式

1. 落实
下位规划要严格遵守上位规划传导的内容，且在继续传导中不得变更。

2. 深化
下位规划和专项规划应对上位规划所要求内容进行进一步分解和细化，例如将规划分区按照二级进行划分，下位和专项规划可根据上位规划中的主体功能区，对规划分区进行细化（图5-9），或者是对重大的结构性要素，如交通走廊、设施走廊，进行空间定线选线上的深化落实。

图5-9 规划分区深化示意
资料来源：作者自绘

3. 增补
下位或专项规划可在本级事权范围内进一步增加与补充内容，例如在规划指标的传导中，本级政府可以在事权范围内，根据地方特色和地方实际，加入一定的特色指标，对下位规划进行监测和管控。或是在名录清单的传导中，下级政府可在上级政府要求的重点项目名录内，加入本级政府的重点项目名录。

4. 转译
随着规划空间层次的下沉，规划的深度也会增加，下位规划会对上位规划的内容进行转化之后向下传导或落实，例如在市县级在确定了本级公共服务设施服务水平标准之后，乡镇/街道级则需要根据上位定下的服务标准，进行空间转译，提出符合相应标准的小学、中学等设施的空间布点方案，最后在详细规划中，在规模不变、布局优化的前提下，进一步确定小学等设施的具体边界。

5.4.4 国土空间规划的信息传导

规划成果的表达可以依据不同的传达对象、不同的规划意图选择恰当的技术语言，包括规划图则、指标体系、政策文件、规划文本、技术标准等，可从空间、数量、政策三个方面进行概括。

1. 空间

空间即规划成果通过图面化的表达方式，落实上位规划所要求的空间布局、结构等内容，以图纸或图则所反映的信息，对国土空间规划的总目标和内容进行分解细化，指引规划落实和实施，具有简明易读的特性。根据其表现形式，可以将其统称为"图"。

2. 数量

数量即规划成果以数量、数字的形式，纵向上由上位至下位规划、横向上由总规至专项规划进行传导，对重要的指标和数值进行落实和分解，包括耕地保有量、永久基本农田保护面积等。国土空间核心指标需在五级规划体系的基础上，进行数值的逐层分解，其成果可以将其统称为"数"。

3. 政策

政策即规划成果的文本和规则信息。上位规划中所确定的县级城市功能定位以及空间格局等内容，需要以政策和文本的形式，在下位规划中得到落实，例如"国家公园服务基地、高新技术产业基地"定位，"一城、一带、多组团"空间格局等文本信息。根据其表现形式，可以将其统称为"文"。

关键术语

总体规划、详细规划、专项规划、四梁八柱、城镇开发边界、都市圈、约束性指标、用途管制、主体功能区、生态保护红线、永久基本农田保护红线

思考题

1. 我国国家规划体系的"三级四类"指什么？
2. 我国国土空间规划体系的"五级三类四体系"指什么？
3. 请阐述国土空间总体规划、详细规划、专项规划三者之间的关系。
4. 请阐述市县级国土空间总体规划的主要编制内容。
5. 请阐述城镇开发边界内、外详细规划的区别。
6. 举例说明跨行政区或流域国土空间专项规划的主要特点。
7. 国土空间总体规划的编制与审批主体是？
8. 请阐述国土空间监督规划实施的主要内容。
9. 举例说明哪些技术标准分别属于基础通用、编制审批、实施监督、信息技术类。
10. 完善国土空间规划法规政策体系的路径是什么？
11. 阐述传导要素的主要内容是什么。
12. 以自己熟悉的城市国土空间规划为例，简述传导方式的具体内容。
13. 简单列举空间规划在传导信息中可能存在的主要问题。

参考文献

[1] 彭震伟，张立，董舒婷，等．乡镇级国土空间总体规划的必要性、定位与重点内容[J]．城市规划学刊，2020（1）：31-36．
[2] 唐燕．控制性详细规划[M]．北京：清华大学出版社，2019．
[3] 程茂吉，汪毅．村庄规划[M]．南京：东南大学出版社，2021．
[4] 于建伟，张晓瑞．村庄规划理论、方法与实践[M]．南京：东南大学出版社，2022．
[5] 陈川，徐宁，王朝宇，等．市县国土空间总体规划与详细规划分层传导体系研究[J]．规划师，2021，37（15）：75-81．
[6] 林彤，王亚华，高建岗，等．乡村地区国土空间规划分级传导体系研究[J]．规划师，2023，39（5）：90-95．
[7] 张京祥，张尚武，段德罡，等．多规合一的实用性村庄规划[J]．城市规划，2020，44（3）：74-83．
[8] 张立，李雯琪，张尚武．国土空间规划背景下建构乡村规划体系的思考——兼议村庄规划的管控约束与发展导向[J]．城市规划学刊，2021（6）：70-77．
[9] 张圣海，吕晓蓓，谢亚，等．国家区域新格局下的城市群国土空间规划探索——以成渝地区双城经济圈国土空间规划为例[J]．城市规划，2022，46（11）：7-13．
[10] 王朝宇，马星，轩源，等．国土空间规划体系下专项规划体系构建路径探讨[J]．规划师，2021，37（15）：87-94．
[11] 张浩宏，黄斐玫．国土体系下的综合交通规划编制思考[J]．规划师，2021，37（23）：33-39．
[12] 王启轩，任婕．我国流域国土空间规划制度建构的若干探讨[J]．城市规划，2021（2）：65-71．
[13] 赵民．国土空间规划体系建构的逻辑及运作策略探讨[J]．城市规划学刊，2019（4）：8-15．
[14] 徐毅松，熊健，范宇，等．关于上海建立国土空间规划体系并监督实施的实践和思考[J]．城市规划学刊，2020，257（3）：57-64．
[15] 张吉康，罗罡辉，钱竞．深圳市国土空间规划实施监督思路和方法探讨[J]．城乡规划，2019（6）：47-54．
[16] 周艺霖，邱凯付，刘菁．治理体系现代化视角下省级国土空间规划实施监督体系研究[J]．规划师，2022，38（8）：45-51．
[17] 崔海波．新时期政府整体性空间治理的理论与实践——以长沙市工程建设项目审批改革为例[J]．规划师，2020，36（12）：25-30+37．

［18］熊健，林华，黄普，等 . 国土空间规划编制技术标准制定的关键问题与主要思路［J］. 城市规划学刊，2022，272（6）：80-87.
［19］段进，邵润青，兰文龙，等 . 面向高质量发展的营城法则——《雄安新区规划技术指南（试行）》的探索［J］. 城市规划，2022，46（4）：56-62+83.
［20］黄慧明，邓木林，刘松龄 . 广州市国土空间规划技术标准体系构建研究［J］. 规划师，2021，37（9）：17-25.
［21］孙佑海，王操 . 中国国土空间规划法律体系：问题检视与框架重构［J］. 自然资源学报，2022，37（11）：2975-2989.
［22］张晓玲，吕晓 . 国土空间用途管制的改革逻辑及其规划响应路径［J］. 自然资源学报，2020，35（6）：1261-1272.
［23］牛善栋，吕晓 . 国土空间规划体系研究：理论认知与实践向度［J］. 生态与农村环境学报，2023，39（3）：294-305.
［24］吴志强 . 国土空间规划原理［M］. 上海：同济大学出版社，2022.
［25］张京祥，黄贤金 . 国土空间规划原理［M］. 南京：东南大学出版社，2021.
［26］吴次芳，叶艳妹，吴宇哲，等 . 国土空间规划［M］. 北京：地质出版社，2019.
［27］伍江 . 国土空间规划总体框架解析［N］. 中国自然资源报，2019-05-30（3）.
［28］夏南凯 . 控制性详细规划［M］. 北京：中国建筑工业出版社 .2011.
［29］杨保军，陈鹏，董珂，等 . 生态文明背景下的国土空间规划体系构建［J］. 城市规划学刊，2019（4）：16-23.
［30］张京祥，夏天慈 . 治理现代化目标下国家空间规划体系的变迁与重构［J］. 自然资源学报，2019，34（10）：2040-2050.
［31］邹兵 . 自然资源管理框架下空间规划体系重构的基本逻辑与设想［J］. 规划师，2018，34（7）：5-10.
［32］林坚，赵晔 . 国家治理、国土空间规划与"央地"协同——兼论国土空间规划体系演变中的央地关系发展及趋向［J］. 城市规划，2019，43（9）：20-23.
［33］李睿倩，李永富，胡恒 . 生态系统服务对国土空间规划体系的理论与实践支撑［J］. 地理学报，2020，75（11）：2417-2430.

第 6 章

国土空间规划实施管理与制度环境

■ **教学要求**

理解国土空间规划实施管理的内涵,了解国土空间规划实施管理与国家政策、法律和行政制度之间的内在逻辑关系。掌握国土空间规划实施管理的内容,熟悉国土空间规划实施管理的方法。熟悉国土空间规划实施监督的内涵及规划实施监督的主体,掌握国土空间规划城市体检评估的内容及工作流程,了解国土空间规划实施评估预警机制和国土空间规划"一张图"制度。

国土空间规划作为国家空间发展的指南、可持续发展的空间蓝图,也是各类开发保护建设活动的基本依据。随着全国统一的国土空间规划体系总体形成,国土空间规划在国家空间治理体系中的基础性地位已经确立,因此,国土空间规划实施管理实质上是建立在各级各类国土空间规划实施管理基础之上对空间治理体系的重构。

由于国土空间规划体系还在进一步完善中,国土空间规划实施管理尚没有形成标准的定义。本书中的国土空间规划实施管理可以理解为:为了合理利用和保护国土空间资源,构建可持续发展的国土空间格局,维护国土空间资源的整体效益,依据相关法律法规、技术规范和经批准的法定规划对国土空间的保护、开发、利用、修复活动进行控制、引导和监督的管理活动。

国土空间规划的实施管理以全域全要素为管控对象,贯穿编制、审批、修改和实施监督全过程,统筹规划"山水林田湖草"生命共同体的全部自然资源要素,优化国土空间规划布局、提高资源配置效益,既是实现国土空间规划目标的必然途径,也是国土空间开发保护建设活动的客观需要,更是实现国家治理体系和治理能力现代化的制度保障。

6.1 国土空间规划实施管理的制度环境与基础保障

6.1.1 国土空间规划实施管理的制度环境

制度一般指规则或运作模式，是要求大家共同遵守的规程或行动准则。制度环境是一系列关于生产、交换和分配活动的政治、社会和认知基础规则。某一行业的制度环境主要包括国家政策、法律制度、政府行政制度等。

国土空间是经济、社会发展的基础性资源。各类利益主体围绕国土空间使用、收益分配展开博弈。只有在国家政策引领下，通过建立完善的法律保障体系、规范的行政制度，才能对公民、群体、社会进行合理引导，对国土空间进行科学高效利用，进而保证国土空间规划实施管理的有序进行。

1. 国土空间规划实施管理的国家政策

国家政策是国家为了实现一定历史时期的路线和任务而制定的行动准则。在中国正在以中国式现代化全面推进强国建设、民族复兴伟业，以中国式现代化全面推进中华民族伟大复兴的历史时期，国家制定了一系列相应的战略与政策。而国土空间规划实施管理作为国家行政管理的重要组成部分，必须落实国家战略与政策。

1）国家安全战略

国家安全战略是指为持续保障国家安全应实施的战略方针和行动计划。总体国家安全观涵盖政治、军事、国土、经济、文化、社会、科技、网络、生态、资源、能源等诸多领域[1]。其中国土、经济、文化、社会、生态、资源等领域都与国土空间规划密切相关。国土空间规划是国家安全能力建设的载体和路径。以国土空间规划优化国土空间格局、确保国土安全是国土空间规划的重大责任。

2）国家治理现代化

国家治理现代化，是国家治理体系现代化和国家治理能力现代化的有机统一。推进国家治理现代化不仅是全面深化改革的总目标，而且是不断满足人民美好生活需要、解决发展不平衡不充分问题的重要抓手。

国土空间规划体系是国家治理体系的重要组成部分。建立全国统一、权责清晰、科学高效的国土空间治理体系，整体谋划新时代国土空间开发保护格局，以国

---

1. 李敬铎. 学思践悟 —— 学讲话 悟思想 见行动［J］. 协商论坛，2021（9）：14-15.

土空间治理能力现代化助推高质量发展，是保障国家战略有效实施，推进中国式现代化的必然要求。只有站在国家治理现代化的高度来认识国土空间规划，才能准确理解国土空间规划的目标与内涵，继而实现第二个百年奋斗目标和中华民族伟大复兴的中国梦。

3）生态文明建设

推动生态文明建设，要走低投入、低消耗、少排放、高产出、能循环、可持续的新型发展道路，形成节约资源和保护环境的空间格局、产业结构、生产方式和生活方式。其内涵是要"建设以资源环境承载力为基础、以自然规律为准则、以可持续发展为目标的资源节约型、环境友好型社会"[1]。

加快推进生态文明建设是坚持以人为本、促进社会和谐的必然选择，是积极应对气候变化、维护全球生态安全的重大举措。党的二十大报告明确了新时代我国生态文明建设的战略任务，同时把积极稳妥推进碳达峰、碳中和纳入了生态文明建设的整体部署。

国土是生态文明建设的空间载体，因而国土空间规划必须为践行生态文明建设提供空间保障，国土空间规划的理论、方法和实践，必须落实生态文明建设的要求。

4）健康中国行动

推进健康中国建设，是实现社会主义现代化的重要基础，是全面提升中华民族健康素质、实现人民健康与经济社会协调发展的国家战略，是积极参与全球健康治理的重大举措。《"健康中国2030"规划纲要》提出要"把健康城市和健康村镇建设作为推进健康中国建设的重要抓手，保障与健康相关的公共设施用地需求，完善相关公共设施体系、布局和标准，把健康融入城乡规划、建设、治理的全过程，促进城市与人民健康协调发展。"[2]

在实施"健康中国"战略和提升居民健康意识的背景下，制定国土空间规划时需要将健康融入其中，从空间角度提升公共健康水平。

5）数字中国战略

数字中国战略是指以数字技术为基础的国家发展战略。数字中国是新时代国家信息化发展的新战略，是满足人民日益增长的美好生活需要的新举措，是驱动引领经济高质量发展的新动力[3]。

---

1. 马凯. 坚定不移推进生态文明建设［J］. 求是，2013（9）：3-9.
2. 中共中央，国务院. 中共中央　国务院印发《"健康中国2030"规划纲要》［EB/OL］.（2016-10-25）［2024-06-25］. https://www.gov.cn/zhengce/2016-10/25/content_5124174.htm.
3. 李逊. 携手优质合作伙伴落地数字化战略［J］. 建筑，2023（6）：89.

数字化转型在规划体系重构、规划内容全域全要素覆盖、规划编制实施监督等方面工作中起到了引领和"倒逼"的作用。国土空间规划需要主动落实数字中国战略，充分利用数字技术优势来提高空间规划、实施和管理的效率。

2. 国土空间规划实施管理的法律制度

国土空间规划法律体系是国土空间治理现代化的规范基础与逻辑起点。依法进行国土空间规划管理是国土空间规划实施以及提升国土空间治理能力、促进社会经济全面协调可持续发展的重要保障，更是实现空间秩序自由、保证空间利用合法正义的关键途径。

1) 我国法律体系概述

中国特色社会主义法律体系，是以宪法为统帅，以法律为主干，以行政法规、地方性法规为重要组成部分，由宪法相关法、民法商法、行政法、经济法、社会法、刑法、诉讼与非诉讼程序法等多个法律部门组成的有机统一整体。我国法律体系如图6-1所示。

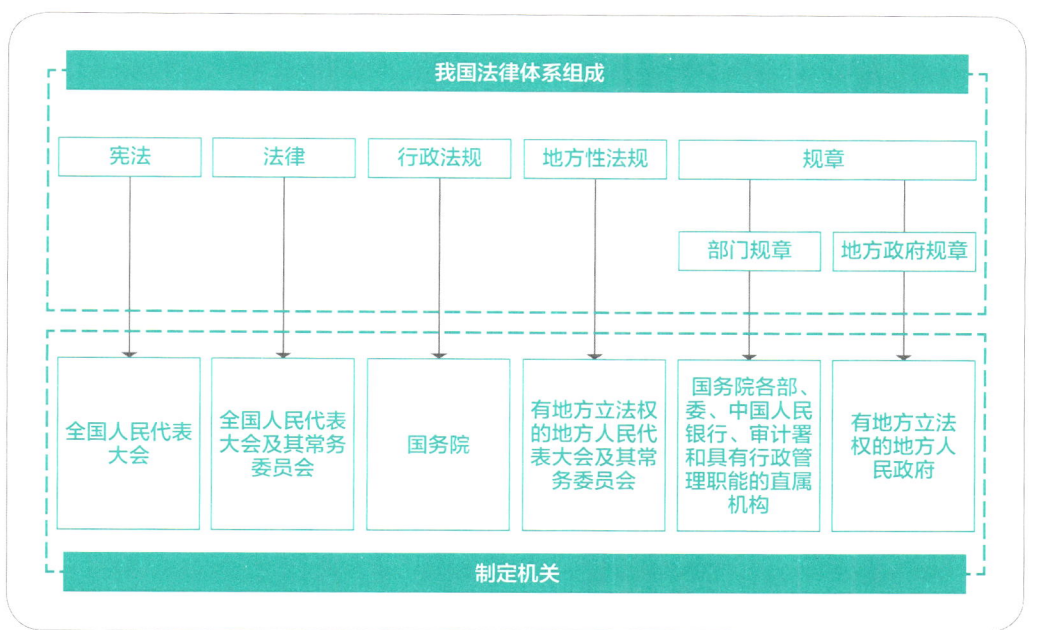

图6-1 中国法律体系
资料来源：作者自绘

2) 国土空间规划实施管理的法律依据

根据我国的法律体系，国土空间规划实施管理的法律依据由相关的法律、行政法规、地方性法规、部门规章、地方政府规章组成。我国现行空间规划法律体系如图 6-2 所示。

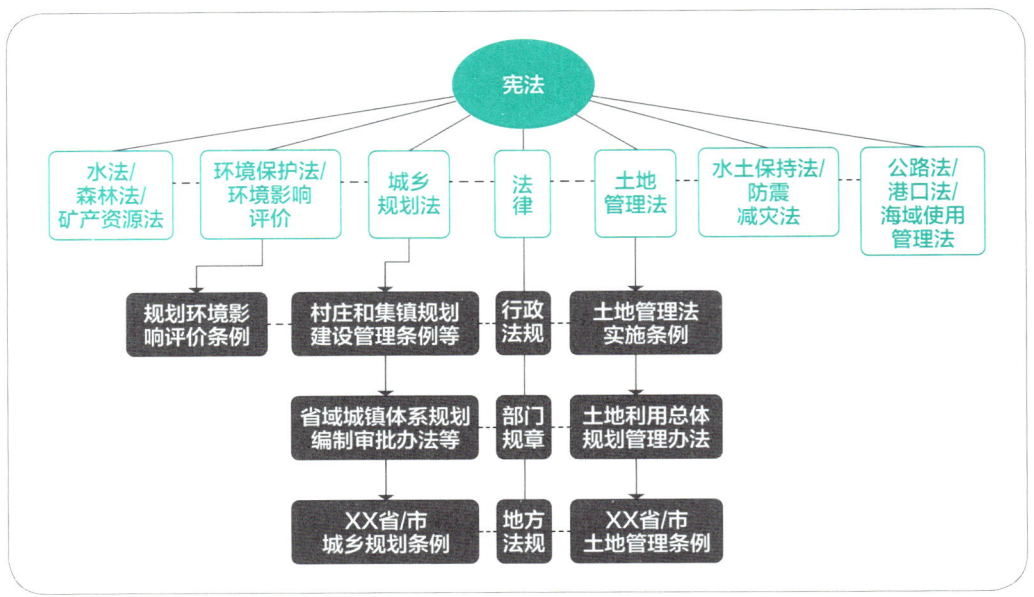

图 6-2　中国现行空间规划法律体系
资料来源：孙佑海，王操．中国国土空间规划法律体系：问题检视与框架重构［J］．自然资源学报，2022，37（11）：2975-2989．

（1）国土空间规划相关法律

国土空间规划实施管理涉及多个行业，是一项综合性工作，其法律依据涉及多个行业领域。我国国土空间规划实施管理的法律法规正在建设完善。《国土空间规划法》是国土空间规划的基本准则，《国土空间规划法》已列入十四届全国人大常委会立法规划，截至 2023 年，已形成草案，正在征求意见中。目前我国国土空间规划依据主要有国土资源、城乡规划建设、生态环境保护、水资源利用保护、矿产资源开发保护等行业领域法律，具体包括《中华人民共和国土地管理法》《中华人民共和国城乡规划法》《中华人民共和国环境保护法》《中华人民共和国海洋环境保护法》《中华人民共和国文物保护法》《中华人民共和国乡村振兴促进法》《中华人民共和国测绘法》等。

（2）国土空间规划相关行政法规

根据不同行业领域划分，目前我国国土空间规划相关行政法规主要包括土地利用、城乡规划建设、资源环境保护、基础设施等类型。土地利用类法规包括《中华人民共和国土地管理法实施条例》《基本农田保护条例》等，城乡规划建设类法规包括《历史文化名城名镇名村保护条例》《村庄和集镇规划建设管理条例》等，资源环境保护类法规包括《中华人民共和国自然保护区条例》《规划环境影响评价条例》等，基础设施类法规包括《城镇排水与污水处理条例》《中华人民共和国航道管理条例》等。

（3）国土空间规划相关地方性法规

我国现行国土空间规划运行的地方性法规主要有各省、自治区和直辖市依据国家颁布的相关法律先后制定的本辖区的实施办法或条例，如依据《中华人民共和国土地管理法》制定的《浙江省土地管理条例》，依据《中华人民共和国城乡规划法》制定的《湖北省城乡规划条例》。

（4）国土空间规划相关部门规章

自然资源部主管国土空间规划，所以《矿产资源规划编制实施办法》等国土空间规划相关部门规章主要由自然资源部制定发布。同时国家其他部委也会根据各自分工，单独或联合制定发布一些有关国土空间的部门规章，如住房和城乡建设部公布的《城市设计管理办法》，农业农村部公布的《农田建设项目管理办法》。

（5）国土空间规划相关地方政府规章

当前我国国土空间规划运行的地方规章为各省、自治区、直辖市以及设区市的人民政府制定的普遍适用于本地区行政管理工作的地方规章，如《陕西省耕地质量保护办法》《西安市城市更新办法》。

3）国土空间规划实施管理的行政制度

行政制度是指涉及国家行政机关的组成、体制、权限、活动方式等方面的一系列规范。国土空间规划实施管理的行政制度是一个庞杂的系统，其中行政主体（谁管）、行政活动（管的方式）、行政程序（管的程序）是国土空间规划实施管理行政制度的关键组成部分。行政主体负责国土空间规划的实施管理，行政活动是国土空间规划实施管理过程中的主要管理方式，行政程序则可以保障国土空间规划管理的科学化和规范化。

（1）国土空间规划实施管理的行政主体

行政主体是指依法享有行政职权，能够以自己的名义行使行政职权并独立承担责任的组织。行政主体是公共权力的代表，主要包括国家行政机关与法律法规授权的组织。

国土空间规划实施管理包括实施和监督两大部分。国土空间规划的实施主体是各级人民政府。现行国土空间规划监督主体有两类：一类是县级以上人民政府及其规划主管部门，其对规划编制、审批、实施、修改进行监督，并接受本级人民代表大会或乡、镇人民代表大会监督；另一类是国家自然资源督察机构，其根据有关授权对省、自治区、直辖市人民政府以及国务院确定的城市人民政府土地利用和土地管理情况进行督察。

（2）国土空间规划实施管理的行政活动

在国土空间规划实施管理中，主要行政活动方式有行政许可、行政处罚、行政强制、行政救济，除此之外，还有行政指导、行政合同、行政调解等方式。

行政许可：《中华人民共和国行政许可法》第二条规定"本法所称行政许可，是指行政机关根据公民、法人或者其他组织的申请，经依法审查，准予其从事特定活动的行为。"行政许可是国土空间规划实施管理中特别重要的内容，如核发建设用地规划许可证、建设工程规划许可证、乡村建设规划许可证、海域使用权证。

行政处罚：行政处罚是指行政机关或者其他行政主体依照法定职权和程序对违反行政法但尚未构成犯罪的行政相对人实施制裁的具体行政行为[1]，例如《中华人民共和国城乡规划法》规定对于违法建设，无法采取改正措施消除影响的，限期拆除，不能拆除的，没收实物或者违法收入。

行政强制：行政强制，包括行政强制措施和行政强制执行。行政强制措施是指行政机关在行政管理过程中，在制止违法行为、防止证据损毁、避免危害发生、控制危险扩大等情形下，依法对公民的人身自由实施暂时性限制，或者对公民、法人或者其他组织的财物实施暂时性控制的行为。行政强制执行是指行政机关或者行政机关向人民法院申请，对不履行行政决定的公民、法人或者其他组织，依法强制履行的行为[1]。

行政救济：行政救济，是指相对人认为行政主体违法行使职权侵害或将要侵害自己的合法权益而向有权国家机关提出申请时，有权国家机关通过制止或纠正该违法或不当的行政行为，排除侵害并填补行政行为造成的损害或损失，而对相对人的合法权益进行救济的行为[1]。如某一垃圾处理厂取得了建设用地规划许可证，但用地周边的一些居民认为该厂存在环境污染、侵犯其合法权益等问题，提出撤销许可证的请求时，行政机关要进行行政复议，这一行政复议就是行政机关的内部救济方式。

其他行政活动：国土空间规划实施管理涉及多种行政活动，除了以上行政活动之外，还包含行政命令、行政征收、行政指导、行政给付、行政奖励、行政裁决、行政调解等其他行政活动。

---

1. 文超祥，何流.国土空间规划实施管理［M］.南京：东南大学出版社，2022.

（3）国土空间规划实施管理的行政程序

行政程序是指行政主体按照一定的步骤、方式、时限和顺序行使行政职权进行行政活动的过程[1]。行政主体是行政程序的适用者和主导者，它是完成和实施行政程序的关键主体。程序合法是行政行为合法性的必要条件，提高行政效率是行政程序的重要原则和目标之一。

国土空间规划实施管理的正当程序： 规划实施面向全体社会成员，其基本价值取向是实现公共利益的最大化。任何一项规划的落实最后都会指向具体的执行者，包括各级政府、职能部门、开发商、村集体、村民等。通过一定的正当程序，可以有效协调各方利益，进而实现公共利益的最大化。正当程序的目标是防止权力滥用，保护各方的合法权益。正当程序可以树立国土空间规划的权威性，使得社会公众愿意接受规划所形成的共识，可以将公权力限制在一定范围、保护各方利益，可以公开公众参与路径，为各方协商、对话创设平台。国土空间规划实施管理的正当程序要求国土空间规划的编制、实施、监督等各个环节须可变、可控、可见。

国土空间规划实施管理的程序规则： 国土空间规划实施管理过程涉及多个行政主体以及多种不同类型的行政活动。如果没有程序规则，国土空间规划决策就极有可能变成少数人甚至是个人的行为，规划失灵就在所难免。以法律、法规和规章等作为基本约束，促进行政程序标准化，是国土空间规划实施程序建构的基本原则。从现代公共管理的角度看，国土空间规划实施程序的主要规则有基本规则、过程规则、层级监督规则和救济规则。基本规则包括告知、听取意见、说明理由、时限、保密；过程规则包括受理、移送、预审、审查、复审、批准、合议、发文、归档；层级监督规则包括考核、发回重审、行政解释；救济规则包括咨询、督办、回访。

6.1.2 国土空间规划实施管理的基础保障

1. 国土空间规划实施的权力体系

根据我国法律和行政制度赋权，国土空间规划实施的权力体系由三类权力构成：一是法律赋予规划的立法性权力，如土地发展权的设定、自然与文化遗产保护权、公共管理权；二是自然资源主管部门依法行使的行政权力，如规划许可、用途转用审批；三是行政纠纷解决的司法性权力，如行政处罚、行政强制。

---

1. 文超祥，何流. 国土空间规划实施管理［M］. 南京：东南大学出版社，2022.

2. 国土空间规划实施的组织与监督职责

1）国土空间规划实施的组织职责

国土空间规划实施的组织职责由各级国土空间规划委员会承担，委员会一般由主任、副主任和委员组成。委员会主任由政府主要领导担任，副主任由政府分管领导担任，委员主要由发展和改革、经济和信息化、自然资源、生态环境、交通运输、农业农村、水利、应急等管理部门的主要负责人组成。

国土空间规划委员会的主要职责有：①负责指导本行政区域国土空间规划体系的建立并监督实施，审议国土空间开发保护的重要制度和政策；②统筹推进国土空间规划的编制及实施管理工作，协调解决国土空间规划编制和实施过程中遇到的重大问题；③审议本行政区域的国土空间规划总体规划，审议跨行政区域或流域的国土空间规划以及政府指定的其他需要审议的国土空间规划；④政府授权的其他职责。

相关职能部门围绕规划的各项重点工作履行部门职责，积极参与规划实施全过程。

2）国土空间规划监督检查职责

国土空间规划监督检查的主要职责是监督规划编制审批组织、国土空间利用、规划许可合法性、用地性质变更、土地利用执行等情况，监督检查建设活动全过程，查处违法用地和违法建设。

3. 国土空间规划实施的层级重点

1）总体规划

国家和省级总体规划是具有战略性的宏观规划，突出区域协调与政策引导，实施重点包括：落实县域主体功能差异化政策；明确生态保护红线、永久基本农田、城镇开发边界"三线"管控原则；部署具有结构性影响因素的核心空间要素、重大项目；制定国家和省级重大政策。市、县级总体规划是具有传导性的中观规划，突出分区和控制线管控，重点包括：完善城镇体系、基础设施和公共服务体系，落实与分解各项指标；落实城镇、生态、农业空间布局；落实生态保护红线、永久基本农田和城镇开发边界；部署市、县级重点项目；提出规划实施相关支撑政策与措施；乡（镇）级总体规划落地实施[1]。

---

1. 徐晶，杨昔. 国土空间规划传导体系与实施机制探讨[J]. 中国土地，2020（8）：21-24.

2）详细规划

详细规划是对具体地块用途和开发建设强度作出的实施性安排，其实施重点是依据规划进行国土空间用途管制，国有土地使用权出让，核发建设项目规划许可、建设工程许可等管理工作，并落实各项建设活动[1]。

3）专项规划

专项规划的实施应聚焦于特定区域（流域）、特定领域，体现特定功能的开发保护。区域性专项规划大多涉及跨行政区、跨部门合作，其实施应突出主要目标和任务的分解。自然保护地、全域土地综合整治等功能性专项规划实施应突出"规划引导—计划分解—工程设计"的有序衔接。要素性专项规划，如各类基础设施规划、公共服务设施规划、地下空间规划等应当突出特定要素布局的规模和时序，充分利用现有设施，严格保护自然资源和生态环境[1]。

4. 国土空间规划实施的技术支撑

国土空间规划实施的技术支撑主要包括监测技术、评估技术和工程技术。

1）监测技术

依据监测对象不同，规划实施监测技术可划分为土地资源监测、水资源监测、海洋资源监测、生态状况监测、矿产资源监测等。应充分利用现代测量、信息网络以及空间探测等技术手段，构建起"天—空—地—网"为一体的监测技术体系，实现对自然资源全要素、全流程、全覆盖的现代化监测[2]。

2）评估技术

规划实施评估技术包括依托国土空间基础信息平台，评估国土空间规划实施情况，掌握规划期限内规划区目标落实情况、国土空间变化情况、国土空间规划与未来经济社会适应情况，常见的如一致性评估、绩效性评估的方法和技术。

3）工程技术

规划实施工程技术指在国土空间规划实施过程中，利用相关研究成果，采用工程实用技术以达到优化国土空间布局、实现预定规划目标的手段和方法，如文物保护技术、生态修复技术、风沙治理技术、地质灾害防治技术。

---

1. 徐晶，杨昔. 国土空间规划传导体系与实施机制探讨［J］. 中国土地，2020（8）：21–24.
2. 黄灵海. 自然资源统一调查评价监测体系的构建［J］. 中国土地，2020（5）：40–41.

6.2 国土空间规划实施管理的内容与方法

6.2.1 国土空间规划实施管理的内容

国土空间规划的实施管理涉及政府与非政府行为。政府行为包括规划政策、经济和管理行为,例如编制规划、制定政策、利用财政手段影响建设,并依法管理建设项目;非政府组织、机构、团体和个人也可开展建设活动,只要遵守规划要求,即可推进规划实施。管理内容则包括规划全过程管理、建设活动审批、监督和特殊保护制度。

1. 实施管理的行为

与国土空间规划的实施和管理有关的行为可分为政府性的行为和非政府性的行为[1]。

1)**政府行为**

政府行为是由政府依法实施的行为,包括组织和管理国土空间规划的实施,主要有以下三种。

(1)规划政策行为

规划是政府的政策行为,包括政府依法行使行政权力,编制不同层次的各类规划,推动国土空间规划的实施,按照国土空间规划的目的和内容,制定相应的政策,引导城乡发展。

(2)经济行为

政府能够利用财政手段,通过调节公共财政来影响城乡地区的建设需求和建设进程,以确保实现国土空间规划目标。经济行为主要有两种:一是政府利用公共财政直接参与建设活动,如市政和公共设施建设,这既可保证城市的有序运行,又可引导土地利用布局开发建设;二是政府通过为特定领域或建设活动提供财政激励,鼓励私人开发推进国土空间规划的目标和内容[1]。

(3)管理行为

政府依法对国土空间建设项目进行管理,通过包括为国有土地使用权出让设置规划条件,核发建设用地规划许可证、建设工程规划许可证、乡村建设规划许可

---

1. 黄焕春,王世臻,张赫,等.国土空间规划原理[M].南京:东南大学出版社,2021.

等方式实现，同时通过对建设活动、项目结果以及使用结果的监督检查来保证城市和乡村中的各项建设不偏离规划所确立的目标[1]。

2）非政府组织实施国土空间规划的行为

虽然政府主要承担城市规划实施的组织与管理，但大量的建设性活动是由城市中的各类组织、机构、团体甚至个人来开展的。私人部门的建设性活动是基于自身的利益进行的，但只要遵守国土空间规划及其相关政策要求，客观上就是在落实国土空间规划实施。有时私人部门和其他非政府组织也会对一些公益性的、公共设施类的项目开展投资与开发，这可以起到影响和引导其他开发建设的作用。各类组织、机构、团体或者个人通过对各项建设活动的监督，也有助于及时纠正建设活动中所出现的偏差，发挥公众参与的积极作用，保证规划目标的实现[1]。

2. 实施管理的具体内容

1）对国土空间各类规划进行全过程管理工作

全过程管理工作包括根据实际的需要来确定具体的规划工作及工作开展的时机，依法明确编制的组织主体，确定牵头部门、参与部门及其工作职责，制订工作方案和计划，选定合适的编制技术单位，按时间计划安排提交规划方案，根据不同事权、按照相关法律规定和法定程序，对"五级三类"国土空间规划进行不同层级的审批。实施过程需要严格执行审批通过的规划方案，保证国土空间的有序、协调和可持续发展，同时应切实加强国土空间规划的严肃性和科学性，严格依法办理国土空间规划的修改，防止随意更改规划从而造成资源环境的破坏和对公众合法权益的侵害。

2）对各项建设活动实行审批或许可、监督检查以及对违法建设行为进行查处等管理工作

此类管理工作主要涉及对建设活动进行规划和管理，使其符合国土空间规划的内容和要求，以及限制和排除超出法定已批准规划允许范围的建设活动，同时，建立相应的协同机制和程序，确保国土空间规划主管部门与其他同级政府部门形成共识和合力，保证法定规划得到全面和有效的实施。

3）对建设用地、建设工程和建设项目实施的监督检查工作

对于城镇开发边界内的项目应采用"详细规划+规划许可"的管控方法。对

---

1. 黄焕春，王世臻，张赫，等. 国土空间规划原理[M]. 南京：东南大学出版社，2021.

于城镇开发边界外的项目，应根据主导用途分区，采用"详细规划+规划许可"和"约束指标+分区准入"相结合的管控方法。对自然保护区、重要海域和岛屿、重要水源地和文化古迹应实行特殊保护制度。

6.2.2　国土空间规划实施管理的方法

国土空间规划实施管理通过计划管理、分区管制、许可与资源使用管理确保规划落地。计划管理控制资源，分区管制明确空间功能，许可与资源使用管理确保建设行为与规划一致，三者共同作用实现国土空间的有序高效利用。

1. 规划实施的计划管理

国土空间规划实施的计划管理，主要指的是为了合理利用和保护国土空间中的各类自然资源，保障社会经济持续发展，通过编制土地、海洋、矿产、森林等资源利用计划，控制和监督国土空间规划实施节奏、空间和强度的行政措施。规划实施中的计划管理重点在于分解落实耕地保有量、建设用地总面积等约束性指标并监督其实施情况，如国土空间总体规划中的计划管理是对全域土地、海洋、森林、矿产等资源近期、远期目标的控制，具体落实则依靠于年度利用计划的下达与分解。

1）耕地资源计划管理

耕地计划管理主要包括土地整治补充耕地管理与耕地保有量管理两个方面。

（1）土地整治补充耕地管理

土地整治补充耕地管理，主要包括根据土地总体面积规划、复垦规划、建设占用耕地情况、耕地后备资源潜力和土地复垦实际更新耕地等情况，涉及对农用地和建设用地进行整治、未利用地进行开发和土地整理的具体措施。

（2）耕地保有量管理

耕地保有量管理指省、自治区、直辖市人民政府根据国务院对省、自治区、直辖市确定的耕地保护责任考核目标，细化国务院确定的耕地保护和永久基本农田保护任务，落实到具体地块，并接受国务院的监督。行政区域人民政府对耕地保护负总责，其主要负责人对本行政区域的耕地保护负第一责任。

2）建设用地计划管理

建设用地计划管理主要涉及由中央政府分配和引导的"增量"、一般由地方政府实施的"存量"两个方面。

(1) 新增建设用地计划管理

新增建设用地计划管理指自然资源主管部门会同国家发展改革委，根据《全国国土规划纲要》[1]安排，结合各地经济社会发展情况和土地利用实际，测算今后全国新增建设用地计划指标控制总规模，再结合相关计划指标建议编制年度计划，经全国人大审议确定后，下达到各地实施。新增建设用地计划指标作为指令性管理依据，不得突破。批准的建设用地必须符合年度计划要求。开发建设项目必须符合总体规划、区域政策、产业政策和供地政策，否则不予下达指标，并应对违法批准用地追究法律责任。

(2) 存量建设用地计划管理

存量建设用地计划主要涉及城乡建设用地增减挂钩、工业用地和矿山废弃地复垦利用等。应依据国土空间总体规划、整治规划等专项规划和建设用地整治利用等实际情况，确定城乡建设用地增减挂钩和工矿废弃地复垦利用的年度计划总量指标，即在保证项目区内各类土地面积平衡的基础上，最终实现建设用地总量不增加、耕地面积不减少、质量不降低、城乡用地布局更合理的目标。

同时，应根据各地经济社会发展状况、规划安排、农村建设用地状况、资源潜力和相关工作进展情况提出存量建设用地计划分解方案，下达地方执行。存量建设用地计划指标实施弹性管理，重点考核实施管理、进展成效、群众满意度、整治利用质量等情况。

3）海洋、矿产、森林资源利用计划

海洋、矿产、森林资源利用计划是国家为了加强对海洋、矿产、森林等各类自然资源开发的约束，提高自然资源开发质量和效率，对不同类型的自然资源进行有计划开发利用、保护和整治修复所采用的宏观行政调控措施。

海洋资源利用计划是指国家在计划年度内对新增海洋开发利用空间、稳定和提升自然岸线保有率、海岸线和海湾整治修复及围填海存量资源开发的具体安排。矿产资源利用计划是指在编制矿产资源总体规划基础上，根据规范经济社会发展、采矿权出让、矿产资源整合管理和矿产资源管理认识等需要而进行的具体安排，主要涉及重要矿产开采总量指标的分解落实、开发利用布局和结构调整的年度安排、重大工程年度支持重点、矿产资源整合工作年度安排四个方面的内容。森林资源利用计划是在新一轮林地保护利用规划的基础上，根据国家、省（市、区）确定的林地保护利用目标任务，通过合理确定和优化规划年度森林资源保护利用的范围、结构、布局和时序而做出的具体安排。

---

1. 国务院，《国务院关于印发全国国土规划纲要（2016—2030年）的通知》，2017。

2. 规划实施的分区管制

分区管制是指将一定地域空间的自然或人文要素，依据一定标准进行划分、合并，并整合成特定区域，确定规划目标与规则，通过物质性改造建设、功能强度提升、建设行为控制等措施来优化布局的一项制度。

我国国土空间规划分区管制主要采用主体功能区管制模式。在国家和省级层面，主体功能区基于行政区划，依据自然地理条件、发展战略格局和主体功能定位，从规划属性出发制定区域划分的综合方案。到了市、县、区乃至镇街层面，主体功能区管制已不再有"主体"之功能，而是在明确了区域功能定位、市级及以下各级区域空间发展规划和保护标准基础上进行的功能区划、土地利用区划、土地利用规划等具体安排。空间划分和管控标准逐级明确的"三区三线"管制体系是保障国土空间规划同主体功能区的功能纵向传导、空间尺度转换的重要手段。

1）"三区三线"管制体系

"三区三线"的划定和管控，是充分发挥国土规划战略性、引领性、联络性和传导性作用的重要基础，是实现严格落实主体功能区战略和国土规划核心内容的重要手段，更是调整经济结构、规划产业发展、推进城镇化不可逾越的红线。

"三区三线"中的"三区"是指农业空间、生态空间、城镇空间，既是主体功能区的定位，也是功能分区和用途分类的基础。"三线"则是指永久基本农田保护红线、生态保护红线、城镇开发边界，具有约束性和可实施性，是"三区"内的核心刚性要求。

（1）永久基本农田保护红线管制

永久基本农田保护红线经依法划定后，任何单位和个人不得改变。永久基本农田红线制度实施主要包括：巩固永久基本农田划定成果、严控建设占用永久基本农田、统筹生态建设和永久基本农田、强化永久基本农田建设、健全永久基本农田保护监管机制。

（2）生态保护红线管制

生态保护红线是国土空间规划中的重要管控边界，一旦划定，未经法定程序不得调整。生态保护红线内自然保护地核心保护区原则上禁止人为活动，自然保护地核心保护区以外区域禁止开发性、生产性建设活动，允许对有限人为活动实施正面清单管理。生态保护红线内自然保护区、风景名胜区、饮用水水源保护区等区域管制，依照法律法规执行。

（3）城镇开发边界管制

在城镇开发边界内的建设，实行"详细规划+规划许可"的管制方式，并结合水体保护线、绿地系统线、基础设施建设控制线、历史文化保护线等控制线进行协同控制。不突破规划城镇建设用地规模的前提下，城镇建设用地布局可在城镇弹性发展区内优化调整，并相应缩减城镇集中建设区用地规模。同时，城乡建设用地增减挂钩等政策产生的流量空间，也需统筹纳入城镇弹性发展区。

2）全域功能分区管制

自然资源部办公厅 2020 年 9 月印发的《市级国土空间总体规划编制指南（试行）》[1]中指出，全域功能分区管制是为落实上位国土空间规划要求，充分考虑生态环境保护、经济布局、人口分布、国土利用等因素，对市、县级的国土空间保护开发做出的综合部署和总体安排。其既指明了详细规划中各土地利用类别的调控方向，也提供了各种差异化政策的制定依据。该指南还明确规定一级规划分区包括生态保护区、生态控制区、农田保护区，以及城镇发展区、乡村发展区、海洋发展区、矿产能源发展区七类。

其中，城镇发展区包括城镇集中建设区、城镇弹性发展区和特别用途区三个二级用途管制分区。乡村发展区包括村庄建设区、一般农业区、林业发展区、牧业发展区四个二级用途管制分区。海洋发展区包括渔业用海区、交通运输用海区、工矿通信用海区、游憩用海区、特殊用海区五个二级用途管制分区。需要注意的是海洋空间尺度远大于陆地，且环境复杂，开发建设受限于海浪、潮汐、海流甚至海洋灾害等因素，故而不建议采用建筑密度、容积率等精细化管控要求或约束指标对海洋发展区的开发活动进行管控。

3. 规划实施许可与资源使用管理

国土空间规划许可是指行政主管部门依据建设单位或个人的申请，通过发放许可证件的方式，依法赋予其进行建设活动或实施特定行为的法律资格或权利的具体行政行为。其核心在于确保建设行为与规划的一致性。为了落实国土空间规划中确定的各类空间用途，规划许可必须通过开发利用许可等手段来具体执行。国土空间开发利用许可以准入为基础，以优化国土空间开发利用为目标，整合了农用地转用、林地和草地占用、水资源及岸线资源占用的审批制度，建立了一个涵盖全区域和所有要素的准入许可、转用许可、使用许可、建设许可制度体系，从而形成一个完整的管理循环。

---

1. 自然资源部，《自然资源部办公厅关于印发〈市级国土空间总体规划编制指南（试行）〉的通知》，2020。

1）准入许可

准入许可是在兼顾对空间资源的合理分配和利用、保护和优化生态环境的考虑下，通过正面清单和负面清单的方式，明确国土空间规划各空间分区内开发活动的鼓励、限制和禁止等差别化准入条件，并依据准入条件，对开发项目的申请进行审批，确保所有开发活动符合国土空间规划的总体要求和法律法规。

准入许可要注重对接国土空间规划功能分区，明确不同类型国土空间的管控重点和方式，严格按照国土空间计划管理和国土空间正负面清单实施空间准入，建立以正负面清单为重要审查内容的国土空间准入审查机制。在审批建设用地或规划许可前，必须由相关部门出具符合准入要求的意见，地方政府负责具体建设项目的空间产权、使用和建设行政许可，上级部门需加强对空间开发行为的监督检查。

2）转用许可

转用许可是在严格限制农业用地转为建设用地、对耕地实行特殊保护的框架下，强化生态空间保护并明确农业空间与城镇空间内部用途转化的规则。涉及农用地、林地、草地转为建设用地的情况，应按规定办理转用审批手续。其审批权限采用中央与地方适度分权的控制模式，各级政府在授权范围内行使相应的审批权限，以确保国土空间得到合理利用和有效保护。

土地用途转用主要有以下三种类型。

（1）土地征收

土地征收是国家为了满足社会公共利益的特定需求，按照法定程序和权限，将集体所有的土地转变为国有土地的法律行为。在这一过程中，国家需依法向被征地的农村集体经济组织和受影响的农民提供合理的经济补偿以及妥善的安置，确保他们的合法权益得到充分保障。

征地补偿费用是国家或地方政府在征收集体土地时，根据法律规定，向被征地农村集体经济组织和农民个人支付的补偿款项。这些费用主要用于弥补被征地者因土地被征收而遭受的经济损失，包括土地补偿费、安置补助费、农村居民住宅补偿费用、地上附着物和青苗补偿费用以及被征地农民社会保障费用。

（2）农用地转用审批

农用地转为建设用地，常被简称为"农用地转用"，指按照土地利用总体规划和国家规定的批准权限获得批准后，将耕地、林地、草地等直接用于农业生产的土地转变为用于建造建筑物、构筑物土地的行为。农用地转用是市场经济条件下，国家控制建设用地增长、保护农用地尤其是耕地而普遍采用的手段。农用地转用必须符合国土空间规划，法律规定了国务院、省级人民政府批准的大型能源、交通、水利等基础建设用地可先批准建设项目用地，再根据批准文件修改规划。农用地转为建设用地还要求土地利用年度计划中有相应农用地转为建设用地的计划，并符合耕地占补平衡等政策规定。

（3）农用地内部转用审批

农用地内部转用审批指一般耕地（即永久基本农田以外的耕地）确需转为林地、草地、园地等其他农用地及农业设施建设用地的情况，是落实"进出平衡"的一项重要举措。该举措虽然未改变土地性质，但一般耕地改变耕地地类时也需要内部转用审批。

3）使用许可

使用许可是指依据国土空间规划和国土空间用途管控要求对开发建设行为核发许可证的过程。它是国土空间规划实施的重要机制，旨在确保土地使用权人在其权限范围内进行开发建设，并取得由此产生的利益。其主要包含以下四方面的内容。

（1）建设用地供应

国有建设用地供应：自然资源主管部门根据国家法律、法规和政策，通过划拨、出让、租赁、作价出资、入股等方式，将国有建设用地使用权依法提供给单位或个人使用的过程。

集体建设用地供应：当集体经营性建设用地符合规划要求、已依法登记，并获得本集体经济组织超过三分之二的成员或者超过三分之二的村民代表同意时，可以通过出售、出租等方式，让集体经济组织之外的单位或个人直接使用这些土地。此外，通过出售等途径获得的集体经营性建设用地使用权，可以进行转让、交换、作为投资、赠送或者作为抵押物。

（2）农用地供应

农用地供应是指将耕地、林地、草地等国有和集体所有的农用地分配给个人或单位用于农业目的的过程。供应方式包括划拨、出让、租赁、作价出资或入股、授权经营等不同的土地使用权转让方式。农用地供应需要遵循相关法律法规，确保农用地的合法使用和保护，还需要加强农用地供应的监管和管理，防止农用地被非法占用和破坏，促进农用地的可持续利用。

（3）矿产资源供应

除特殊情况外，探矿权、采矿权等矿业权均应以招标、拍卖或挂牌方式公开出让。矿业权出让应当遵循国土空间规划、生态环境保护、矿产资源规划以及国家产业政策等要求，坚持矿产资源的综合开发，并确保矿业权的排他性，妥善处理各类矿产在空间和时序上的开发关系，合理划定探矿权和采矿权区块，以保障矿业权的合理分布。自然资源主管部门可以基于划定的探矿权和采矿权区域建立一个矿业权出让项目库。此外，市场主体提出的探矿权和采矿权区域也可以被纳入到这个项目库中。

（4）海域海岛供应

海域海岛供应实施差别化供给政策，对生态脆弱的海域、无居民海岛实行禁填禁批制度，对优化开发区域、重点开发区域、限制开发区域的海域、无居民海岛利用制定差别化产业准入目录，对不符合生态要求的用海用岛，不予批准。海域海岛使用申请经依法批准后，国务院批准用海的，由国务院海洋行政主管部门登记造册，向海域使用申请人颁发海域使用权证书。地方人民政府批准用海的，由地方人民政府登记造册，向海域使用申请人颁发海域使用权证书。海域使用申请人自领取海域使用权证书之日起，取得海域使用权。

4）建设许可

建设许可是在加强国土空间规划管理、确保各项建设活动符合国土空间规划目标下，对规划区域内的建设项目进行审核和许可的行政管理行为。国土空间规划的建设许可主要包括建设用地规划许可、建设工程规划许可、乡村建设规划许可和建筑工程施工许可。所有主体在开展城乡开发建设活动前均须向相应的国土空间规划主管部门提交建设许可申请，并获批相应的许可证才可进行建设活动。

6.3 国土空间规划实施的监督管理与实施评估

6.3.1 规划实施的监督管理体系

1. 国土空间规划实施监督的内涵与特征

随着国土空间规划体系的建立，规划实施监督成为空间规划体系改革中的重要领域。2022年10月，《自然资源部关于进一步加强国土空间规划编制和实施管理的通知》提出，应从"坚决落实'多规合一'的改革要求、依法严肃规划许可管理、加强规划与用地政策的融合、实施规划全生命周期管理、严格规划实施监督检查"等方面开展工作。

国土空间规划的实施涵盖了多种资源要素的空间分布和管理，是涉及多部门、多环节、多因素、多尺度的复杂长期过程。规划实施监督是国土空间规划实施机制的关键部分，有利于确保国土空间规划作为有效的现代治理工具，贯彻国家战略要求，并规避规划失效、未按规划实施等进而出现资源配置不均衡、空间布局不合理等问题。从国土空间规划实施监督的技术流程来看，其包含规划实施监测评估预警、资源环境承载能力监测预警和规划全过程自动强制留痕三大功能模块。国土空间规划实施监督作用于规划实施过程和实施结果两方面，主要强调通过规划实施的监测预警评估和督察问责，加强各类外部效益与内部效益信息的加载、分析和反馈，实现国土空间规划事前、事中、事后全链条管理的改革目标[1]。

国土空间规划实施监督呈现出以下三个特征：①强调全生命周期的精细化管理，国土空间规划从规划编制到最终落实，需经历编制、审批、实施和监督等多个阶段，实施监督作为体现规划实效性的关键环节，应依托国土空间规划"一张图"和国土空间基础信息平台，建立健全国土空间规划监测预警评估和实施监管机制，以实现对国土空间规划实施全过程的监督与管理；②强调动态跟踪与监管，规划实施监督需建立动态更新的实施监测指标体系，结合城市发展不同阶段，探索指标的动态调整、退出机制和计划；③强调实施过程监测，规划实施监督旨在建立各层级间有效的传导及反馈机制，利用边界管理、用途引导、指标管理、清单管理等不同传导方式，强化实施过程的监测评估。

2. 规划实施监督的主体

1）国家督察

在国土空间规划实施监督中，监督的主体通常涵盖政府和社会。其中，政府层面包括国家和执法机构。在"多规合一"改革之前，我国分别建立了土地督察和城乡规划督察制度，以加强中央政府对地方的监督和管理。2018年"多规合一"改革后，不同类型的规划督察整合为综合性的自然资源督察（图6-3），对自然资源保护与利用、国土空间规划编制和实施情况进行统一监督。根据《自然资源部职能配置、内设机构和人员编制规定》，国家督察指自然资源督察机构根据中央授权，对地方政府落实党中央、国务院关于自然资源和国土空间规划的重大方针政策、决策部署及执行法律法规情况进行督察。

---

1. 文超祥，何流. 国土空间规划实施管理［M］. 南京：东南大学出版社，2022：230-231.

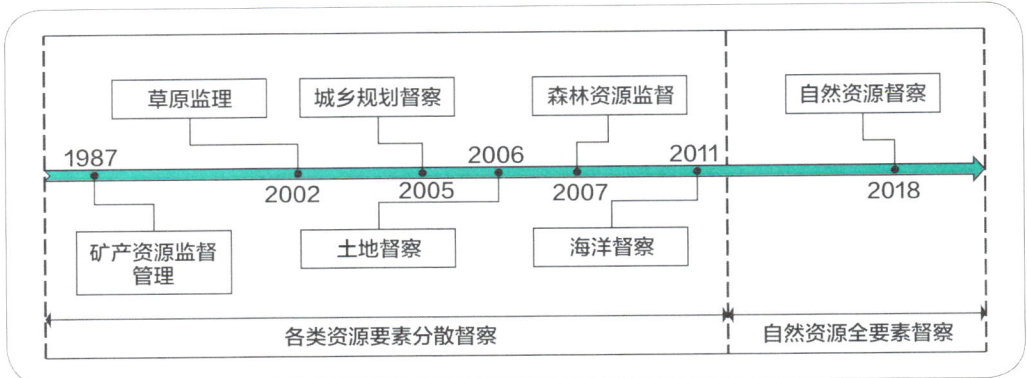

图 6-3　我国自然资源督察制度发展历程
资料来源：姜闻远，陈海嵩.中国自然资源督察体系完善的规范路径[J].自然资源学报，2022，37（12）：3073-3087.

2）执法监督

执法监督是国土空间规划实施监督管理的一项重要工作，对于维护群众权益、规范规划行为、保护和合理利用自然资源具有重要意义。按照《自然资源执法监督规定》，执法监督是指县级以上自然资源主管部门依照法律法规规定，对公民、法人和其他组织违反自然资源法律法规的行为进行检查、制止和查处的行政执法活动。

3）社会监督

国土空间规划实施的社会监督强调不同社会主体通过不同方式对社会监督制度的参与和完善。政府应提供资源与机会，在规划过程中采纳民众和专家意见，分步骤开展空间规划编制及规划实施监管事务。社会监督是政府监督的有效补充，社会监督能够提升规划的权威性和有效性，对于维护社会公平正义、推动国土空间规划发展具有重要意义。

3.建设项目的规划监督检查

对建设项目进行规划监督检查，是规范项目建设行为、落实建设项目依法依规建设的有效途径。建设项目规划核实监管指对建设单位或个人的建设活动是否符合国土空间规划进行监督检查。地方各级自然资源主管部门要依托国土空间基础信息平台、国土空间规划实施监测网络、国土空间用途管制监管系统，结合国土调查监测和国土空间规划定期体检等工作，综合运用卫星遥感监测等技术手段，对建设项目是否有未经许可或未按许可要求建设的情况进行严格监管，确保实施与规划、审批、许可内容的一致性[1]。

1.自然资源部，《自然资源部关于加强和规范规划实施监督管理工作的通知》，2023。

4. 规划编制主体的监管

1）规划编制机构资质监管

为确保国土空间规划编制的科学性及规划行业的规范发展，应对国土空间规划编制主体进行监管。《城乡规划编制单位资质管理办法》对我国从事国土空间规划编制工作单位的资质等级、资质申请与变更、业务承担范围、编制成果以及规划编制单位的监管等进行了规定。国土空间规划组织编制机关应当委托具有相应资质等级的单位承担规划编制工作。相关单位经国务院国土空间规划主管部门或者省、自治区、直辖市人民政府国土空间规划主管部门依法审查合格，取得相应等级的资质证书后，方可在资质等级许可的范围内从事国土空间规划编制工作[1]。

2）规划师职业资格监管

当前国家已设置注册城乡规划师准入类职业资格，并纳入国家职业资格目录。自然资源部、人力资源和社会保障部共同负责注册城乡规划师职业资格制度的政策制定，并按职责分工对注册城乡规划师职业资格制度的实施进行指导、监督和检查。各省、自治区、直辖市自然资源部门和人力资源社会保障部门，则按职责分工负责本行政区域内注册城乡规划师职业资格制度的实施与监管。

5. 规划实施的行政处罚

规划实施的行政处罚指为了保障和监督自然资源主管部门依法履行职责，保护公民、法人或者其他组织的合法权益，由县级以上自然资源主管部门依照法定职权和程序，对公民、法人或者其他组织违反土地、矿产、测绘地理信息和城乡规划等自然资源管理法律法规的行为实施的行政处罚[2]。规划实施的行政处罚对于规范国土空间规划行为，切实维护公民、法人和其他组织合法权益具有重要意义。

6.3.2 国土空间规划实施评估

1. 规划实施评估概述

1）规划实施评估的内涵

规划实施评估是指从实践角度出发，按照一定的价值观标准，根据规划目标，对实施效果进行系统分析和问题识别的流程，包括生态环境保护、经济社会发展、自然资源保护利用等方面，是确保规划有效实施的重要环节。作为一种反馈和衡量

---

1. 自然资源部,《城乡规划编制单位资质管理办法》，2024。
2. 自然资源部,《自然资源行政处罚办法》，2024。

机制，规划实施评估重点反映规划实施的有效性，及时反馈规划编制和实施过程中的薄弱环节和突出问题。

2）规划实施评估的主体与作用

规划实施评估的主体为国土空间规划主管部门、第三方机构、其他政府部门，以及专家和公众等。执行规划实施评估的具体方式分为由国土空间规划相关部门作为实施主体或由政府统筹组织，委托第三方机构作为实施主体两种。规划实施评估既有助于加强规划实施过程中的管理和督导，提高规划的科学性和指导性，也有助于及时发现问题并进行宏观调控。

3）我国规划实施评估工作发展历程

自2008年以来，我国规划实施评估工作逐步走向完善。《中华人民共和国城乡规划法》明确了规划实施评估的必要性。随后，诸多文件进一步细化了评估的时间、方式和要求等内容。2020年，《自然资源部办公厅关于加强国土空间规划监督管理的通知》提出："加强规划实施监测评估预警，按照'一年一体检、五年一评估'要求开展城市体检评估并提出改进规划管理意见"。《国土空间规划城市体检评估规程》的发布，标志着国土空间规划城市体检评估工作的全面开展。

2. 城市体检评估制度

1）城市体检评估的概念

城市体检评估是指按照"一年一体检，五年一评估"的方式，对城市发展阶段特征及国土空间总体规划实施效果定期进行分析和评价。

2）城市体检评估的意义

开展城市体检评估，有助于及时揭示城市空间治理中存在的问题和短板，提高城市治理现代化水平。对国家而言，它是国土空间规划顶层设计中的一项重要制度，其核心是提升国家治理体系和治理能力现代化。通过全国范围内常态化的城市体检评估工作，国家将及时掌握城市、城市群的发展状态以及国土空间规划实施状况，形成"全国一盘棋"[1]；对城市而言，它是有效实施总体规划的抓手，能够对规划实施过程进行动态监测、及时反馈，解决以往规划编制、实施"两层皮"的问题，推动"一张蓝图绘到底"。

---

1. 杨明，王吉力，谷月昆. 改革背景下城市体检评估的运行机制、体系和方法 [J]. 上海城市规划，2022（1）：16-24.

3）城市体检评估的内容

（1）体检评估内容

城市体检评估的核心内容是依据国土空间规划，对照规划确定的目标、任务，结合城市发展情况，确定目标指标体系，围绕战略定位、底线管控、规模结构、空间布局、支撑体系和实施保障六个方面的评估内容（图6-4），对规划实施效果进行监测、分析和评价。

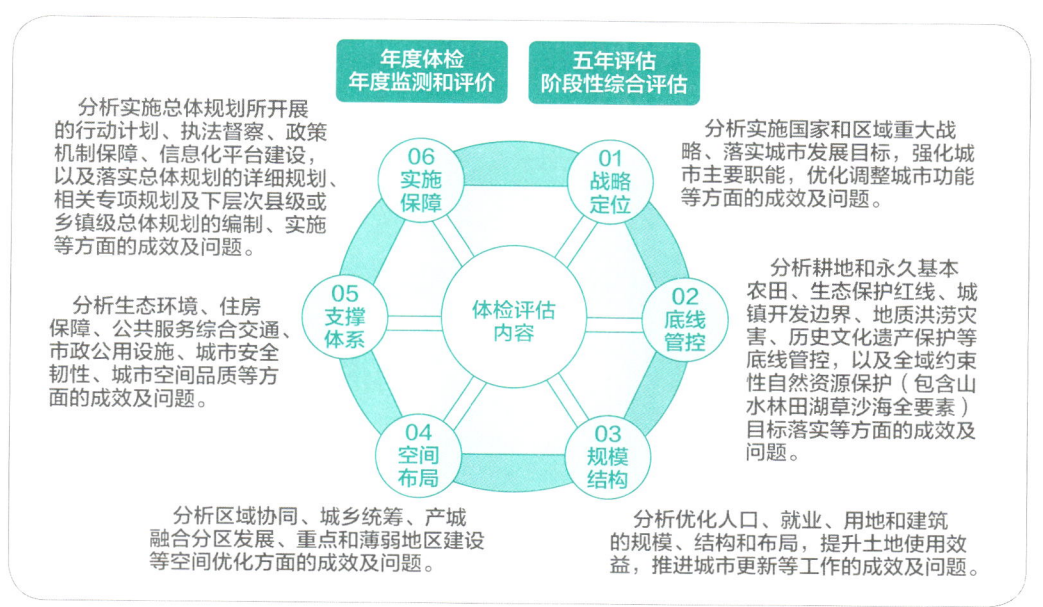

图6-4 城市体检评估内容
资料来源：自然资源部，北京市规划和自然资源委员会，北京市城市规划设计研究院，等.国土空间规划城市体检评估规程：TD/T 1063-2021［S］.2021.（根据文献内容改绘）

（2）体检评估指标体系

城市体检评估工作指标体系指基于安全、创新、协调、绿色、开放、共享6个维度共122项指标建立全面系统的评估指标体系（图6-5），其中基本指标33项，推荐指标89项。在坚持以基本指标为核心的基础上，各城市可结合地方实际发展选择推荐指标，或另行增设自选指标。

4）城市体检评估的工作流程

城市体检评估工作由城市人民政府负责组织，城市自然资源主管部门结合国土空间规划编制、审批、动态维护、实施监督等职责负责具体实施，可采取自体检评估和第三方体检评估相结合的方式，具体流程包括：制定工作方案—构建指标体系—规范和夯实数据基础—分析评价—编制成果—汇交成果—成果应用（图6-6）。

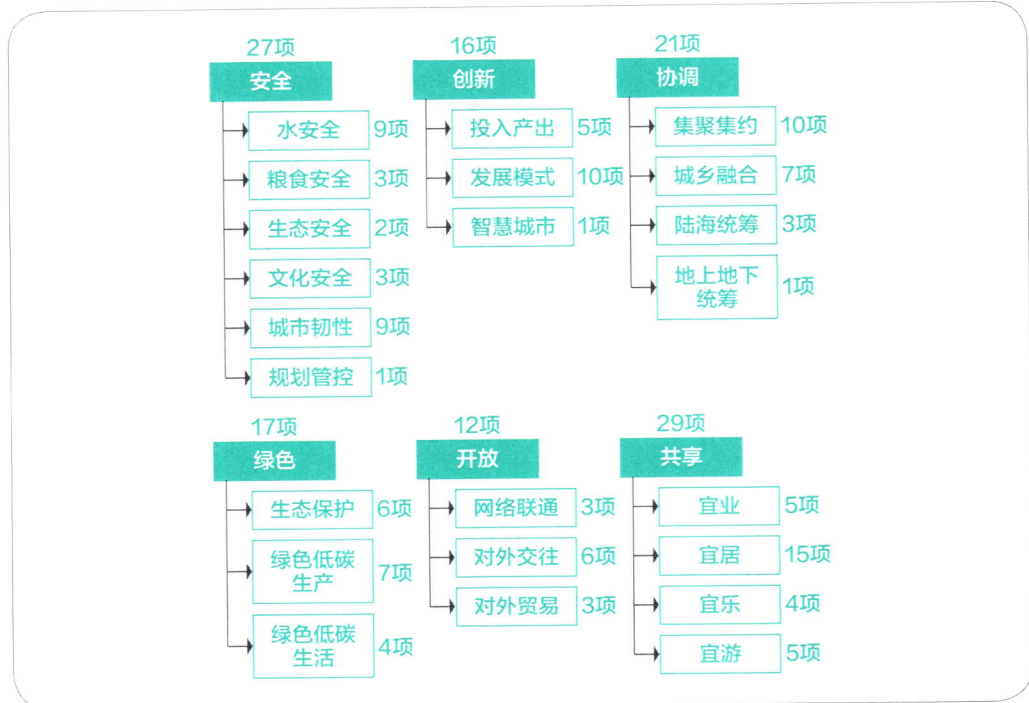

图 6-5　城市体检评估指标体系
资料来源：自然资源部，北京市规划和自然资源委员会，北京市城市规划设计研究院，等．国土空间规划城市体检评估规程：TD/T 1063—2021［S］.2021.（根据文献内容改绘）

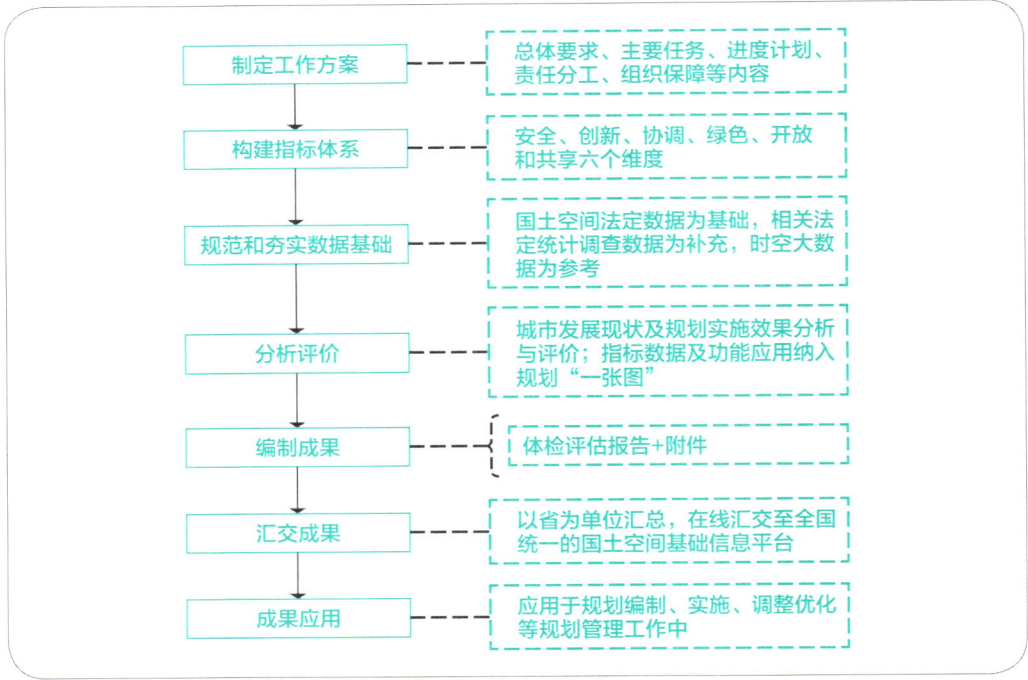

图 6-6　城市体检评估工作流程
资料来源：文超祥，何流．国土空间规划实施管理［M］.南京：东南大学出版社，2022：231.

3. 国土空间规划实施监测评估预警

《中共中央 国务院关于建立国土空间规划体系并监督实施的若干意见》《关于开展国土空间规划"一张图"建设和现状评估工作的通知》等文件，均阐明了建立国土空间规划实施监督机制的工作要求，强调着力构建动态监测评估预警机制。因此，监测评估预警是国土空间规划实施监督体系中的首要环节，为后期督察问责提供基础与支撑。规划实施监测评估预警的重点在于依托实时采集和接入多元数据，对国土空间开发保护建设活动进行动态监测，对国土空间开发保护现状和规划实施情况进行体检评估，围绕重要控制线的刚性管控要求和国土空间规划约束性指标开展及时预警[1]。

1）实施监测评估预警的内涵

"监测—评估—预警"是一系列强逻辑性的单向过程，流程中应注重"全生命周期"理念。规划实施监测强调动态性原则，通过采集多源数据，实时观察与重点监测某一时点国土空间规划各类管控边界（生态保护红线、永久基本农田、城镇开发边界）和约束性指标（耕地保有量、建设用地总面积、湿地面积等），及时掌握各类指标及空间边界的变化情况。规划实施体检评估强调周期性原则，要求定期或不定期对国土空间开发保护现状和实施情况进行体检评估。规划实施预警则是根据前两方面的监测分析与评估结论，围绕突破国土空间开发保护中的刚性管控要求的控制线和约束性指标及时预警、判断警情，并辅助生成预警报告，从而为规划调整优化决策提供技术支持。实施监测评估预警是为了最终达到动态感知国土空间运行体征、有效评估国土空间规划实施效果和及时预警国土空间治理潜在问题。

2）实施监测评估预警的作用

国土空间规划实施监测评估预警既是保障当下规划实施成效、强化空间用途管制的重要手段，更是面向未来实现"可感知、能学习、善治理、自适应"的智慧规划转型的关键支撑[2]。

国土空间规划实施监测评估预警是推动国土空间规划实施、构建国土空间规划闭环运行体系的重要技术保障和关键反馈环节。动态监测本质上是对国土空间的感知，而感知的目的则是更好地预警与评估。应通过长时间序列的动态监测，对国土空间开发利用现状存在的问题进行实时掌握，结合一定的预警规则，对有突破重点管控边界或约束性指标风险的情况及时预警，并最终进行定期体检和专项评估。总体上看，国土空间规划实施监测评估预警的结果能够转化为辅助决策的政策建议，

---

1. 曹春华，卢涛，李鹏，等．国土空间规划监测评估预警：内涵、任务与技术框架［J］．城市规划学刊，2022（6）：88-94．
2. 吴洪涛．自然资源信息化总体架构下的智慧国土空间规划［J］．城乡规划，2019（6）：6-10．

为国土空间规划编制的动态调整提供实效支撑。

3）实施监测评估预警的主要内容

（1）时空大数据汇聚处理

时空大数据汇聚处理是国土空间规划实施监测评估预警的基础，旨在通过时空大数据精准化汇聚和智能化处理等关键技术，将自然资源、地质、地貌、气候、水文、土壤、生物、人类活动以及各类规划等要素按照统一的国土空间单元进行物理与逻辑汇聚，为国土空间规划实施监测评估预警的后续环节提供标准化的数据资源池和共享服务支撑[1]。

（2）国土空间规划实施监测

规划实施监测是开展国土空间规划实施监督整体监测评估预警工作的基础，强调对当前国土空间规划实施过程中开发保护建设活动的实际情况进行客观描述，关注体征性指标，特别是强调对各类管控边界、约束性指标开展重点监测。从类型上看，监测包括日常监测（建设活动相关管理数据）、定期监测（遥感监测成果、自然资源调查成果等数据）和动态监测（多源大数据）三类。

（3）国土空间规划实施预警

规划实施监测是预警的基础条件，而预警是对监测成果的运用，也是开展规划实施监督工作的重要目的之一。规划实施预警，指基于监测指标进行分析，在把握历史规律基础上，对未来趋势进行可靠性判断，对国土空间规划实施过程中违反开发保护边界及要求、突破约束性指标的风险情况进行及时预警，并重点围绕生态保护红线、永久基本农田、城镇开发边界三条重要控制线的刚性管控要求和国土空间规划约束性指标开展。从此意义上看，监测与预警指标具备一定的对应性，但预警重点在于标准及等级的确定，即强调判断警情等级、辅助形成预警报告。

4. 国土空间规划"一张图"制度

《国土空间规划"一张图"实施监督信息系统技术规范》及《自然资源部办公厅关于开展国土空间规划"一张图"建设和现状评估工作的通知》都强调了应建设从国家到市县级的国土空间规划"一张图"实施监督信息系统，开展国土空间规划动态监测评估预警和实施监管，根据"统一底图、统一标准、统一规划、统一平台"的要求，建立坐标一致、边界吻合、上下贯通的国土空间规划"一张图"。

---

1. 曹春华，卢涛，李鹏，等.国土空间规划监测评估预警：内涵、任务与技术框架[J].城市规划学刊，2022（6）：88-94.

1）相关概念

（1）国土空间规划"一张图"

国土空间规划"一张图"指的是以基础地理信息和自然资源调查监测成果数据为基础，应用全国统一的测绘基准和测绘系统，集成整合国土空间规划编制和实施管理所需现状数据、各级各类国土空间规划成果数据和国土空间规划实施监督数据，形成的覆盖全域、动态更新、权威统一的国土空间规划数据资源体系。

（2）国土空间规划"一张图"实施监督信息系统

国土空间规划"一张图"实施监督信息系统指的是基于国土空间基础信息平台构建国土空间规划"一张图"，为国土空间规划编制、审批、修改和实施监督提供技术支撑的信息化系统。

（3）国土空间基础信息平台

国土空间基础信息平台是指按照"共建、共用、互联、共享"的原则，集成整合并统一管理各级各类国土空间数据信息，为统一行使全民所有自然资源资产所有者职责，统一行使所有国土空间用途管制和生态修复职责，及提升国土空间治理体系和治理能力现代化水平，提供基础服务、数据服务、专题服务和业务应用服务的基础设施。

2）建设目标

国土空间规划"一张图"制度基于国土空间基础信息平台，通过建立健全系统运行机制和数据管理规则，加强信息交互与协同，建设国家、省、市、县上下贯通、覆盖全域、动态更新、权威统一的国土空间规划"一张图"实施监督信息系统，支撑国土空间规划编制、审批、修改和实施监督全周期管理，为逐步打造可感知、能学习、善治理和自适应的智慧规划提供重要基础，以保障国家战略有效实施，推进国土空间治理体系和治理能力现代化。

3）建设内容

（1）总体框架

国土空间规划"一张图"实施监督信息系统包括设施层、数据层、支撑层、应用层四个层次，标准规范体系、安全运维体系两大体系（图6-7）。

设施层的建设是指面向国土空间规划业务需求，对计算资源、存储资源、网络资源和安全设施等进行扩展完善。数据层的建设包括基础现状数据、规划成果数据、规划实施数据和规划监督数据的国土空间规划数据体系建设，实现数据的汇交和管理，并建立与国土空间规划体系相适应的指标和模型。支撑层主要以国土空间基础信息平台为支撑，提供基础服务、数据服务、功能服务等服务，供应用层使用和调用。应用层则面向国土空间规划的编制、审批、修改和实施监督全过程。

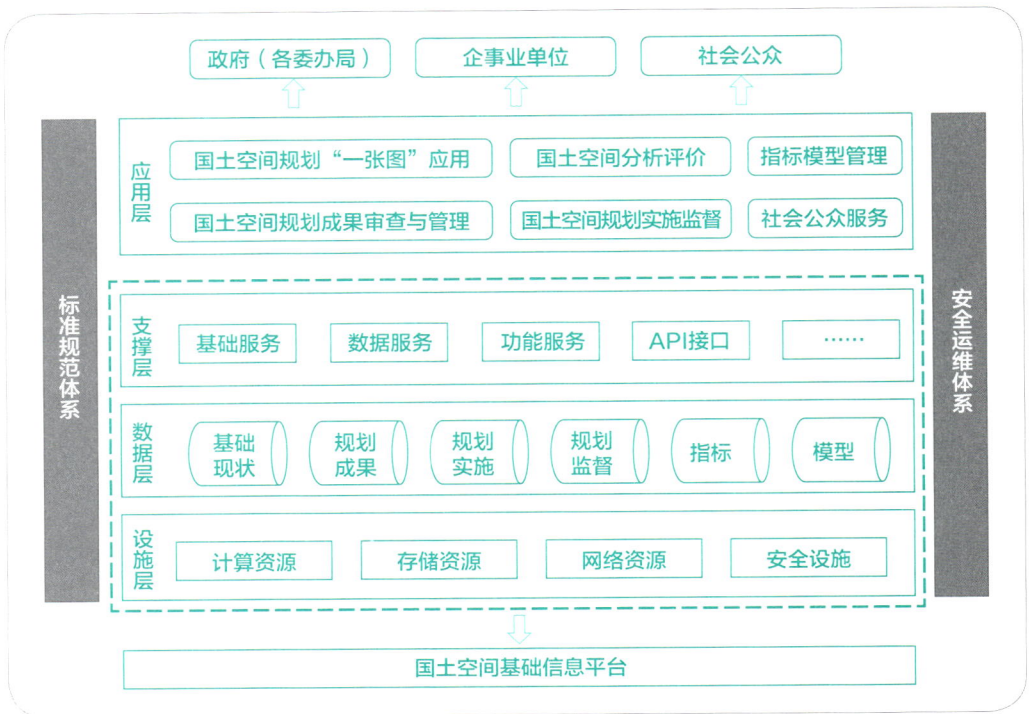

图 6-7　国土空间规划"一张图"实施监督信息系统总体框架
资料来源：国家市场监督管理总局，国家标准化管理委员会. 国土空间规划"一张图"实施监督信息系统技术规范：GB/T 39972-2021［S］. 2021.（根据文献内容改绘）

按照国土空间规划标准体系，各地可根据实际情况细化和拓展系统建设的相关标准，指导系统建设和运行的全过程管理。安全运维体系强调建立安全管理机制，落实国家相关安全等级保护要求，确保系统运行过程中的物理安全、网络安全、数据安全、应用安全和访问安全。

（2）应用层功能构成

国土空间规划"一张图"实施监督信息系统应包括国土空间规划"一张图"应用和指标模型管理等基础功能，支撑国土空间分析评价，支持国土空间规划成果审查与管理、国土空间规划实施监督和社会公共服务等业务应用（图6-8）。

1）建设模式及与其他相关系统的关系

国土空间规划"一张图"实施监督信息系统可与其他部门业务应用系统进行信息共享和业务协同，可通过国土空间基础信息平台与其他自然资源业务系统相互衔接，获取项目审批、确权登记和违法处置信息等数据服务，提供合规性审查等功能服务，宜向社会公众、企事业单位、科研院所等提供信息服务并接受社会监督（图6-9）。

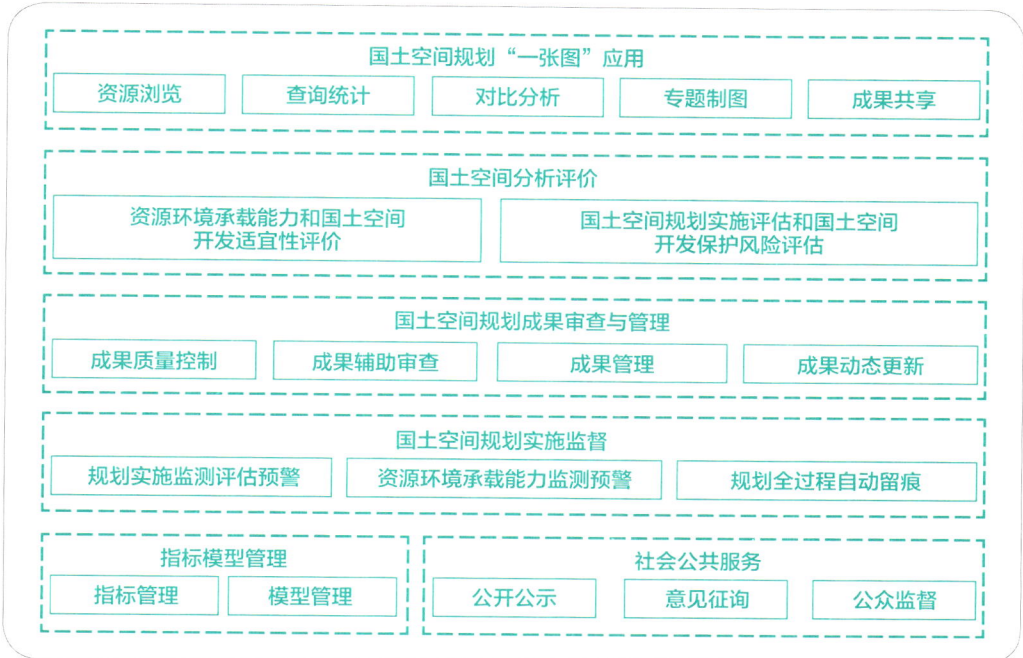

图 6-8　国土空间规划"一张图"实施监督信息系统应用层功能构成图
资料来源：国家市场监督管理总局，国家标准化管理委员会.国土空间规划"一张图"实施监督信息系统技术规范：GB/T 39972-2021［S］.2021.（根据文献内容改绘）

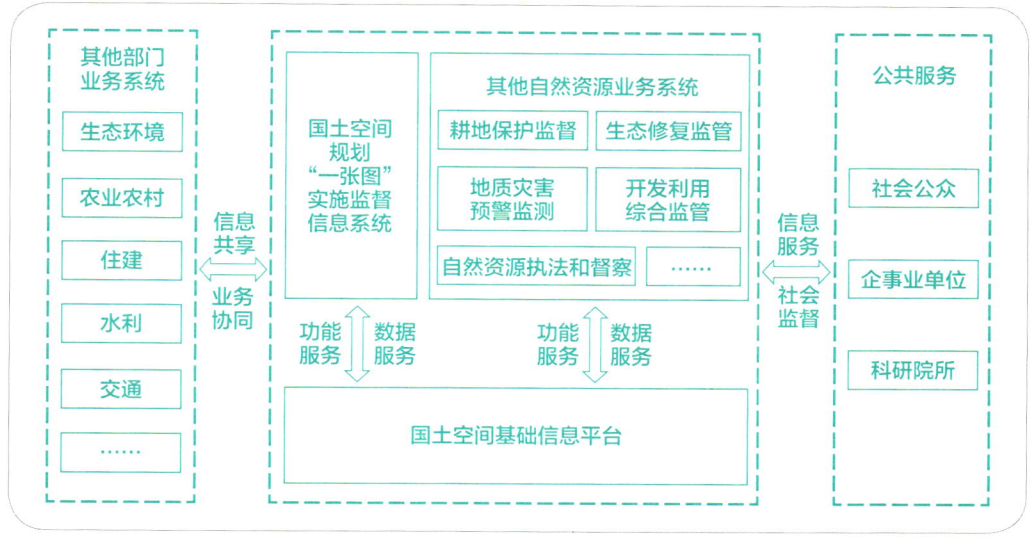

图 6-9　系统与基础信息平台及其他业务系统的关系
资料来源：国家市场监督管理总局，国家标准化管理委员会.国土空间规划"一张图"实施监督信息系统技术规范：GB/T 39972-2021［S］.2021.（根据文献内容改绘）

关键术语

行政许可、国土空间规划实施管理、国土空间规划许可、国土空间规划城市体检评估、年度体检、五年评估、国土空间基础信息平台、国土空间规划"一张图"、国土空间规划"一张图"实施监督信息系统

思考题

1. 简述国土空间规划实施管理的法律依据。
2. 国土空间规划实施管理包括哪些具体内容？
3. 简要介绍国土空间规划实施的分区管理。
4. 阐述国土空间规划实施监督的特征。
5. 城市体检评估工作包含哪些维度的指标？
6. 阐述国土空间规划"一张图"实施监督信息系统的作用。

参考文献

[1] 李敬铎. 学思践悟 —— 学讲话 悟思想 见行动 [J]. 协商论坛，2021（9）：14-15.
[2] 马凯. 坚定不移推进生态文明建设 [J]. 求是，2013（9）：3-9.
[3] 中共中央，国务院. 中共中央 国务院印发《"健康中国2030"规划纲要》[EB/OL]. （2016-10-25）[2024-06-24]. https://www.gov.cn/gongbao/content/2016/content_5133024.htm.
[4] 李逊. 携手优质合作伙伴落地数字化战略 [J]. 建筑，2023（6）：89.
[5] 孙佑海，王操. 中国国土空间规划法律体系：问题检视与框架重构 [J]. 自然资源学报，2022，37（11）：2975-2989.
[6] 文超祥，何流. 国土空间规划实施管理 [M]. 南京：东南大学出版社，2022：231.
[7] 何明俊. 国土空间规划体系中城市规划行政许可制度的转型 [J]. 规划师，2019（13）：35-40.
[8] 吴次芳，叶艳妹，吴宇哲，等. 国土空间规划 [M]. 北京：地质出版社，2019.
[9] 张京祥，黄贤金. 国土空间规划原理 [M]. 南京：东南大学出版社，2021.
[10] 吴志强. 国土空间规划原理 [M]. 上海：同济大学出版社，2023.
[11] 徐晶，杨昔. 国土空间规划传导体系与实施机制探讨 [J]. 中国土地，2020（8）：21-24.
[12] 黄玫. 基于规划权博弈理论的国土空间规划实施监督体系构建路径 [J]. 规划师，2019，35（14）：53-57.
[13] 周艺璋，邱凯付，刘菁. 治理体系现代化视角下省级国土空间规划实施监督体系研究 [J]. 规划师，2022，38（8）：45-51.
[14] 黄灵海. 自然资源统一调查评价监测体系的构建 [J]. 中国土地，2020（5）：40-41.
[15] 黄焕春，王世臻，张赫，等. 国土空间规划原理 [M]. 南京：南京东南大学出版社：2021.
[16] 杨明，王吉力，谷月昆. 改革背景下城市体检评估的运行机制、体系和方法 [J]. 上海城市规划，2022（1）：16-24.
[17] 张吉康，杨罡，罗罡辉. 浅谈国土空间规划监测评估的路径 [J]. 中国土地，2019（9）：12-15.
[18] 曹春华，卢涛，李鹏，等. 国土空间规划监测评估预警：内涵、任务与技术框架 [J]. 城市规划学刊，2022（6）：88-94.
[19] 吴洪涛. 自然资源信息化总体架构下的智慧国土空间规划 [J]. 城乡规划，2019（6）：06-10.
[20] 王伟. 国土空间整体性治理与智慧规划建构路径 [J]. 城乡规划，2019（6）：11-17.

附 录

空间规划体系及相关制度的国际经验

本附录探讨了英国、法国、美国、德国和新加坡的空间规划体系，重点分析了各国规划体系的特点、历史演变，及其在法律、行政和实践层面的具体策略。英国的空间规划体系的变革始终以解决实际城市问题为导向，经历了从两级管理到三级管理再回归两级管理的过程，体现了高度的灵活性和适应性。法国的空间规划体系注重国土空间的预先部署，强调在法律框架内实现各类群体和功能的协调发展。美国作为联邦制国家，其空间规划管理高度分散，主要由地方政府主导，缺乏全国性的统一规划，但其通过地方政府和私人组织的合作，实现了灵活而自由的规划管理。德国的空间规划体系由联邦、州和市政当局提案来推进，围绕调解和建立共识进行组织。本附录还介绍了新加坡作为东亚发展型国家的典型代表，通过国土空间用途管制、市场导向的规划体系和开发建设管理机制，提升土地资源利用效率。不同国家根据各自的历史背景和实际需求，形成了各具特色的空间规划体系。

1. 英国空间规划体系
1）英国空间规划体系的演化历程

英国早期的规划体系最初始于地方政府层面，是以土地利用管控为核心的城市规划体系，国家、区域和地方都开展了相关的规划实践过程。因此，国家、区域和地方层面规划发展是英国规划体系初期的发展主线，随后由于受政治经济、社会变迁等多方面的影响，规划体系随之发展演进。英国是实行地方分权的单一制国家，地方政府的权力由中央政府授权的同时，又因为地方自治而具有相对独立性。英国主要由英格兰、威尔士、苏格兰和北爱尔兰组成，四个地区在规划立法与行政权上各有不同，但均以英格兰模式为发展蓝本，即行政区划分为区域、郡、地区和教区四个层级。在不同的发展时期，政府针对各级行政区划制订相应的规划。

英国的空间规划体系自1947年起，经历了多次改革，体系结构和内容不断调整。最初采用的是单一级规划模式，随后转变为二级体系和双轨管理模式，接着发展出复杂的三级体系，最终演变成具有灵活性和地方特色的"新二级"体系。每一次改革不仅是对当前经济社会状况的回应，也是对过往规划体系进行深入反思与完善的过程。整个演化过程体现了两个核心要素：规划立法的主导作用和与时俱进的特点。从表1可以看出，英国在不同阶段调整其空间规划体系，展现了其对外部变化的高度适应性。

表1 英国间规划体系的演化历程

时期	1947—1968	1968—1990	1990—2004	2004—2011	2011至今
规划法案	《城乡规划法（1947）》	《城乡规划法（1968）》《城乡规划法（1971）》	《城乡规划法（1990）》《规划补偿法（1991）》	《规划和强制购买法（2004）》《城乡规划（区域规划）（英格兰）条例（2004）》	《地方化法案（2011）》、《国家政策框架（2012）》、城镇和乡村规划（地方规划）（英格兰）条例（2012）》
开发管控	国家通过"土地开发权"对规划和开发进行管控	明确划分中央和地方的开发管控权；加强了地方政府对本地发展事务的直接管理	区域或地方政府通过"土地开发权"对规划和开发进行管控；国家仅保留干预权	规划体系层级分明，区域和地方政府通过"土地开发权"对规划和开发进行管控；地方政府有极大的自主性	地方政府的决策权力进一步强化，通过"土地开发权"直接主导和管理规划开发；《邻里规划》则带动了基层的参与
发展规划	《单一发展规划》	《结构规划》《地方规划》	《结构规划》与《地方规划》（由非大都市区编制），或《单一发展规划》（由大都市区编制）	《区域发展战略》《地方发展框架》	《国家规划政策框架》《地方规划》《邻里规划》
体系特征	一级体系	二级体系	双规制体系	三级体系	"新二级"体系
阶段特征	确立了城市规划的法律地位；明确了土地开发权的国有化；推进全国性的单一的发展规划	英国开展空间规划的起点，将规划的对象从单纯的土地利用扩展到经济、社会、环境等方面	设立区域议会，开始重视区域层面的空间规划；郡级规划权力下放到区级；同时，地方政府的权力不断扩大	规划体系重大变革，区域层面的规划内容更加丰富，社区和居民的参与得到重视，以规划为导向的体系进一步深化	重新简化规划体系；传统的区域空间规划制度被彻底取代，"自下而上"的规划权力进一步得到强化

资料来源：周姝天，翟国方，施益军.英国最新空间规划体系解读及启示[J].现代城市研究，2018（8）：69-76+94.

2）英国空间规划体系结构特点

（1）决策主体、职责和决策程序

在英国现行的空间规划体系框架下，参与规划发展策略及实施控制的关键决策实体主要包括：地方规划局、地方议员、规划官员、国务大臣和规划督查。

地方规划局代表地方政府，承担着《地方规划》的编制任务，负责审核开发规划申请,并拥有使非法开发行为强制停止的权限。地方议员的设置,凸显了英国规划体系中高度重视地方居民在本土发展进程中的话语权,这些议员经由选举产生,享有在规划提案提交至规划委员会审议表决前,预先讨论规划事宜的权力,旨在确保项目审批流程与结果能够充分反映民众的需求与意愿。

规划官员由地方规划局委任,为规划体系的实施提供专业技术咨询和支持。约百分之九十的小型或无异议的规划开发申请由规划官员借助委托权力直接处理;对于规模较大或有争议的申请,由地方规划局下属的规划委员会依据规划官员提供的评估报告进行决策。

国务大臣作为中央层面的代表,介入规划事务,负责规划体系的整体协调与监管,并通过申诉和直接接管机制,参与少量规划申请及国家级重要基础设施项目的审批。

规划督查署隶属于社区与地方政府部门,扮演着提供公正独立的专业服务的角色,其主要职责包括处理大量规划申诉案件,针对国家级基础设施规划和其他决策提供建议,但无权直接修改地方规划的具体内容。

(2)发展规划的种类、核心内容与编制流程

在英国当前的空间规划体系中,具有法律效力的发展规划文件主要是《国家规划政策框架2012》(*National Planning Policy Framework 2012*)这一国家级别的指导方针、地区层面实施的《地方规划》,以及社区层面实施的《邻里规划》(图1)。

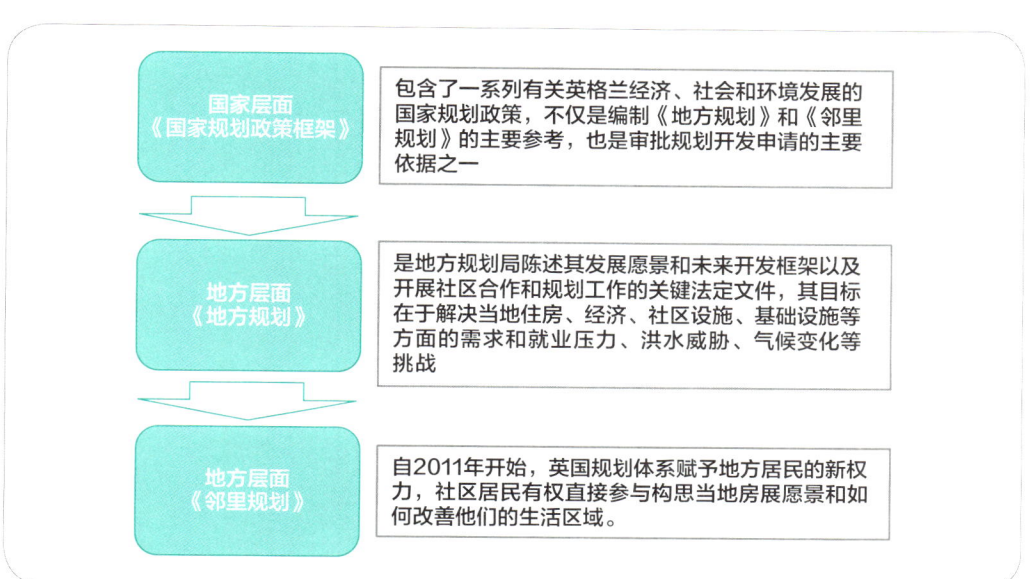

图1 英国空间规划体系
资料来源:周姝天,翟国方,施益军.英国最新空间规划体系解读及启示[J].现代城市研究,2018(8):69-76+94.

国家层面的《国家规划政策框架》系统全面地指导了英格兰在经济、社会和环境方面发展的综合政策，这不仅是地方规划和社区规划编制的核心参考，也是评估各类规划开发提案的重要依据之一。该框架摒弃了从国家层面到地方层面保持一致性的硬性规定，转而为《地方规划》与《邻里规划》提供了一个灵活的策略导向，鼓励结合本土特色，回应地方实际需求，以促进地域发展目标的精准实现。此外，英国政府依托广泛的法规体系与国家战略，为诸如发电站、重大交通建设项目等关键国家基础设施规划确立了专门的政策框架。在此机制下，规规划监督机构负责管理国家基础设施项目的行政审批流程，并向国务大臣提交项目评估报告，并为获批项目颁发"一揽子相关许可证"（例如环境保护许可）。

地方层面的《地方规划》作为地方规划局发布的关键法定文件，详述了地区发展的远期规划及未来建设的架构，同时强调在社区协作与规划实践中的核心作用。其宗旨聚焦于应对地域性的住房需求，此外还有经济增长、社区设施完善、基础设施建设等需求，以及就业紧缩、洪水风险、全球气候变化等挑战。在此基础上，地方规划旨在在国家宏观政策导向下，促进本地实现高品质、高连通性的城市布局，并采纳环境友好型及气候适应性的策略。地方规划的原则立足于实证研究，深入挖掘社区的真实发展诉求，借助基础数据库的多维度数据支撑，全面覆盖住房供给、商业活动、基础设施建设、国防安全、生态环境保护、历史环境保护、公共安全维护等核心议题，确保政策既具备实施的可行性，又能够顺畅地向下传递。

地方层面的《邻里规划》自 2011 年开始，英国规划体制赋予了地方居民参与规划的新权利，它标志着社区成员获得了直接介入构想本土房屋发展蓝图及提升生活环境的权力。这一革新使得社区首度能够自主制定具备法律效力的政策，并经由颁发"开发许可令"（Neighbourhood Development Order），批准符合社区期望的建设项目。《邻里规划》展现了高度的灵活性，其范围上至土地利用规划或跨领域综合性政策，下至具体如场地布局设计、零售空间配置等。社区发展的主导权回归公众，加之社区设施税与政府补助中筹集的额外资金可以用于社区改善，这些因素共同激励了社区主动投身于《邻里规划》的编制工作。

（3）开发管理机制

在英国的空间规划体系框架下，规划许可的审批构成了开发控制的核心机制，地方政府借此途径向合乎规范的建设提案颁发许可，从而有序引导空间资源的配置。《国家规划政策框架》着重指出，在地方层面审批规划许可的过程中，应积极鼓励、引导那些能促进本地经济、社会及环境全面进步的建设项目，以此推进可持续发展的目标。规划许可的获取，除少数由国家直接授权的项目外，普遍需经由地方规划局的审核，除非有其他重要考量因素，所有规划申请原则上需符合发展规划蓝图。《地方化法案（2011）》赋予地方规划局延长审查期限的权力，以便更充分地调查未经许可且故意隐蔽的开发活动。另外，根据《城镇和乡村规划（地方规划）（英格兰）条例（2012）》，规划许可的授予并不干预既存的房产或土地契约效力；对于已启动但缺乏事先许可的部分开发项目，存在追溯性补办规划许可的可能性，但此规定并非普遍适用。

3）英国空间规划体系的特征总结

在英国构建相对完备的规划体系中，规划立法起到了关键性引领作用。核心法规《城乡规划法》历经多次修订与完善，与之相辅的其他规划法律法规、政府通告等文件为之提供了详尽阐释，确保了规划体系在法制支撑、规划制订流程、审批机制及规划内容层面均有明确规范可依，且必须依规行事。规划执行阶段，违背规划原则的开发项目则通过不予批准规划申请的方式得以阻断，各类法制机制协同推动了整个规划体系的演进与提升。

面向城市问题的规划体系发展紧随时代的脉搏与诉求。英国的规划体系牢固地建立在问题导向的基础之上，其体系的变迁显著映射出时代的特性和需求的演进，具体表现在以下三个核心层面。

①英国规划体系的萌芽与《城乡规划法》的出台，背景是战后国家亟待解决的城市复兴、住房短缺等问题。1968年对该法的修订，以及后续诸如《规划和强制性收购法》等相关法律的出台，皆旨在应对经济增长、居住条件改善及可持续发展等方面的紧迫现实挑战，彰显了规划体系随时代需求进化的特点。

②规划管理层级历经适时性调整，从初始的"国家—地方"二级架构，逐步演变为涵盖区域层面的三级体系，后又回归至国家与地方的双层管理模式，此间伴随着大伦敦区及六大郡议会的多次设立、废止与重启，体现了英国规划体系灵活适应治理结构变化的能力。

③在规划编制实践中，尽管中央政府并不直接参与规划的具体制订，但它通过设定指导政策与规范框架，引导各地政府依据这些宏观指导解决本地实际问题，诸如住房需求与就业机会需求的增长。土地开发项目需响应政府设定的"任务"以获取规划许可，例如，新住宅建设每达150套，即要求至少30%的单元由地方政府回购，新建住宅数量的变化会适当调整这一比例；此外，鼓励构建多功能综合社区、商业、休闲及办公设施在这些社区内高度集成且实现空间共享，成为新的规划体系的又一亮点。

综合性的战略规划围绕着经济、社会及环境三大支柱构建。英国战后的规划重心在于空间土地使用的配置，偏重于形态规划层面。然而，随着经济体系的扩张、社会结构的变化及环境保护意识的提升，传统的形态规划暴露出其局限性，比如新城规划的实际成效并未能达到规划预期。1968 年颁布的《城乡规划法》成为了英国形态规划导向时期的一个转折点，标志着规划领域正式迈入一个综合考量经济性、社会性、环境因素及人文关怀的全新时代，实现了多维度要素间的有机融合，并促进了形态规划与发展战略规划的有效对接。进入 20 世纪 80 年代后期，可持续发展理念的兴起进一步推动了英国规划体系向更高层次的综合性方向演进。

具有高度灵活性的规划体系更有利于推动规划实施。以英国的规划体系为例，其展现出显著的灵活性特质。第一，英国的规划并不严格限定于特定时间框架，尤其是在结构性规划层面，更多提供的是开发导向的总体原则，这意味着规划一经确立，可根据实际进展灵活调整，而这种调整不至于撼动规划的整体框架；第二，英国规划对于土地使用的分类采取了较为宽松的界定方式，侧重于指出未来的开发趋向，诸如住宅区域、教育用途、主要就业集中区、中心城区及健康生活区域等宽泛的类别，这与我国规划体系中细致到具体小类的土地用途划分形成对比。在市场经济环境下，这种灵活的管理策略能够有效对接开发商对土地利用的多样需求，同时也为私人资本的参与创造了有利条件，进而有力地推动了规划的实践与落实。

2. 法国空间规划体系

法国的"国土空间规划"是指对国家领土、人口及其开展的活动、公共服务和基础设施建设进行预先部署的一种规划实践。这种实践需立足于法律框架，考虑自然环境、社会公平和可持续发展的要求，保障领土范围内的各类群体、各类功能彼此协调，形成高效和谐的发展关系。

法国的行政建制由高至低分为四个等级，即：中央政府、大区、省和市镇。其中后三者的地方政府空间决策相对独立，互相嵌套但互不干涉。由于法国的市镇的空间尺度和人口规模普遍偏小，而当代空间发展的现实越来越复杂，涉及的空间范围越来越大，若以市镇为规划单元容易形成规划层面国土的碎片化，因此催生了市镇联合体的出现。市镇联合体按照人口规模和城市化情况主要分为三种类型，不同类型联合体之间的差异也比较明显，分别是城市化共同体、城市聚集区共同体与市镇共同体。

1）法国空间规划体系构成

在法国的国土空间规划领域，一套综合性的空间规划体系扮演着核心角色，作为实现国家领土整体发展战略的媒介，该体系通常见于两大分支：城市规划与区域规划。城市规划依据管辖区域的广度，可细分为区域性与地方性两个层级，两者分别承担着不同地域环境下的规划任务。国家及各级地方政府依据各自的职责范围制订这些规划，确保在多样化的地理范畴内，各类规划能够发挥其独特且互补的作用（表2）。

表2 法国现行空间规划体系

规划体系	规划文件	规划范围	编制主体
区域规划	《国土开发与规划大区计划》	大区行政辖区	中央政府或大区政府
区域性城市规划	《国土协调纲要》	省或市镇联合体的行政辖区	省政府或市政联合体决议机构
	《空间规划指令》	跨省或大区的部分特定国土	中央政府
地方性城市规划	《地方城市规划》和《市镇地图》	市镇或市镇联合体的行政辖区	市镇政府或市镇联合体决议机构
	《城市规划国家规定》	尚未编制城市规划文件的市镇	中央政府

资料来源：刘健. 法国国土开发政策框架及其空间规划体系——特点与启发[J]. 城市规划, 2011, 35(8): 60-65.

《国土开发与规划大区计划》（Schéma régional d'Aménagement et de Développement du Territoire，简称SRADT）是一项依据1995年2月4日颁布的《国土开发与规划法案》设立的区域性综合空间规划文件，专注于大区层面的策略规划。该计划以大区为基本规划单位，由中央政府或大区政府主导，经济社会委员会、特定地方行政机构、市际协作公营组织、城乡交汇区、大区自然公园和民间团体等多方协作共同完成编制工作。其核心宗旨在于明确中期推动大区可持续性发展的根本原则，并框定中央政府与大区两级政府合作协议的具体内容。SRADT涵盖的内容广泛，具体包含现状分析与未来展望、大区可持续发展纲领、即将执行的举措与项目规划及相关图示资料。这些内容深入探讨了公共服务设施及基础设施的布局优化、经济提振项目、城乡及近郊区域的和谐发展策略、环境保护、历史遗迹保护、自然景观和遗产的维护留存、萧条区域的振兴计划、超越大区界限或跨界的规划整合，以及特别强调的大区交通运输系统规划，特别是铁路设施建设与交通流线组织方案等方面。

《国土协调纲要》（Schéma de Cohérence territoriale，简称SCOT）起源于2000年12月13日颁布的《城市更新与社会团结法案》，是针对"城市密集区"的一种综合空间规划策略，属于更广泛区域城市规划的组成部分，具有区域规划的特点。该纲要的编制基础单位为省级行政区或市镇联合组织，由相关市际合作公共机构或城市密集区支持的混合公司进行编制。其核心宗旨在于统合城市规划、住房供给、交通基础设施及商用设施等各专门领域的政策导向，确立规划地域内空间布局的基本原则，尤其强调维持建设区域与自然生态区、农业用地及森林地带之间的和谐共生，并实现居住环境多样化、社会结构均衡、公共交通便捷化，以及商业与企业设施布局合理化等目标。

《空间规划指令》（Directives territoriales d'Aménagement，简称DTA）依据1995年2月4日颁布的《国土开发与规划法》设立，由中央政府主导，经大区行政长官协调，旨在为具有独特战略意义的地域编制综合性的空间发展规划，其性质归于区域城市规划的领域，并展现出区域规划的特质。这里所指的特殊战略地区，一类是指涉及因地理条件约束导致重点交通基础设施及社会服务设施选址难度增加的区域，例如受限于地形的交通走廊地带；另一类则是人口密集度高、土地资源紧张或生态系统面临威胁的区域，诸如沿海区域、山地地带及城市边缘区等。

《地方城市规划》（Plan local d'urbanisme）和《市镇地图》（Carte communale）依据2000年12月13日颁布的《城市更新与社会团结法》设立，分别服务于规模较大的市镇或其联合体，以及规模较小的同类区域。它们的基本编制单元为市镇或市镇联合体，负责主体为与市镇政府或相关的跨市镇合作的公共机构，旨在根据上级规划的指导原则，明确划分城市区域、基础设施区域、农业区域等不同功能分区，并制定建筑构建和土地使用的标准，以此作为执行城市规划管理和控制的重要参考依据。

《城市规划国家规定》（Règlement national d'Urbanisme，简称RNU）旨在应对诸如市镇规模不足、技术资源缺失、地方财政紧张等因素，主要针对的是那些尚未制订本土城市规划文件的市镇或市镇联合体。其运作建立于市镇或更广泛的市镇联合体，由中央政府的相应机构负责规划的编制工作。内容方面，《城市规划国家规定》着重推行适度建设的理念，依据各地实情，特别是地域空间结构特性、既有建设的密集度、公共服务设施的便捷性，以及同周边景观的融合状态，明确界定现有的城市化区域（Partie actuellement urbanisée，简称PAU）。此外，该规定还为公认的适宜建设土地设定详细的城市规划条款，涵盖项目选址、平面布置、建筑物规模、交通配套设施等诸多方面，以此为导向，规范并促进地方的开发与建设活动。

2）法国空间规划体系特征总结

（1）城乡一体化与区域协调发展策略

在法国，同样存在着城市与乡村的划分认知，但这更多体现在社会经济特征的差异上，而非性质截然不同的行政架构。城市区域与乡村地带均遵循由大区至省、再到市镇的行政层级体系，作为最基本的行政单元，这些市镇群体具有多样化的特点，既有如巴黎、马赛、里昂这类人口突破十万乃至百万的大都市，也不乏人口稀少的小村落。它们在规模、人口、经济及城镇化速度上虽有不同，却共享着平等的行政身份、相同的自治权限，并遵循一致的管理规范。这一制度设计促使法国在各类国土开发活动中——无论是经济发展、社会进步，还是住房建设、基础设施完善、文教及公共设施建设等——均实施统一的国土发展规划和空间布局策略，尤其是通过综合性的国土开发政策与作为其实施平台的空间规划体系来实现。即便是微小的物理环境构建，无论城乡、繁荣或落后，具备城镇化特征的建设项目亦须遵循统一的城市规划准则。此做法不仅促进了国家、大区、省、市镇及地方联合体多层级间城乡建设的融合与平衡发展，还有效遏制了由自然存在的城乡及地区差异可能引发的不平等的扩大趋势，向着全面且均衡的国土空间开发利用的目标迈进。

（2）特定地域"分区分治"策略

城乡融合与区域协调发展并不意味忽视城乡及地域间社会、经济、环境、文化等方面的客观差异，而采取无差别的国土开发利用政策，相反，法国的国土治理政策框架基于综合性政策，采纳了"分区分治"的手段。"分区分治"策略针对诸如关乎国家命脉的关键发展区域、处于发展劣势的滞后区域，以及生态环境尤为重要的敏感区域等特殊国土范畴，在多维度空间布局与多样专业领域内予以重视，形成了国土开发的差异化政策体系，成为综合性政策的有力辅助。因此，该策略一方面确保了国家、大区、省、市镇及各地联合体的国土发展综合性政策在各自空间层面促进了城乡与区域的协同；另一方面国家与大区针对那些对社会、经济及环境发展具有独特意义的国土空间，制定了有针对性的分区域发展政策，执行特别措施以应对这些区域的特殊需求，这对于促成全面且均衡的国土开发进程同样至关重要。

（3）政府机构与职能部门间的协同合作

鉴于法国国土发展规划建构于综合性与专业性规划体系之上，这一过程涵盖了国家级、大区级、省级、市镇级和众多地方联合组织的多层级架构，同时横跨经济、住宅、交通、文化、教育等多个领域，因而实质上构成了一个多元地域与多部门深度介入的操作模式。正因如此，法国常常将某一地域的国土开发实践活动简化表述为"一地、一策、一契约"的概念模型。其中，"一地"特指的是具体地域或地点，"一策"则是指针对于该特定区域的空间规划策略，而"一契约"则是指国家与该区域及其关联地方实体间确立的国土开发合作协定。

（4）城市规划的综合性实施

在法国的空间规划体制框架下，区域规划对城市规划施加了强制性的引导力量，与此同时，更高级别的城市规划亦对较低级别的规划产生同样性质的指令影响。如此一来，处于该体系末端的地方城市规划自然而然地成为了上级各类规划汇聚的焦点，它不仅是国家领土开发策略的总结，也囊括了跨领域的综合性政策、地域特定的分区政策，以及各专业领域的专门政策。作为依托于市镇（或市镇联合体）为编制基本单位、旨在规范空间管理的规划文件，它们确保了源自国家及各级地方政府及其职能机构、依据多种国土开发政策所制订的土地开发利用计划，能够精准对应到本地空间布局之中，乃至细化至具体建设项目，在建设用地上落地生根。这一过程实质上是对国土开发策略及上级空间规划的有效整合与实践。

3. 美国空间规划体系

1）美国空间规划背景

美国是一个联邦制国家，土地管理体系主要由四个层级构成：国家级、州级、中间级（如市级）以及地方级。联邦政府负责管控国有土地，对于其他土地的管理则相对有限。各州政府负责规定州内土地的使用职责，并制定相关的法律法规。大部分具体的土地管理工作，如土地划分、规范和条例的制定等，实际上是由地方政府来完成的。国家层面的空间规划管理相对宽松，州政府一般通过宪章和法令将大量的管理权力下放给地方政府；州政府规定各地方政府获取所需资金的途径，并按照法定程序，对地方政府颁布的土地使用执照进行审核并颁布行政许可。这种管理方式既体现了联邦制国家的特点，也确保了土地资源的合理利用和灵活管理。

与土地政策相对应，美国对国土的规划主导权并非完全由联邦政府掌控，而是由地方政府、社会组织和私人机构来负责。这种规划模式赋予了美国国土规划一定的自由度，使美国在全国范围内并未形成统一的空间规划框架。以各大都市区为核心的区域性规划各具特点，规划内容多样，充分保留地方自主决策权；但是，高度自由和地方化的规划体系，在一定程度上也导致了国家层面统筹协调的缺失。

2）美国的规划行政体系

美国政府的规划组织架构主要包含州和区域两个部分。在州政府之下，通常划分为县政府以及镇村政府。其中，县政府作为州政府的代理机构，与州政府构成上下级关系。对于管辖范围较小、未达到市级标准的地区，则在州政府的批准下设立为镇村。

（1）州规划机构

美国的州级规划机构主要面向各州规划需求，规划机构种类及功能呈现多样化。

州长规划办公室是州层面规划决策的主要机构，面向州政府提出政策建议。内阁协调委员会协调土地和空间规划相关部门，协助解决发展方向、公共设施选址等的争议。规划委员会承担州级规划的具体编制，关注焦点包括资源问题、经济增长、乡村发展等领域，与地方保护和开发委员会合作密切。承担规划任务的部门与州长或州规划委员会对接，执行法定规划要求，同时协助其他部门进行交通规划等专项规划。若立法有相应规定，这些部门还将承担各类其他规划工作。其他发展部门或商业部门的规划机构，可通过金融支持、旅游推广、技术援助、企业引进等方式，推动经济发展，其中规划工作起辅助作用。同时，环境相关机构也设置规划小组，重点解决规划视角下的资源和环境问题。

（2）区域规划机构

美国各州在建立区域规划机构的设立方式较为灵活，可通过法律授权的方式来建构，也可通过政府间合作的方式设立。联邦区域规划机构一般分为区域规划委员会、政府理事会以及地方规划机构三种类型。

区域规划委员会的工作内容是为政府及其成员部门编制规划，也可提供规划技术支持。部分区域规划委员会还具备审核、批准分区规划的功能。州际区域规划委员会的管辖范围常涉及多个州。例如，得拉华河谷区域规划委员会（Delaware Valley Regional Planning Commission）的管辖范围就包括了宾夕法尼亚州和新泽西州的部分地区，其管辖权通过专门的州际协定来实现。

与区域规划委员会相比，政府理事会则承担着更广泛的功能。一旦区域规划委员会成员达成共识，政府理事或将承担区域废水处理厂的监督职责，并负责执行包括应急救护在内的多项任务。如佛罗里达区域规划理事会、华盛顿都市区政府理事会、加利福尼亚州政府理事会等，均为典型的政府理事会。州规划部门和所在城市区域的代表担任理事会成员，通过单独立法、签订联合权利协议、州长任命等形式进行成员任命。

地方规划机构涵盖县级与市（镇）两个管理级，分别对应县级规划机构和市（镇）规划机构。以加州为例，地方政府架构包含58个县和近500个市（镇），以及县市（镇）联合体、学校区、土著政府等。这些政府或团体机构均有与之相对应的规划单位来负责相关规划工作。

3）美国的空间规划运行体系

美国联邦制体制的独特性，导致联邦政府并未制定全国性的空间规划。即使是《美国 2050 年发展规划》（*America 2050 Prospectus*）也仅为研究性成果，并非联邦政府主导的规划性文件。

（1）州级空间规划

州级空间规划的主要职责在于设定全州范围内的战略目标，并制定相关规划措施，涵盖经济发展、生态保护、土地资源管理、基础设施构建等多个维度。部分州级空间规划致力于保持州、区域和地方规划在横向、纵向及内部的一致性；部分州级空间规划则旨在确立州内共同愿景，就开发地区的优先级达成一致，遏制无序城市扩张，推动集约开发与城市复兴，应对环境退化挑战，并为既定开发项目配套必要的设施与公共服务。规划的具体落实工作则主要由地方规划部门负责，州层面空间规划编制并非法定要求，不具备法律效力。部分州级空间规划包含规划图纸，例如示意区域边界、城市发展等级等图示内容。部分州则不编制空间规划，仅通过政府文件提出州级空间规划目标或指引。

（2）区域空间规划

区域空间规划聚焦于解决跨州城市群问题，主要面向重要的特定城市群和基础设施建设。区域空间规划采取审查监督相互协调的机制，对各地方综合规划的内容、要点和发展方向予以汇总论证，确保州级空间规划与区域空间规划同向进行、共同落实。区域空间规划也针对区域内的关键问题，如生态保护、经济协同、遗产传承等问题进行专门讨论。

（3）地方综合规划

地方规划通常关注公共安全与健康保障、城市交通系统优化、公共设施布局完善以及环境保护措施落实等方面。规划时限一般设定为二十年，根据相关法律条文执行具体操作，此类规划常被纳入地方政府法规体系中，并随着规划调整而不断更新完善。

4）美国空间规划的特征总结

美国各州的空间规划之间缺乏联邦层面的统一协调，对区域和地方规划的约束性较低，部分州存在规划缺失的现象。因此，美国的规划体系也被称为"准规划体系"，依照美国的法律基础及机构体系，呈现出以下四个特点。

（1）特定政治体制下的规划模式

1960 年以后，美国的空间规划以区划模式为主，体系结构趋于稳定。美国采用分权治理与地方自治的政治架构，规划体系中地方规划占据主导地位，没有联邦层面的整体干预。县级行政区的规划工作遵循地方政府的本地宪章进行制定和执行，其规划与审批权限集中于地方政府。地方政府所制定的空间规划往往侧重于发挥市场机制的主导功能。以经济发展为主要目标，内容更侧重于激励与服务，主要依赖经济和法律手段来实施，这导致了州级空间规划在法律上不具备强制性约束力。美国不同地区的规划需求存在差异，规划内容、导向和实施方式也呈现出多样化特点。

（2）灵活多样的空间规划体系

美国的空间规划体系是一个依法构建的、灵活多样的"有机体"。规划体系的形成过程可视为对当地各类规划进行有序整合的过程，以此衔接规划内容、消解规划矛盾，促使规划自下而上的编制和落地。规划体系从分区规划起步，延展至县级地方规划、区域规划和州级规划，形成多样性空间规划网络。各州及地方的规划体系因其地域特性而各具特色，区域规划的制定或是政府主导，或是市场主导，因此有所区别。一些市县因拥有独立宪章而享有高度的规划自主权。正因如此，美国的空间规划体系呈现出一种半自主、准规划的特点。基于各地自身发展需求和政府决策，形成了地域性的规划体系，各州之间保持相对独立。

（3）完善的空间规划管理机制

美国各州的规划机构设置有所差别，职能和工作任务不尽相同，主要基于各州情况来保障规划编制和实施管理的顺利进行。州级规划部门可能包括办公室、内阁协调处、规划委员会或规划处等多种机构。区域规划部门也呈现出综合性、专业性、多样性特点，这些部门均与其所承担的规划职能相对应，推动空间规划体系的有效运转。

（4）地方为主的规划运行导向

在美国的空间规划体系中，各层级规划具有清晰的定位和互补的功能，构建了一个地方主导的运行机制。作为联邦制国家，美国历来缺乏全国性的统一规划体系。各州可根据实际需求制定空间规划，确立全州目标及地方规划标准，以此发挥指导作用；区域规划仅针对特定大城市区，专注于解决州际、城际问题；县级的地方规划对实际建设有指导性作用；各级各类规划互为补充也保持独立，主要以各地的实际需求为运行导向。

4. 德国空间规划体系

1）德国空间规划背景

作为联邦制国家，德国全境划分为十六个具有高度自治权的联邦州。这些州各自遵照本州宪法，空间规划内容相对独立。在规划的行政管理上，德国采用了联邦、州和地方三级体制，这种结构大致类似于我国国家、省（包括直辖市、自治区）以及市县分级规划体系。

德国空间规划是在一个分散的决策结构和强大的法律框架内进行的，规划是联邦、州和市政当局相互影响对方提案的过程，通常被称为"逆流原则"。一旦规划目标确立，该系统将围绕调解和建立共识进行组织。例如，联邦政府首先勾勒出广泛的目标，如社会公平，然后这一目标由各个级别规划来完成。

市政当局在地区一级设有代表，而地区代表为州规划提供投入，州部委参与制定联邦规划指南和愿景。政府级别越低，责任水平和计划细节的程度越高。专业部门（即交通、水、能源部门）通过部门计划提供投入，该部门计划独立于空间规划制定，然后通过规划整合。此外，联邦政府还发布非正式的、不具约束力的联邦空间规划审查，该审查通过使用信息、统计数据和预测来影响所有级别的规划，并定义了需要解决的关键问题和目标，如可持续发展。

2）德国规划法规体系

德国空间规划体系依托于其健全的法律制度。19世纪60年代，《道路红线法》的颁布标志着德国首个关于物质空间规划的法律文件的诞生，随后于1891年，又出台了《分级建筑法令》，德国"区划"制度得以确立，并深刻影响了西方城市的规划发展，具有深远的历史意义。

在联邦制政体下，国家和州级层面相继推出了多项与空间规划相关的法律法规和相关政策。这些法规政策共同构建了一个层次分明、管控完整的规划体系。德国拥有完善的法律法规体系，为空间规划提供了强有力的法律支撑，确保了空间规划的强制性和约束力。依据现行法律框架，德国各级各类的空间规划均被赋予了清晰的法律地位。规划的编制、审批、管理、执行都有法可依。通过空间规划，法律法规的约束力得以有效传递到实体空间建设层面，实现对国土资源开发和保护活动的规范管理。在联邦层级，《德意志联邦共和国基本法》《联邦空间规划法》及《建设法典》等构成了规划法律的主要支柱；州层级则主要依据《州空间规划法案》《空间规划规章》等；至于地方层级，则遵循《州空间规划法案》《州建设使用规章》和相关法规来开展规划工作。

3）德国空间规划体系

德国空间规划体系依据其行政架构分为联邦、州及地方三个规划层级，以及衔接州级与地方级规划的区域规划同时还涵盖了专项规划及非正式规划两个维度。

德国与我国在空间规划层级和任务上具有相似之处。联邦空间规划与我国国家级国土空间规划相对应，州级规划相当于我国的省级城镇体系规划，而区域规划则与我国机构改革前的城镇群规划、经济带规划等具有相似性。部分地方规划与我国之前的城市总体规划颇为相似，都主要用于确定土地的用地性质；另有一些地区的建设规划是在土地利用规划基础上制定的，用于管控土地的使用强度和建筑布局等细节，这与我国的控制性、修建性详细规划有诸多共通之处。

4）德国空间规划体系的特征总结

德国空间规划体系的特点显著，主要体现在以下几点：第一，规划框架条理清晰，德国空间规划弹性与刚性结合，实现灵活性与规范性的统一；第二，德国拥有较为完备的空间规划法律法规体系，确保规划与法律的紧密结合，有效巩固规划的法律地位；第三，区域规划衔接州级与地方规划，调和不同层级间的规划冲突，为跨行政区的规划合作提供保障；第四，从规划的起草到执行，始终突出公众参与的重要性。

（1）刚弹性相平衡

德国空间规划建立在稳固的法律基础之上，具有高度的法律权威，是指导国家区域发展及城市建设的关键依据。在现行法律法规体系下，德国空间规划的刚性内容控制性极为明确，以此来确保空间规划的有效执行。规划一旦落实，就会得到严格的遵守，如需修编，则必须经过详细的论证和法定程序。规划中明确的生态保护区域、生态隔离带等非建设区域难以更改。

而在规划的弹性内容中，弹性边界清晰，任务分工明确。例如，联邦规划、州级规划和区域规划层面，各自为下级规划预留空间，部分内容仅给出方向性指引。土地利用规划和建设规划各有分工，其中土地利用规划对城乡用地性质仅进行基本规定，界定功能和开发强度，具体指标通过建设规划的文本和图纸来说明，以实现不同规划类型的衔接。相较于中国国内的相似规划，德国的空间规划在土地使用性质的界定上更为简洁，主要分为居住、工业、混合用途及生态绿地等几大类，并通过不同的规划精度进一步细分。这种分类方式极大地提升了土地开发的灵活性。

（2）体系相对完备

德国空间规划经过长期发展，基本形成了兼具专业性和综合性的规划体系，综合类规划和专项规划协同推进。各级规划之间的衔接关系明确，编制流程严格遵循层级原则，下级规划始终遵循并符合上级规划的指导，这种从上至下的编制模式确保了规划体系的连贯性和一致性。

在高位阶层面，联邦规划、州级规划以及区域规划等战略性规划提供宏观指导和方向引领，作为上位规划把控规划导向。在低位阶层面，土地利用规划和建设规划等实施性规划负责具体规划细节的落地，与上位规划紧密衔接，确保规划体系的完整性和连贯性。高位阶规划在统筹协调整体区域发展的同时，也为下一级规划留足空间，便于其根据各自的重点进行内容协调，兼顾整体与局部的关系。此外，德国空间规划注重结合法定与非法定规划、战略性与实施性规划，防止规划僵化，在保持规划权威性的基础上能够灵活适应不同情境下的发展需求。

（3）多类规划相互调和

德国空间规划中的区域规划体现出其前瞻性，通过州级规划的优先协调，区域规划有效避免了下级规划编制主体间的推诿现象，减少了规划编制过程中的矛盾，实现各级规划不重叠、不缺项和有效落地。为了更有效地实施区域规划政策，德国有专门的区域规划机构，搭建相应的规划平台。这些机构和平台促进区域规划政策的共同制定，确保规划实施过程中的顺畅与高效。此外，区域规划还致力于平衡州内各行政主体间的利益，调解市镇间的分歧，确保在规划目标与原则上达成共识。通过跨行政区的规划协同合作，实现德国区域规划的最佳效果。

（4）重视公众参与

德国空间规划重视公众参与，且具有法理依据。《联邦空间规划法》要求在制定空间规划目标和计划时，必须确保公共部门和个人的广泛参与。这一规定确保了规划的制定过程更加透明。《建设法典》明确要求，应尽早向公众通报规划的总体目标、意图、主要备选方案及其潜在影响。这种提前的公共告知机制，有助于公众更好地理解规划内容，并提前表达自己的意见和建议。公众参与是空间规划中不可或缺的环节，在规划的各个阶段，公众都有机会参与调研、听取咨询，并表达自己的意见和建议。公众意见被视为规划不可或缺的一部分，建设规划会根据公众的反馈进行相应的调整与优化。《建设法典》还强调，规划成果和说明应向公众公示，接受公众的审查和质疑。公共机构在规划过程中也需积极参与，与公众进行充分沟通和互动。这种双向的交流和反馈机制，提高了规划可行性，增强了公众对规划的信任。

5. 新加坡空间规划体系
1）面向实施的模块化空间分类管理体制

新加坡位于东南亚马来半岛东南端，是一个面积 735.2 平方公里（2023 年）的城市国家，由新加坡岛和 63 个小岛组成，总人口约 592 万（2023 年），是全球人口密度最高的国家之一。

英属殖民时期，新加坡贸易经济高度繁荣，在城市飞速发展的同时，城市无序扩张、人口爆炸、环境污染等城市问题也逐渐凸显。为了解决城市发展过程中的各种问题，新加坡政府根据各阶段不同的发展目标进行规划层面的调整，从疏散人口到城市更新再到面对"可持续"与"老龄化"，新加坡始终以经济建设为主线进行空间规划的调整，从而实现综合发展。

现行新加坡国土空间规划体系的框架高效、协调且具有前瞻性，包括战略性的概念规划和实施性的总体规划。其旨在指导城市发展，确保土地资源的合理利用，以期完成将新加坡建设成为"令人喜爱的家园和独特的世界城市"的目标。

（1）概念规划

新加坡的概念规划由新加坡国家发展部领衔，概念规划委员会组织编制，是从整体与宏观的角度出发，区分十一类用地，考虑新加坡的长远发展目标和愿景，包括人口增长、经济发展、社会需求和环境可持续等因素。针对的是未来40～50年发展的战略性规划，每10年重新修编一次。在内容上强调战略性思考，确定城市发展的关键领域和总体方向，为政策的制定与资源分配提供指导，属于非法定性的规划。

例如，在2011年的概念规划中，为应对新加坡人口预计增长到650万的挑战、适应全球经济环境的变化及新加坡经济的转型要求、强调环境保护与资源管理等问题，规划从住宅区扩展、基础设施与公共服务提升等方面入手，优化土地利用，提出开发新的住宅区、商业区及工业区，进一步扩展交通网络，推动多中心城市布局等目标。

（2）总体规划

新加坡总体规划由市区重建局协同相关部门编制，针对未来10～15年的新加坡城市发展，每五年编制一次。其在内容上是对概念规划的细化，以提出详细的规划和具体实施方案。总体规划将新加坡划分为五个地区（Region），五十五个规划区（Planning Area），划定每个地块的具体用途，如住宅、商业、工业、绿地等，并对各类用地的建筑密度和高度限制等进行详细规定。

例如，2019年的总体规划是在2011年概念规划的基础上制定的，针对未来10～15年内的新加坡城市发展制订了详细的规划和具体实施方案。在住宅和社区发展方面，包括重新开发乌节路沿线，建设新填海区域住宅；继续扩展交通网络，包括新建的跨岛线（Cross Island Line）和汤申—东海岸线（Thomson-East Coast Line），进一步提升公共交通的覆盖和便利性；扩展滨海湾花园和其他自然保护区，并在社区内增设了更多的公共空间和步行道，鼓励绿色生活方式。

（3）概念规划与总体规划的协调作用

总的来说，概念规划作为一个自上而下的规划层次，为总体规划设定了总体方向、战略目标和发展原则。总体规划的制订和修订都必须在概念规划的指导下进行，确保城市的中短期发展符合长远的战略目标。例如，新加坡的概念规划可能确定未来几十年内城市发展的大致方向，如新的发展轴线或生态保护区，而总体规划则会具体落实这些战略，通过调整土地用途和制定详细的开发标准来实现这些目标。总体规划在实施过程中积累了大量的实践经验和数据，这些信息可以反过来影响和修正概念规划。随着城市的发展，新的挑战和机遇不断涌现，总体规划的实施结果可以为概念规划的更新提供依据，使概念规划更加符合实际需求和发展趋势。

例如，2011年概念规划中提出的滨海湾新区扩展，在2019年的总体规划中得到进一步落实。随后，滨海湾地区不仅发展为商业和住宅的核心区域，还增加了更多的公共空间和文化设施，成为新加坡的标志性区域。

2）新加坡空间规划特征总结

新加坡的空间规划体系独具特色，通过动态的规划体系、市场导向的实施策略以及先进的土地管理与信息化平台，确保了有限土地资源的高效利用与城市的可持续发展。

（1）土地用途管制的模块化

新加坡由政府统一进行空间用途管制和土地发展权的分配，在规划管理层面，中央政府对土地资源（含围海造田范围）采取规划与管理分离的模式。

在规划层面，由都市重建局进行土地的统一规划，建设方案审批与规划许可证发放。在管理层面，新加坡由土地管理局将各类型用地划分给贸易及工业部下辖的裕廊集团、国家发展部下辖的建屋发展局、都市重建局、土地管理局、交通部下辖的陆路交通局和环境部下辖的公用事业局等分别负责。

（2）市场机制在规划实施中的重要性

新加坡政府通过土地拍卖来决定土地的使用权归属，这一过程不仅确保了土地资源的有效分配，也通过市场竞价机制发现了土地的真实市场价值。拍卖所得的资金用于进一步的城市基础设施建设和社会福利支出。这种机制确保了土地资源的高效利用，并促进了经济发展。

新加坡在土地管理中推广公私合作机制。政府与私人企业共同开发和管理土地资源。例如，在基础设施建设、住宅开发和城市更新项目中，私人企业不仅参与设计和建设，还负责后期的运营与维护。这种合作模式有效降低了政府的财政负担，并促进了高效开发。政府则通过一系列政策激励措施，如税收优惠、融资支持等，鼓励私人企业积极参与土地开发项目。此外，政府会根据市场需求的变化调整规划和开发策略，确保开发项目与市场需求高度一致，从而推动城市的持续发展。

（3）土地用途的明确分类与区划

新加坡的土地用途被精细地划分为住宅、商业、工业、公共设施和绿地等多种类型，每种土地用途都有明确的规定，包括允许的开发密度、建筑高度、绿化要求等，这确保了各类土地资源的合理利用和城市空间的有序发展。在土地用途分类的基础上，新加坡还通过区划规划对不同区域的土地用途进行具体划分。这种精细化的区划确保了不同功能区域之间的协调发展，同时，这些区划策略也允许一定的灵活性，以适应未来发展的需求。例如，在市中心区域，区划规划允许高密度的商业和住宅开发，而在周边地区则限制开发密度，以保护生态环境。

（4）信息化管理平台的建立与优势

新加坡建立了综合的信息化管理系统，如 ONE MAP 和 URA SPACE，这些平台整合了全国的土地使用数据、规划信息和地理信息系统数据。通过这些系统，政府和公众都可以便捷地获取有关土地用途、区划规划、建筑许可等信息。这种透明化管理方式不仅提高了公众参与度，还增强了政府的决策能力。

信息化管理平台能够实时监控土地利用状况，并定期更新数据。通过卫星影像、地理信息系统和遥感技术，政府可以对土地开发和利用进行精确监控，及时发现并解决潜在问题。例如，系统可以监控城市扩张对绿地和水资源的影响，并根据实时数据调整规划策略。

参考文献

[1] 邓丽君，栾立欣，刘延松.英国规划体系特征分析与经验启示[J].国土资源情报，2020（6）：35-38.
[2] 周姝天，翟国方，施益军.英国最新空间规划体系解读及启示[J].现代城市研究，2018（8）：69-76+94.
[3] 刘健，周宜笑.从土地利用到资源管治，从地方管控到区域协调——法国空间规划体系的发展与演变[J].城乡规划，2018（6）：40-47+66.
[4] 刘健.法国国土开发政策框架及其空间规划体系——特点与启发[J].城市规划，2011，35（8）：60-65.
[5] 刘慧，樊杰，李扬."美国2050"空间战略规划及启示[J].地理研究，2013，32（1）：90-98.

[6] 徐雅贞,王筱春,彭芯.美国国土空间规划及其启示[J].《规划师》论丛,2012(1):140-145.
[7] 孙春强,张秋明.美国国土规划及对我国的启示[J].国土资源情报,2011(8):11-17.
[8] 张丽君.典型国家国土规划现况[J].国土资源情报,2011(7):2-8.
[9] 蔡玉梅,廖蓉,刘杨,等.美国空间规划体系的构建及启示[J].规划师,2017(4):11-19.
[10] 邓丽君,南明宽,刘延松.德国空间规划体系特征及其启示[J].规划师,2020(S2):117-122.
[11] 吴志强.德国空间规划体系及其发展动态解析[J].国外城市规划,1999,14(4):2-4.
[12] 殷成志,杨东峰.德国城市规划法定图则的历史溯源与发展形成[J].城市问题,2007(4):91-94.
[13] 谢敏.德国空间规划体系概述及其对我国土规划的借鉴[J].国土资源情报,2009(11):22-26.
[14] 强真.德国国土空间规划法律法规体系及借鉴[J].中国土地,2019(8):47-49.
[15] 陈佳祺.莱茵鲁尔大都市区区域治理与协作研究[D].南京:东南大学,2017.
[16] 王筱春,张娜.德国国土空间规划及其对云南省主体功能区规划的启示[J].云南地理环境研究,2013,25(1):44-52,58.
[17] 孟广文,尤阿辛·福格特.作为生态和环境保护手段的空间规划:联邦德国的经验及对中国的启示[J].地理科学进展,2005(6):21-30.
[18] 李鑫,蔡文婷.政府管制视野下德国空间规划框架及体系特点与启发[J].南方建筑,2018(3):90-95.
[19] 张志强,黄代伟.构筑层次分明、上下协调的空间规划体系——德国经验对我国规划体制改革的启示[J].城市规划,2007(6):11-18
[20] 易鑫,克劳斯·昆兹曼.向德国城市学习:德国在空间发展中的挑战与对策[M].北京:中国建筑工业出版社,2017.
[21] 殷成志,杨东峰.中德城市详细规划环境控制比较研究[J].城市发展研究,2010,17(2):36-41.
[22] 戴林琳,吕晋美,冉娜·哈孜汉.新加坡国土空间用途管制及其启示[J].中国国土资源经济,2021,34(3):25-31.